W0064084

Galileo
BUCH UPDATE

Daniel Mies

Webseiten erstellen für Einsteiger

Einführung in HTML, CSS, Suchmaschinenoptimierung
und jQuery

Galileo Press

Liebe Leserin, lieber Leser,

mittlerweile ist das Internet zu einem festen Bestandteil unseres Lebens geworden. Damit einher geht für viele natürlich der Wunsch, vielleicht sogar die Notwendigkeit, eine eigene Website zu erstellen und mit einer eigenen Präsenz im Internet vertreten zu sein.

Dafür braucht man doch eine lange Ausbildung? – Nein, so schwer ist es nicht. Aber mal ganz ehrlich: Es ist eben auch nicht so leicht. Vor allem, wenn man verstehen will, was man da tut und warum man es tut. Und das ist schon wichtig, wenn man es richtig machen will. Schließlich wollen Sie doch auch, dass Ihre Seiten ansprechend aussehen, über Google gefunden werden, dass sie modern, standardkonform und möglichst sogar barrierefrei sind.

Unser Autor Daniel Mies liefert Ihnen hier eine Einführung in die Materie, die Sie schnell auf den richtigen Weg bringt und zu professionellen Ergebnissen führt. Unterstützt wurde er dabei von Johannes »Jojo« Kretzschmar, der das Buch didaktisch wert- und humorvoll illustriert hat.

Ich freue mich stets über Lob, aber auch über kritische Anmerkungen, die helfen, dieses Buch besser zu machen. Sollte Ihnen also etwas auffallen, zögern Sie nicht, sich bei mir zu melden.

Nun wünsche ich Ihnen aber viel Spaß beim Erstellen Ihrer Website!

Ihr Jan Watermann
Lektorat Galileo Computing

jan.watermann@galileo-press.de
www.galileocomputing.de
Galileo Press · Rheinwerkallee 4 · 53227 Bonn

Auf einen Blick

Der Name Galileo Press geht auf den italienischen Mathematiker und Philosophen Galileo Galilei (1564–1642) zurück. Er gilt als Gründungsfigur der neuzeitlichen Wissenschaft und wurde berühmt als Verfechter des modernen, heliozentrischen Weltbilds. Legendär ist sein Ausspruch *Eppur se muove* (Und sie bewegt sich doch). Das Emblem von Galileo Press ist der Jupiter, umkreist von den vier Galileischen Monden. Galilei entdeckte die nach ihm benannten Monde 1610.

Gerne stehen wir Ihnen mit Rat und Tat zur Seite:
jan.watermann@galileo-press.de bei Fragen und Anmerkungen zum Inhalt des Buches
service@galileo-press.de für versandkostenfreie Bestellungen und Reklamationen
stefan.krumbiegel@galileo-press.de für Rezensions- und Schulungsexemplare

Lektorat Jan Watermann
Fachgutachten Frank Bongers, Berlin
Korrektorat Friederike Daenecke, Zülpich
Cover Barbara Thoben, Köln
Titelbild Johannes Kretzschmar, Jena
Typografie und Layout Vera Brauner
Herstellung Karin Kolbe
Satz SatzPro, Krefeld
Druck und Bindung Bercker Graphischer Betrieb, Kevelaer

Dieses Buch wurde gesetzt aus der Linotype Syntax Serif (9,25/13,25 pt) in FrameMaker.

Bibliografische Information der Deutschen Bibliothek
Die Deutsche Bibliothek verzeichnet diese Publikation in der Deutschen Nationalbibliografie; detaillierte bibliografische Daten sind im Internet über http://dnb.ddb.de abrufbar.

ISBN 978-3-8362-1131-4

© Galileo Press, Bonn 2008
1. Auflage 2008, 1., korrigierter Nachdruck 2008

Für unsere Eltern

Inhalt

3 Wie gestalten wir unsere Webseite mit CSS? 57

TEIL II: Praxis

4 Einer Webseite mit HTML Struktur verleihen 77

TEIL III: Referenz

Click. Boom. Amazing!
– Steve Jobs, Geschäftsführer von Apple Inc.

Vorbemerkungen

Worum es hier geht

HTML bildet die Grundlage des World Wide Web. Auf HTML basieren die Webseiten von Privatleuten, von kleinen Vereinen, aber auch von großen Konzernen. Der Unterschied zwischen schlecht gemachtem Quellcode und professionellem Webdesign ist oft nicht auf den ersten Blick zu erkennen und erfordert Grundkenntnisse in der Erstellung von Webseiten und tiefergehende Informationen. Beides möchte ich Ihnen in diesem Buch vermitteln.

Das Besondere an diesem Buch sind zwei Punkte:

1. In diesem Buch werden Ihnen aktuelle und moderne Techniken zur Erstellung von Webseiten mit HTML, CSS und jQuery vermittelt. Wenn Sie dieses Buch gelesen und die darin vorgestellten Techniken verinnerlicht haben, verfügen Sie über Kenntnisse, die über denen von vielen Webdesignern liegen. Suchmaschinenoptimierung und Barrierefreiheit, zwei der großen Themen in der Webseitenerstellung entwickeln sich so zu einem »netten Nebeneffekt« Ihrer Webseiten.

2. Die Kenntnisse in diesem Buch werden vor allem aus praktischer Sicht vermittelt. Ich habe mich bemüht, viele Beispiele einzubauen, die Sie auch alle auf der beiliegenden CD finden. Die theoretischen Hintergründe sollen Ihnen daher zwar vermittelt werden, aber nicht in dem Umfang, wie man es aus anderen Büchern kennt. Mein Ziel ist, dass Sie Webseiten erstellen können, nicht, dass Sie die unterschiedlichen Versionen von HTML und CSS kennen, nur um zu wissen, dass Sie diese nicht benötigen.

Aufbau des Buchs

Damit Sie einen Eindruck davon haben, wie wir auf den kommenden Seiten die Aspekte der modernen Webseitenerstellung gemeinsam behandeln, möchte ich Ihnen die folgenden Kapitel kurz vorstellen:

▶ **Kapitel 1: Vor dem Start**

Bevor wir eine Webseite erstellen können, müssen wir zunächst lernen, wie eine Webseite eigentlich auf den Computer kommt und welche Programme wir benötigen, um unsere Webseite zu erstellen. Beides möchte ich Ihnen in diesem Kapitel vorstellen und Ihnen zeigen, wie wir später unsere Seite ins Internet bekommen.

▶ **Kapitel 2: Welche Aufgaben hat HTML?**

Mit HTML strukturieren wir unseren Inhalt. In diesem Kapitel stelle ich Ihnen die Grundlagen von HTML vor und zeige Ihnen, worauf Sie bei der Erstellung einer HTML-Datei achten müssen.

▶ **Kapitel 3: Wie gestalten wir unsere Webseite mit CSS?**

Natürlich wollen wir nicht nur strukturierten Inhalt, sondern dieser soll auch ansehnlich formatiert sein. In diesem Kapitel stelle ich Ihnen CSS vor und zeige Ihnen, wie Sie damit arbeiten können.

▶ **Kapitel 4: Einer Webseite mit HTML Struktur verleihen**

Nach den Grundlagen wenden wir uns der Praxis zu. Wir betrachten gemeinsam eine Auswahl gängiger HTML-Elemente, und Sie lernen, wie man diese sinnvoll einsetzen kann. Den Abschluss bildet unsere erste HTML-Seite. Dies ist die Grundlage unserer Webseite, die wir schon teilweise mit CSS formatieren.

▶ **Kapitel 5: Webseiten mit CSS gestalten**

CSS bietet uns viele Möglichkeiten, um unsere mit HTML strukturierten Inhalte zu formatieren. Eine große Auswahl dieser Möglichkeiten stelle ich Ihnen in Kapitel 5 vor. Danach gestalten wir unsere in Kapitel 4 begonnene Webseite mit CSS vollständig.

▶ **Kapitel 6: jQuery – Mehr Usability und Animation**

Mit jQuery stelle ich Ihnen in Kapitel 6 ein JavaScript-Framework vor, das es in sich hat (ich erkläre Ihnen natürlich auch, was JavaScript und was ein Framework ist). Sie werden viele Möglichkeiten kennenlernen, mit wenigen Zeilen Code Ihre Webseite um beeindruckende Effekte zu ergänzen.

▶ **Kapitel 7: Ihre Seite im Internet finden: Suchmaschinenoptimierung**

Die beste Webseite bringt nichts, wenn niemand sie findet. Aber wie arbeiten Suchmaschinen, und wie können wir Google & Co. auf unsere Webseite aufmerksam machen?

▶ **Kapitel 8: Der letzte Schliff**

Viele Menschen sind mit unterschiedlichen Browsern im Internet unterwegs. Aber was machen wir, wenn die Browser unsere Seite teilweise unterschiedlich darstellen? Ein weiterer wichtiger Aspekt ist die Barrierefreiheit: Was können wir machen, damit möglichst viele Menschen die Inhalte unserer Webseite einfach erfassen können?

▶ **Anhang: Referenz**
Mit HTML, CSS und jQuery lernen Sie in diesem Buch drei Sprachen kennen. Hier macht eine umfangreiche Referenz natürlich Sinn. Sie finden in dieser Referenz die wichtigsten Elemente, Eigenschaften und Funktionen der drei Sprachen, teilweise mit Anwendungsbeispielen. So können Sie immer wieder nachschlagen, wenn Sie gerade damit beschäftigt sind, eine Webseite zu erstellen.

Die Icons im Buch

Immer, wenn im Buch eine besonders wichtige Stelle auftaucht, die Sie sich merken oder der Sie besondere Aufmerksamkeit schenken sollten, sehen Sie am Rand eines dieser beiden Icons. Stoßen sie auf diese Icons, heißt es also: Aufgepasst!

Danksagung

Dass man ein Vorwort erst dann schreibt, wenn man mit dem Buch so gut wie fertig ist, liegt wahrscheinlich daran, dass man erst am Ende der Arbeit weiß, was den Leser erwartet. Auch weiß man als Autor erst dann, bei wem man sich bedanken kann und ohne welche Personen das Buch, das Sie jetzt in Ihren Händen halten, in dieser Form nicht hätte realisiert werden können.

Für Sie sichtbar ist zunächst die Arbeit von einer Person, die nicht nur das Titelbild gestaltet, sondern auch das restliche Buch mit Comics illustriert und verschönert hat. Die Rede ist von Johannes Kretzschmar, dem ich an dieser Stelle für die geleistete Arbeit herzlich danken möchte. Johannes war von Anfang an bei diesem Projekt mit vollem Einsatz dabei und schafft es mit seinen Comics nicht nur, das Buch aufzulockern, sondern auch die Inhalte zu unterstützen.

Für Sie nicht direkt sichtbar, aber ebenfalls für die Umsetzung dieses Buchs unverzichtbar ist mein Lektor Jan Watermann. Er hat sich und sein Wissen voll in dieses Buch eingebracht und war für mich als Neuling, was das Schreiben von Büchern angeht, immer verfügbar. Dafür möchte ich ihm an dieser Stelle ebenso herzlich danken wie meinem Verlag, Galileo Computing.

Dieses Buch hat besonders von dem umfangreichen Wissen und den zahlreichen konstruktiven Vorschlägen meines Fachgutachters Frank Bongers profitiert. Ich danke ihm für viele Hinweise, Ideen und interessante Gespräche.

Ebenfalls nicht sichtbar waren einige gute Freunde, die sich das Buch teilweise Kapitel für Kapitel angesehen und den Schreibprozess durch konstruktive Kritik begleitet haben oder mich auf andere Art und Weise unterstützt haben. Ich möchte mich dafür bei Jonny Artuso, Fabian Jager und Patrick Ohler von *wer-kennt-wen.de*, Diana Kleemann, Maximilian Lampert, Julian Landenberger, Anton Schönfeld, Florian Schwehn (der einige Kapitel inzwischen besser kennt als ich) und Dénes Weiß bedanken.

Etwas hervorheben möchte ich eine gute Freundin, die ich über ihr ebenfalls bei Galileo Press erschienenes Buch »Professionelles Webdesign mit (X)HTML und CSS« und ihr Blog *www.pixelgraphix.de* kennenlernen durfte: Manuela Hoffmann. Manuela hat mich nicht nur auf die Idee zu diesem Buch gebracht, sondern es auch (nach drei Monaten konsequentem Zureden) erreicht, dass ich dieses Projekt umgesetzt habe. Danke hierfür.

Danken möchte ich auch meinen Freunden, Kollegen und Kunden, die mich motiviert und unterstützt haben und immer wieder Verständnis gezeigt haben, wenn es bei mir zeitlich eng geworden ist und ich mit dem Buch beschäftigt war.

Ihnen möchte ich für den Kauf des Buchs danken, und hoffe, Sie finden Gefallen an der Webseitenerstellung. Wenn Sie Fragen und Anregungen haben, dürfen Sie mir gern eine E-Mail an *info@webseiten-buch.de* schicken. Soweit es mir zeitlich möglich ist, antworte ich Ihnen gern. Ansonsten möchte ich Ihnen das Forum zum Buch, das Sie auf *www.webseiten-buch.de* finden können, ans Herz legen.

Daniel Mies

Bevor wir loslegen, brauchen wir unser Handwerkszeug und müssen uns Gedanken darüber machen, wie wir unsere Seite ins Internet stellen.

1 Vor dem Start

Machen Sie es sich gemütlich, und schalten Sie ruhig schon mal Ihren Rechner an. Im Rahmen dieses Kapitels möchte ich Ihnen das eine oder andere Programm vorstellen, mit dem Sie Ihre Webseite erstellen können. Zunächst interessiert Sie sicherlich, wie das mit dem Internet und einer Webseite grundsätzlich alles funktioniert, wo Sie selbst Ihre Seite ins Internet stellen können und was Sie dort beachten müssen. Daher möchte ich zuerst das Thema »Webspace« mit Ihnen besprechen. Danach stelle ich Ihnen ein paar Programme vor, die Ihnen die Arbeit bei der Erstellung von Webseiten erleichtern. Am Ende des Kapitels zeige ich Ihnen dann, wie Sie eine Seite ins Internet stellen können.

1.1 Wie kommt die Seite aus dem Internet auf meinen Computer?

Wenn Sie Ihren Browser starten und eine URL Ihrer Wahl eingeben, dann erscheint dort in der Regel nach einigen Sekunden die Seite, die Sie sehen möchten. Was für Sie als Benutzer relativ einfach ist, ist für Ihren Computer und den Server, auf dem die gewünschte Seite liegt, erst einmal Arbeit.

Ihr Computer bekommt von Ihnen zunächst eine URL wie zum Beispiel *www.webseiten-buch.de,* und diese übersetzt er dann in eine IP-Adresse. Eine IP-Adresse (oft auch nur »IP« genannt) ist so etwas wie eine Hausnummer im Internet, damit der richtige Server ausgewählt wird und dieser Server »beauftragt« werden kann, eine bestimmte Webseite zu liefern.

Wenn der angesprochene Server eine Webseite liefern kann, bekommt Ihr Computer zunächst ein Paket mit allerlei Daten zugesendet. Der Browser arbeitet die gelieferten Daten dann ab: Zunächst wird eine HTML-Datei genommen und vom Browser ausgewertet.

In der HTML-Datei (diese lernen Sie in Kapitel 2 richtig kennen) stehen jede Menge Informationen und Inhalte, die auf der Webseite dargestellt werden sollen, wie zum Beispiel die Texte oder auch Bilder und Links. Moderne Webseiten beinhalten dann noch Gestaltungsanweisungen in Form einer CSS-Datei. Die Information, ob es eine CSS-Datei zu der HTML-Datei gibt, steht in eben dieser HTML-Datei.

Mit dem sogenannten *Stylesheet* (CSS steht für Cascading Style Sheets) wird dem Browser dann gesagt, wie die Webseite aussehen soll, welche Farbe welcher Teil der Webseite hat und wo was stehen soll. Der Browser interpretiert, was in der CSS-Datei steht, und wandelt die HTML-Elemente dementsprechend um.

Eine weitere Komponente sind dynamische Elemente, die mit JavaScript eingebunden werden. Mit diesen Elementen können beispielsweise Bereiche ein- und ausgeblendet oder auch andere Inhalte in eine Seite geladen werden (mehr dazu erfahren Sie in Kapitel 6).

Das hört sich zunächst sehr umfangreich an, aber Sie werden in diesem Buch Schritt für Schritt den Umgang mit HTML, CSS und jQuery erlernen. Sie werden sehen, dass alle drei Sprachen sehr einfach sind und aufeinander aufbauen.

Damit die fertige Seite schließlich von anderen Benutzern im Internet besucht werden kann, benötigen wir außerdem Speicherplatz, sogenannten *Webspace*.

1.2 Webspace

Webspace liegt auf speziell ausgestatteten Rechnern, die ans Internet angeschlossen sind: den Webservern.

Hier gibt es sehr viele Anbieter mit unterschiedlichen Angeboten und natürlich auch Preisen. Daher möchte ich Ihnen einige Ratschläge mit auf den Weg geben, damit Sie wissen, was Sie benötigen.

Für die Themen, die wir im Buch besprechen, brauchen Sie noch keinen eigenen Webspace. Sie können alle Beispiele ganz normal auf Ihrer Festplatte speichern und dann in Ihrem Browser betrachten.

Anforderungen an den Provider

Für eine einfache Webseite reichen meistens schon 10 MB aus. Sie werden aber wahrscheinlich keinen Provider finden, der Ihnen genau die Menge an Speicherplatz vermietet, die Sie brauchen, und daher können Sie in der Regel eines der kleinsten Pakete nehmen. Ich rate Ihnen, kein »Visitenkarten«-Paket zu nehmen, da dieses in der Regel nur eine Domain enthält und kaum oder keinen Speicherplatz.

Ausreichende Pakete bekommen Sie bei manchen Anbietern schon ab ca. 2 Euro im Monat. Sie sollten aber hier nicht nur auf den Preis achten, sondern auch Testberichte und Meinungen anderer Kunden berücksichtigen. Halten Sie auch ein Auge auf die Vertragslaufzeit, denn wenn Sie später Ihre Webseite vergrößern oder zu einem anderen Provider umziehen möchten, sollten Sie möglichst flexibel sein.

1.3 Unser Handwerkszeug

Drei Dinge brauchen wir, um unsere Webseite zu erstellen: einen *Editor*, in dem wir die Webseite erstellen, ein *FTP-Programm*, mit dem wir die Dateien ins Internet laden, und einen *Browser*, mit dem wir unsere Seite betrachten können und der uns im optimalen Fall noch bei der Erstellung der Webseite helfen kann.

Ich stelle Ihnen auf den folgenden Seiten Software für Windows, Linux und Mac OS X vor. Es gibt sowohl bei den Editoren als auch bei den FTP-Programmen und den Browsern sehr viele weitere Programme, und wenn Sie schon Erfahrung mit einem Programm haben, spricht nichts gegen die Verwendung dieses Programms.

Die einzige Ausnahme in diesem Buch ist jedoch der Browser: Die Beispiele in den ersten Kapiteln sind für den Firefox von Mozilla optimiert, und erst am Ende des Buchs zeige ich Ihnen, wie Sie die Seiten für alle weiteren Browser optimieren. Dies hat den Grund, dass der Firefox einerseits sehr stark verbreitet ist und grundsätzlich auch ein sehr guter Browser ist und dass er andererseits wesentlich korrekter Webseiten darstellt als der Internet Explorer von Microsoft. Wenn Sie also bisher den Internet Explorer 6 verwenden, sollten Sie für die Beispiele in diesem Buch den Firefox einsetzen. Wenn Sie einen modernen Browser wie Konqueror, OmniWeb, Opera, Safari oder den Internet Explorer 7 verwenden, sollten die Beispiele in Ihrem Browser richtig dargestellt werden.

1.3.1 Editor

Als Erstes brauchen wir ein Programm, in dem wir unsere Webseite erstellen können. Das Schöne an HTML, CSS und JavaScript ist, dass wir hier keine spezielle Software kaufen müssen, sondern die Software schon auf unserem Rechner vorinstalliert haben. Jedes Betriebssystem verfügt über einen einfachen Texteditor. So können Sie bei Windows beispielsweise auf den einfachen »Editor« zurückgreifen, und die Linux-User unter Ihnen haben gleich mehrere Editoren zur Auswahl.

Wenn Sie einen Editor im Internet suchen, sollten Sie nur darauf achten, dass dieser Syntax-Highlighting beherrscht. Das bedeutet, dass er HTML, CSS und JavaScript farbig hervorhebt, was die Fehlersuche oft erleichtern kann und vor allem die Arbeit einfacher macht. Probieren Sie ruhig mehrere Editoren aus, und betrachten Sie die vorgeschlagenen Programme als einfache Empfehlungen.

Windows

Unter Windows möchte ich Ihnen den Editor *Notepad++* empfehlen. Er bietet neben dem wichtigen Syntax-Highlighting viele nützliche Funktionen, die die Arbeit erleichtern. Sie finden die Version 4.7.3 auf der CD zum Buch oder unter *notepad-plus.sourceforge.net*. Mir persönlich gefällt an dem Editor, dass er sehr einfach gestaltet ist, es Ihnen ermöglicht, mit Tabs mehrere Dateien parallel zu bearbeiten, und einen Dateibrowser integriert hat. Sie können also zwischen den Ordnern und Dateien im Programm selbst wechseln.

Eine besondere Funktion rundet Notepad++ ab: Sie können Arbeitsabläufe mit Makros aufnehmen und wann immer Sie sie benötigen diese ausführen lassen. So könnten Sie beispielsweise Vorlagen als Makro speichern, die von Notepad++ automatisch erstellt werden, wenn Sie diese benötigen.

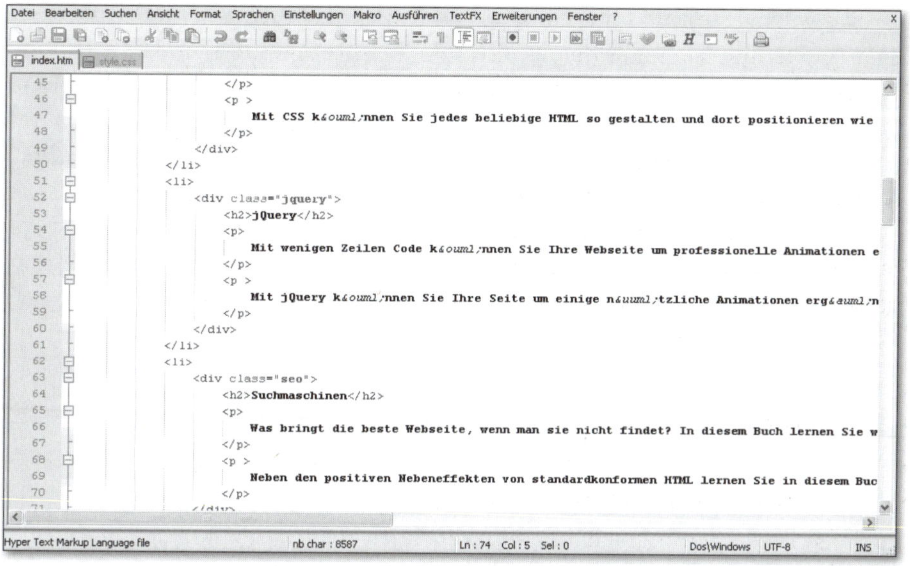

Abbildung 1.1 Notepad++. Mehrere Tabs erlauben das Bearbeiten der Dateien in
einem Fenster.

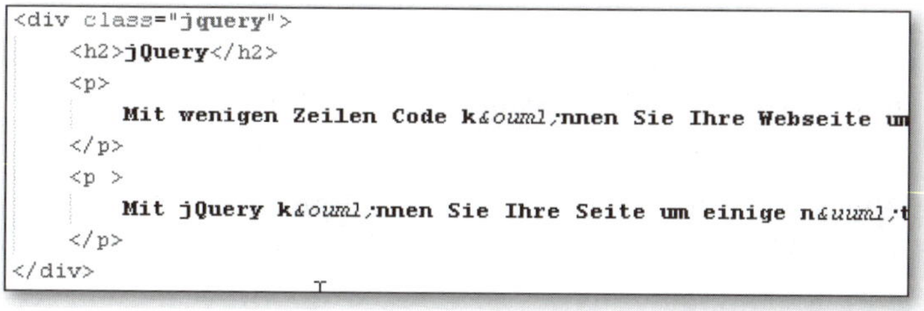

Abbildung 1.2 So lassen sich Dateien leichter bearbeiten: Die HTML-Elemente
(mehr dazu in Kapitel 2) werden farblich hervorgehoben.

Linux

Für die unterschiedlichen Linux-Distributionen gibt es unzählige Editoren, die
sich für die Erstellung von Webseiten eignen. Auch wenn ich davon ausgehe, dass
die meisten Linux-Benutzer schon einen Editor haben, mit dem sie arbeiten,
möchte ich Ihnen mit *BlueFish* einen weiteren kurz vorstellen, den ich für geeignet halte. BlueFish hat ähnliche Funktionen, wie sie schon bei Notepad++ für
Windows beschrieben wurden. Hinzu kommt, dass BlueFish ein sehr kleines Programm ist, das auch sehr schnell arbeitet und Dateien lädt. Sie können ebenso
FTP-Funktionalitäten integrieren. Sie erhalten BlueFish unter *bluefish.open-
office.nl,* wo Sie auch die notwendigen Informationen für den Download finden
können.

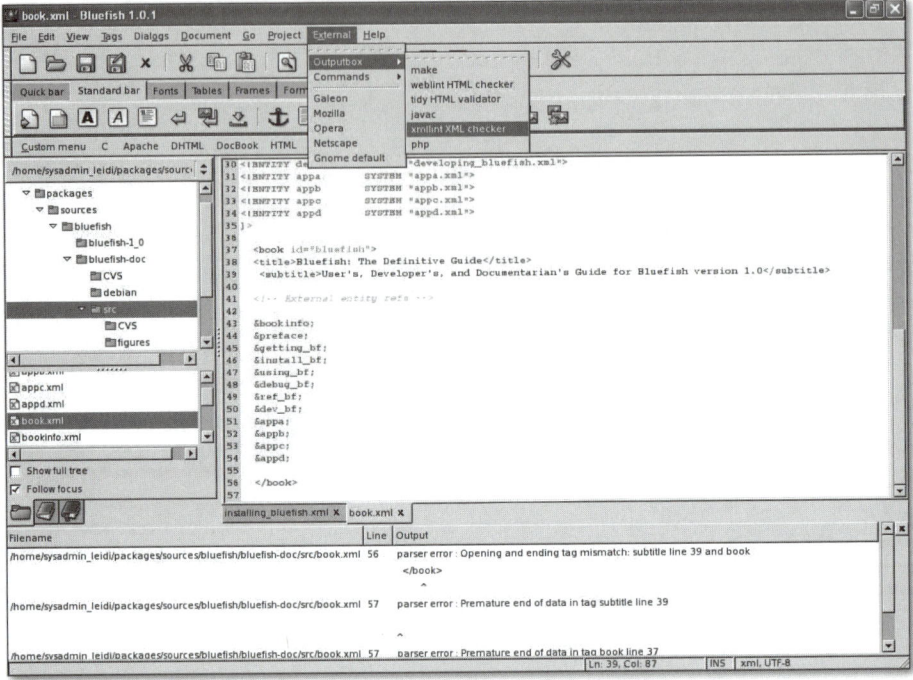

Abbildung 1.3 Der Editor BlueFish

Mac OS X

Für das Betriebssystem Mac OS X möchte ich Ihnen den Editor *Smultron* ans Herz legen. Sie finden den Editor auf der CD zum Buch oder im Internet unter *smultron.sourceforge.net*. Ein besonders nettes Feature bei Smultron sind *Snippets*: Mit diesen können Sie Codebausteine, die Sie häufig verwenden, speichern und wiederverwenden.

WYSIWYG

Die Abkürzung WYSIWYG steht für »what you see is what you get« und beschreibt Programme, die während der Erstellung einer Datei anzeigen, wie diese Datei in fertigem Zustand aussieht. Textverarbeitungsprogramme wie Microsoft Word arbeiten nach diesem Prinzip.

Solche Programme gibt es auch zum Erstellen von Webseiten, und trotzdem möchte ich Ihnen davon grundsätzlich abraten. WYSIWYG-Editoren produzieren sehr viel Code, den man im Endeffekt nicht benötigt, und tun sich auch oft sehr schwer mit der Einbindung von CSS für die Gestaltung und von Java Script für die Animation.

Sie werden im Rahmen dieses Buchs es sicherlich zu schätzen lernen, Webseiten selbst zu schreiben.

1.3.2 FTP-Programm

Mit einem FTP-Programm können Sie alle Dateien auf Ihren Webspace laden. Sie sind dabei natürlich nicht nur auf Ihre Homepage beschränkt, sondern können auch Dateien auf Ihren Webspace laden, die Sie anderen zur Verfügung stellen möchten (wenn Sie beispielsweise im Team an einer Präsentation arbeiten).

ASCII- und Binärmodus

Wenn Sie Dateien ins Internet stellen, sollten Sie darauf achten, in welchem Modus Sie die Dateien auf den Server hochladen. Es gibt hier den ASCII-Modus, der für Textdateien (wie Ihre HTML-, CSS- und JavaScript-Dateien) geeignet ist und genutzt werden sollte, und den Binärmodus, der beispielsweise für Bilddateien oder Word-Dokumente genutzt werden sollte.

FileZilla

Das Besondere an dem FTP-Programm FileZilla, das ich Ihnen hier vorstellen möchte, ist, dass es eine Version für jedes verbreitete Betriebssystem gibt. Dies erleichtert Ihnen die Arbeit natürlich enorm, wenn Sie mit mehreren Betriebssystemen arbeiten, und macht natürlich auch die Beschreibung hier im Buch wesentlich einfacher. Sie finden FileZilla im Internet unter *www.FileZilla.de* oder auf der CD zum Buch unter *Tools/FileZilla*.

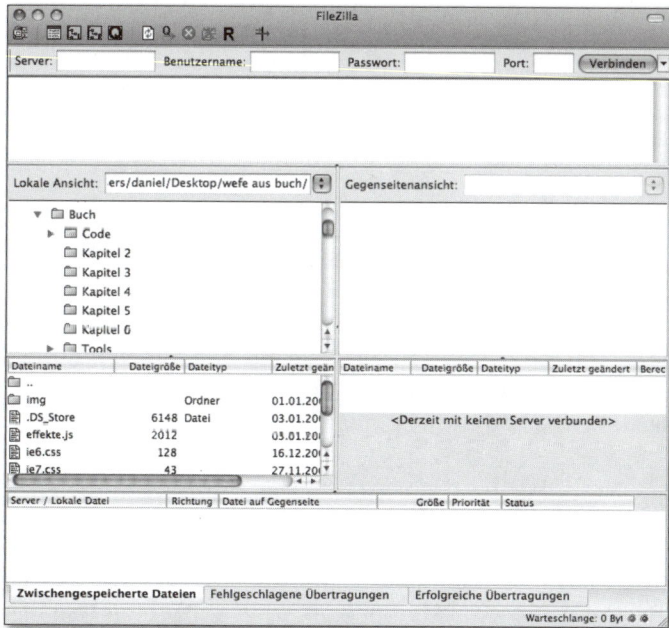

Abbildung 1.4 FileZilla: Mit diesem FTP-Programm können Sie Dateien ins Internet laden.

Wie Sie FileZilla benutzen können, erkläre ich Ihnen später in diesem Kapitel. Wir werden dann auch unsere erste Seite ins Internet stellen, bevor wir uns dem Thema HTML zuwenden.

1.3.3 Browser

Browser gibt es wie Sand am Meer. Jedes Betriebssystem hat eigene Browser (Windows – Internet Explorer, Linux – Konqueror u.a. und Mac – Safari), die natürlich vollkommen ausreichend sind, um im Internet zu surfen. Das Problem, auf das wir in diesem Buch noch öfter zu sprechen kommen werden, ist allerdings, dass alle Browser hier und da eine Seite anders darstellen, als die anderen Browser dies tun.

Manche orientieren sich dabei an Standards, andere (wie leider sehr häufig der Internet Explorer) schaffen dagegen eigene Standards. Wir werden uns in diesem Buch daher zunächst auf die Erstellung von Webseiten für den Firefox konzentrieren. Dieser Browser ist weit verbreitet, ist für jedes Betriebssystem verfügbar und orientiert sich sehr stark an den Webstandards.

Nachdem wir unsere Seite für den Firefox erstellt haben, schauen wir uns die Seite in anderen Browsern an und optimieren diese. So haben wir eine gemeinsame Basis, an der wir arbeiten können.

1.3.4 Firebug

Gerade wenn Sie anfangen, mit CSS zu arbeiten, werden Sie Firebug zu schätzen lernen. Firebug ist eine kostenlose Erweiterung für Firefox, die Ihnen einige interessante Funktionen bietet, auf die ich hier, zumindest teilweise, eingehen möchte.

Auf den ersten Blick können Sie sich mit Firebug »nur« den Quellcode Ihrer HTML-, CSS- und JavaScript-Dateien ansehen. Dies ist bei eigenen Projekten in der Regel nicht besonders wichtig, da Sie ja die Originaldateien auf Ihrem Rechner haben sollten. Wirklich interessant ist die Möglichkeit, Ihre HTML- und Ihre CSS-Dateien live zu editieren. Das heißt, dass Sie, während Sie den Code in Firebug ändern, im Browser sehen, was diese Veränderungen bewirken.

Installation von Firebug

Sie können Firebug in Ihrem Firefox installieren, indem Sie auf EXTRAS • ADD-ONS klicken und in dem sich dann öffnenden Fenster ERWEITERUNGEN wählen (wenn es noch nicht ausgewählt ist). Unten rechts finden Sie dann einen Link ERWEITERUNGEN HERUNTERLADEN. Dieser führt Sie zur Seite *http://addons.mozilla.org*.

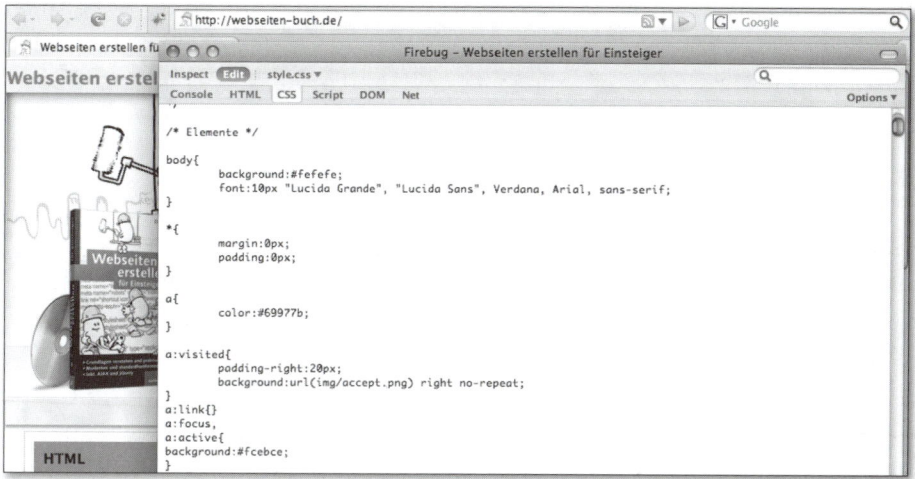

Abbildung 1.5   Firebug: Dateien »live« in Firefox bearbeiten

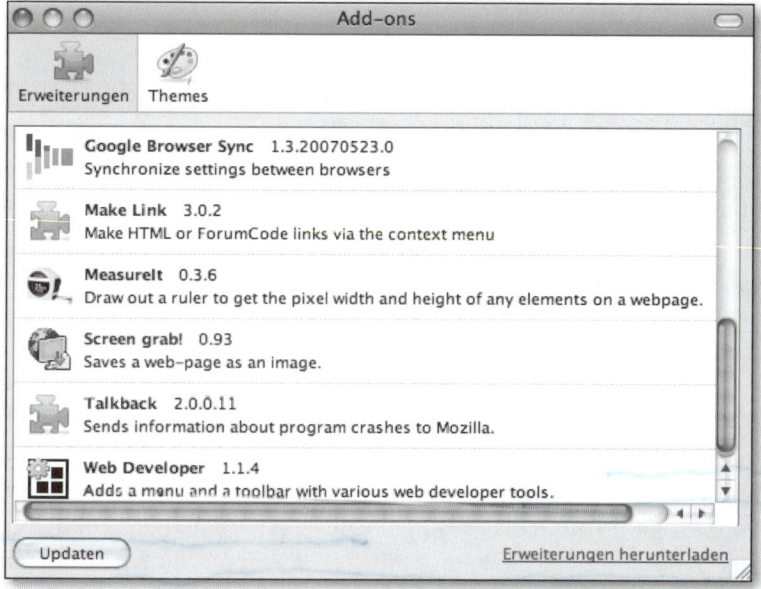

Abbildung 1.6   Das Add-Ons-Menü im Firefox. Unten rechts finden Sie den Link, um weitere Add-Ons (Erweiterungen) zu installieren.

Der schnellste Weg zu Firebug ist es, die Suche zu benutzen. Geben Sie einfach in das Suchfenster auf der Mozilla-Seite »Firebug« ein. Auf der Seite mit den Suchergebnissen sollte Firebug an der ersten Stelle stehen. Klicken Sie einfach auf den Namen »Firebug«. Der Link führt Sie zur Installationsseite.

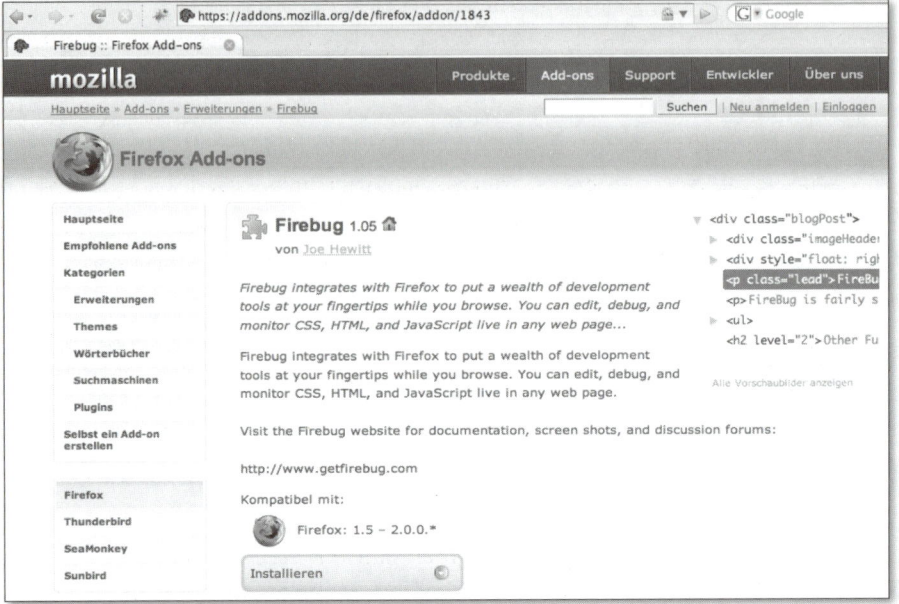

Abbildung 1.7 Firebug auf addons.mozilla.com

Auf der Installationsseite müssen Sie nur noch auf INSTALLIEREN klicken, und schon wird Firebug (nach Ihrer Bestätigung, dass Sie die Erweiterung installieren möchten) installiert. Sie müssen dann noch einmal den Browser neu starten, und schon stehen Ihnen Firebug und seine Möglichkeiten zur Verfügung.

1.4   Eine Seite ins Internet stellen

Bevor Sie eine Datei ins Internet laden können, benötigen Sie zunächst entsprechende FTP-Zugangsdaten. Diese werden Ihnen entweder schon mitgeteilt, wenn Sie Ihren Webspace vom Provider erhalten, oder sind auf der Administrationsoberfläche Ihres Webspace-Anbieters zu finden. Die Zugangsdaten bestehen mindestens aus einer Serveradresse (die häufig mit *ftp://* beginnt), einem Benutzernamen und einem Passwort.

1.4.1   Eine Verbindung mit dem Server herstellen

Damit wir überhaupt Dateien ins Internet laden können, müssen wir eine Verbindung zwischen dem Server, auf dem unser Webspace liegt, und unserem Computer herstellen. Der Server muss schließlich die Dateien, die dort abrufbar sein sollen, erst einmal bekommen.

Wir öffnen dafür unser FTP-Programm (FileZilla) und stellen eine Verbindung zu unserem Server her. Hierfür gibt es zwei Möglichkeiten: eine schnelle Verbindung oder den Servermanager.

Schnelle Verbindung

Ganz schnell geht es, wenn Sie die Zugangsdaten für Ihren Webspace oben in die Leiste eingeben. Dort wird nach Server, Benutzername, Passwort und Port gefragt. In den meisten Fällen müssen Sie den Port nicht angeben, ansonsten weist Ihr Webspace-Anbieter Sie sicherlich darauf hin.

Abbildung 1.8   Eine schnelle Serververbindung mit FileZilla einrichten

Wenn Sie nun Ihre Daten eingegeben haben, klicken Sie auf VERBINDEN. Im oberen Fenster Ihres FTP-Programms stehen die »Arbeitsschritte« Ihres FTP-Programms, die uns aber nicht weiter interessieren. Wenn die Verbindung nicht zustande kommt, sollten Sie Ihre Zugangsdaten kontrollieren und prüfen, ob Sie alles richtig eingegeben haben.

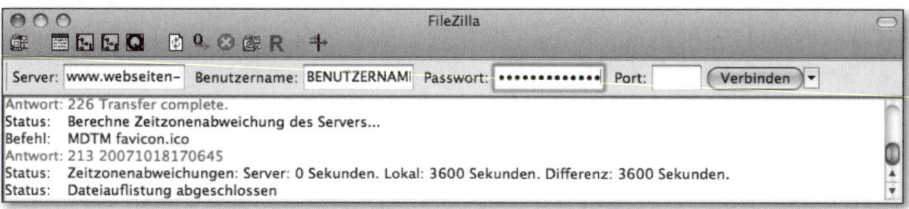

Abbildung 1.9   Erfolgreiche Verbindung zu einem Server

Servermanager

Die Alternative zur schnellen Verbindung ist der Servermanager, den Sie unter dem Menüpunkt DATEI finden. Wenn Sie diesen öffnen, können Sie mehrere Serververbindungen verwalten, was besonders praktisch ist, wenn man mehrere Seiten betreut.

Um unsere Verbindung im Servermanager einzurichten, klicken wir zunächst auf NEUER SERVER und füllen dann die Eingabemaske auf der rechten Seite aus. Dort werden die gleichen Daten benötigt wie auch schon bei der schnellen Verbindung. Neu ist die Möglichkeit, die Verbindungsart anzugeben. Wenn Sie Ihr Passwort nicht ständig neu eingeben möchten, wählen Sie die Option »Normal« aus.

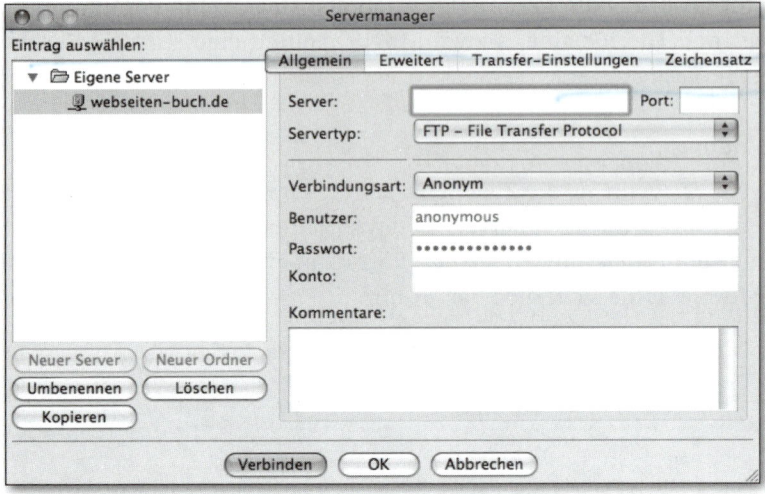

Abbildung 1.10   Der Servermanager in FileZilla

Wenn Sie sicherstellen möchten, dass niemand mit Ihrem Rechner auf Ihren Webspace zugreifen kann, können Sie die Option »Nach Passwort fragen« auswählen.

Neben den erweiterten Einstellungen, die Sie in der Leiste über den Eingabefeldern festlegen können, können Sie auch den Servertyp bestimmen. Dieser sollte, wenn Ihr Webspace-Anbieter nichts anderes angibt, »FTP« sein. Alle weiteren Einstellungsmöglichkeiten benötigen Sie am Anfang nicht.

Abbildung 1.11   Der Servermanager mit den Zugangsdaten für unseren Server

Wenn Sie sich nun mit dem Server verbinden möchten, wählen Sie einfach Verbinden aus, und schon können Sie, sobald die Verbindung zustande gekommen
ist, Dateien ins Internet laden.

1.4.2 Ordnerstrukturen

Jetzt, da wir mit unserem FTP-Programm auf unseren Webspace zugreifen können, schauen wir uns die Möglichkeiten genauer an, die FileZilla uns bietet. Den
größten Raum in dem Programm nehmen vier Fenster ein, die, wenn Sie mit dem
Server verbunden sind, Ordner und Dateien anzeigen. Auf der linken Seite finden
Sie die Ordner, die bei Ihnen auf der Festplatte liegen, und rechts die Dateien auf
dem Server. Oben sehen Sie eine Ordnerübersicht und darunter den Inhalt des
jeweils ausgewählten Ordners.

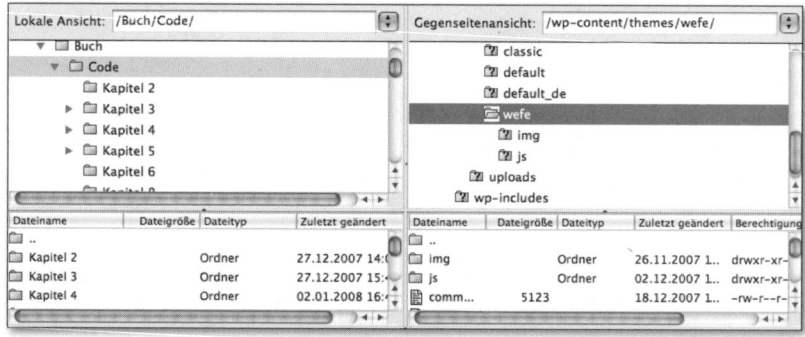

Abbildung 1.12   Links die Dateien auf unserem Rechner, rechts die Dateien auf dem Server

1.4.3 Eine Datei ins Internet laden

Natürlich möchten wir auch unsere Dateien und Ordner auf den Server kopieren.
Wir haben hier mit FileZilla zwei Möglichkeiten: Wir können entweder eine oder
mehrere Dateien direkt übertragen oder diese zu einer Warteschlange hinzufügen und später, wenn wir alle Dateien in der Warteschlange haben, diese komplett hochladen.

Dateien direkt hochladen

Wenn Sie eine oder mehrere Dateien direkt hochladen möchten, wählen Sie diese
auf der linken Seite aus, klicken dann mit der rechten Maustaste auf die ausgewählten Dateien und Ordner und wählen Hochladen aus.

Dies hat den Vorteil, dass Sie sich Ihre Veränderungen direkt online ansehen können. Gerade wenn Sie mehrere Dateien in einem Ordner oder den kompletten
Inhalt eines Ordners hochladen möchten, ist diese Variante natürlich praktisch.

Dateien zur Warteschlange hinzufügen und dann hochladen

Wenn Sie an mehreren Stellen in unterschiedlichen Ordnern Änderungen vorgenommen haben, die Sie aber gemeinsam hochladen möchten, sollten Sie diese mit der Funktion ZUR WARTESCHLANGE HINZUFÜGEN hochladen, die Sie ebenfalls über die rechte Maustaste auswählen können.

Dies hat den Vorteil, dass Sie nicht alle Ordner und Dateien zusammen hochladen müssen, sondern einzelne Dateien aus unterschiedlichen Ordnern auswählen und diese dann gemeinsam hochladen können.

Wenn Sie Ihre Auswahl getroffen haben, sehen Sie unter den Fenstern mit den Ordneransichten ein Fenster, in dem die Dateien aufgelistet sind. Wenn Sie mit der rechten Maustaste in dieses Fenster klicken, können Sie mit WARTESCHLANGE ABARBEITEN alle Dateien gemeinsam hochladen.

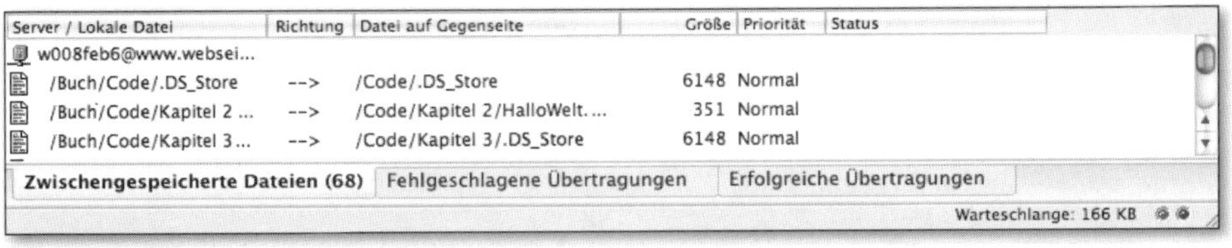

Server / Lokale Datei	Richtung	Datei auf Gegenseite	Größe	Priorität	Status
w008feb6@www.websei...					
/Buch/Code/.DS_Store	-->	/Code/.DS_Store	6148	Normal	
/Buch/Code/Kapitel 2 ...	-->	/Code/Kapitel 2/HalloWelt. ...	351	Normal	
/Buch/Code/Kapitel 3...	-->	/Code/Kapitel 3/.DS_Store	6148	Normal	

Zwischengespeicherte Dateien (68)	Fehlgeschlagene Übertragungen	Erfolgreiche Übertragungen

Warteschlange: 166 KB

Abbildung 1.13 Unsere Warteschlange im unteren Fenster von FileZilla

Sie können natürlich auch über die Fenster auf der rechten Seite bequem Dateien vom Server auf Ihren PC laden, wenn Sie beispielsweise von einem anderen PC aus Ihre Webseite aktualisiert haben und den aktuellen Stand auch auf Ihrem Rechner haben wollen.

Wann lade ich Dateien hoch?

Im Rahmen dieses Buchs überlasse ich es vollkommen Ihnen, wann Sie die Webseite, die wir gemeinsam erstellen werden, auf Ihren Webspace laden. Sie können für sich entscheiden, ob Sie Ihre Besucher an den »Bauarbeiten« teilnehmen lassen oder ob Sie nur die finale Version ins Internet stellen.

Wir haben in diesem Buch den Vorteil, dass wir auf keinen Server angewiesen sind, um unsere Webseite zu testen, und daher auch alle Dateien ganz normal auf der Festplatte speichern und dann mit dem Browser ansehen können.

1.4.4   Unsere erste Seite im Internet

Wenn Sie schon Webspace besitzen und dort noch keine Seite online ist, sollten Sie diesen Zustand schon jetzt ändern und eine Visitenkarte ins Internet laden.

Dies hat den Vorteil, dass Sie schon im Internet präsent sind und vielleicht das Glück haben, dass eine Suchmaschine wie Google Ihre Seite bereits findet.

Damit Sie schon eine Seite ins Internet stellen können, bevor Sie überhaupt wissen, was Sie genau machen müssen, habe ich auf der CD zum Buch eine kleine Webseite erstellt, die als erste Visitenkarte im Internet ausreichen sollte. Damit Sie diese auch online verwenden können, befolgen Sie bitte folgende Schritte:

1 Kopieren Sie den Ordner *Visitenkarte*, den Sie auf der CD unter *Code/Kapitel 1* finden, an eine Stelle auf Ihrer Festplatte, die Sie anschließend wiederfinden können. Wenn Sie sich in Ihrem Dateisystem nicht auskennen, kopieren Sie den Ordner einfach in das Basisverzeichnis (bei Windows: *C:*, bei allen anderen Betriebssystemen */*).

2 Öffnen Sie im Ordner *Vistenkarte* die Datei *index.htm*, und passen Sie die beiden folgenden Zeilen an, indem Sie das fett Markierte durch Ihren Namen ersetzen:

```
<title>Max Mustermann online</title>
...
<h1>Max Mustermann online</h1>
```

3 Öffnen Sie FileZilla, und wählen Sie im linken Fenster den Ordner aus.

4 Stellen Sie eine Verbindung zu Ihrem Webserver her.

5 Laden Sie die Dateien hoch, aber nicht den Ordner *Vistenkarte*, sondern nur seinen Inhalt.

6 Öffnen Sie Ihre Seite in Ihrem Browser.

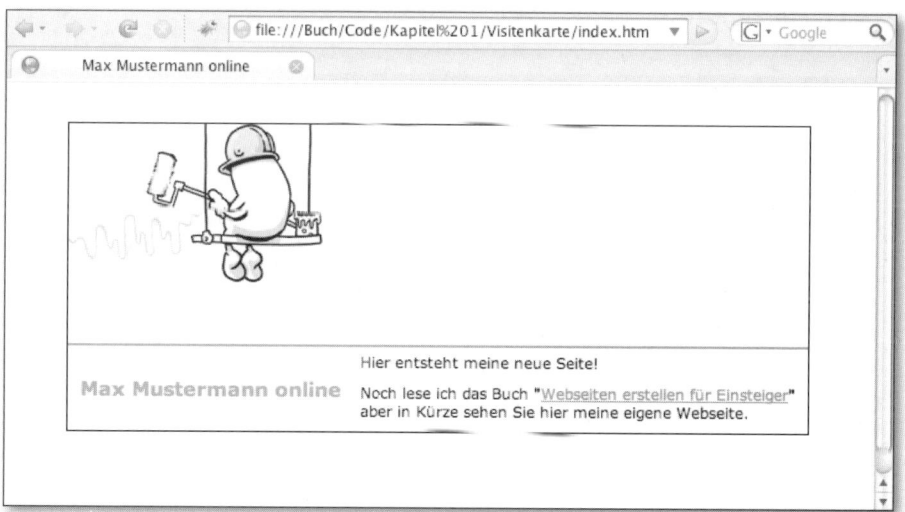

Abbildung 1.14 Eine Übergangsseite

1.5 Ausblick

Jetzt, da wir einen Platzhalter für unsere zukünftige Seite im Internet haben, wenden wir uns den Themen HTML, CSS, jQuery und Suchmaschinenoptimierung zu. Ausgestattet mit den notwendigen Programmen, können Sie sich getrost den Grundlagen zuwenden, bevor Sie anschließend Ihre Kenntnisse vertiefen.

TEIL I
Grundlagen

*Unsere erste Internetseite HTML ist einfach: Man nimmt ein »<«,
schreibt dann was und setzt ans Ende ein »>«.*

2   Welche Aufgaben hat HTML?

Lassen Sie uns gleich in das Thema einsteigen. Ich möchte Ihnen zeigen, nach
welchen Prinzipien wir eine Webseite erstellen und welche Regeln wir benötigen, um standardkonformen HTML-Code zu erstellen. Damit die Praxis nicht zu
kurz kommt, werden wir auch unsere erste Webseite erstellen.

2.1   Trennung von Inhalt, Layout und Animation

Um eine moderne Webseite zu erstellen, trennen wir die Bereiche Inhalt, Layout
und Animation. Für jedes dieser drei Teilgebiete ist eine hierfür jeweils speziali-
sierte Sprache zuständig. Trotz der Unterschiede, die sich durch die Spezialisie-
rungen ergeben, arbeiten diese Sprachen wirklich gut zusammen:

▶ Mit **HTML** (Kapitel 2 und 4) strukturieren wir den *Inhalt* und schaffen so die
  Struktur der Webseite.

▶ Mit **CSS** (Kapitel 3 und 5) gestalten wir ihr *Aussehen.*

▶ Mit **JavaScript** (Kapitel 6) bauen wir Animationen ein und geben der Seite ein
  »eigenes Verhalten«.

Beginnen wir nun mit den Grundlagen unserer Webseite, der Strukturierung der
Inhalte mit HTML.

2.2   Was ist HTML?

Bevor wir mit unserer Seite anfangen, müssen wir natürlich wissen, womit wir es
zutun haben:

HTML steht für *HyperText Markup Language*. HTML ist eine sogenannte Auszeichnungssprache. Mit HTML können wir Inhalte wie Texte, Bilder und (Hyper-)
Links in Dokumenten darstellen. Die wichtigsten Eigenschaften von HTML bilden
gleichzeitig den Namen: Hypertext, Markup und Language:

▶ **Hypertext**
Hypertexte sind Dokumente, die durch Links (sogenannte Hyperlinks) miteinander verbunden werden. Hypertexte bilden somit die Grundlage des Internets, was leicht nachvollziehbar ist, wenn man sich vorstellt, wie sinnlos das
Internet wäre, wenn es keine Links gäbe, sondern nur einzelne Seiten ohne
jegliche Verknüpfung.

▶ **Markup**
Markup heißt übersetzt »Textauszeichnung«. Es bildet einen wichtigen Baustein einer Webseite: Mit sogenannten *Tags* können wir Textelemente wie
Absätze, Überschriften oder Links auszeichnen. Dies strukturiert die Seite
nicht nur (und macht sie für Suchmaschinen wie Google leichter »scanbar«),
sondern erleichtert uns später auch die Gestaltung.

▶ **Language**
HTML ist natürlich auch eine Sprache. Aber es ist keine Programmiersprache,
sondern, wie erwähnt, eine Auszeichnungssprache. Unser »Sprachschatz«,
also die Elemente, auf die wir zurückgreifen dürfen, wird durch die *Dokumenttyp-Deklaration* festgelegt.

Die Grammatik dieser Sprache und auch eine genauere Erklärung der *Dokumenttyp-Deklaration* werde ich Ihnen in diesem Kapitel näherbringen.

2.3 Grundregeln für die Verwendung von HTML

Zunächst müssen wir wissen, wie wir Inhalte strukturieren. Wie bereits erwähnt
wurde, stellt HTML hierfür Tags und Elemente zur Verfügung.

2.3.1 Tags und Elemente

Mit Tags (Markierungen) und Elementen (demjenigen, was von den Markierungen umgrenzt wird) legen wir in einer HTML-Datei beispielsweise fest, wo Absätze anfangen und enden, erstellen Listen und Tabellen und definieren Links, die auf andere Webseiten führen. Die Tags bilden somit die wichtigste Grundlage zur Strukturierung unserer Webseite.

2.3.2 Tags

Tags lassen sich am einfachsten erklären, wenn sie mit einem praktischen Beispiel erklärt werden. Der folgende Code zeigt, wie wir einen Textabsatz mit HTML formatieren:

```
<p>
    Hallo Welt.
</p>
```

Listing 2.1 Ein Absatz in HTML

Hier haben wir also schon unser erstes Tag: <p> steht für *paragraph*, also für einen Absatz und legt fest, dass der Satz »Hallo Welt« in der HTML-Datei ein eigener Absatz ist.

Ein Tag besteht aus einer Tag-Bezeichnung (in unserem Fall p), die zwischen zwei spitzen Klammern steht (<Tag-Bezeichnung>).

2.3.3 Elemente

Tags treten in der Regel paarweise auf. Diese beiden Tags mit dem dazwischenliegenden Text bezeichnen wir als Element. Damit der Browser erkennen kann, wo ein Element endet, erhält das schließende Tag, das auch als »End-Tag« oder »Endmarke« bezeichnet wird, vor der Tag-Bezeichnung noch einen Slash (/). In unserem Beispiel schließt das Element <p> also mit </p>. Das ist notwendig, damit der Browser öffnende und schließende Tags auseinanderhalten kann.

```
<p>
    Ein Absatz in HTML
</p>
```

Listing 2.2 Mit HTML strukturieren wir den Text und zeichnen den Satz als Absatz aus.

Einige Elemente bestehen nur aus einem HTML-Tag und haben keinen Inhalt: Beispielsweise Bilder oder Zeilenumbrüche bestehen nur aus einer Startmarke. So wird ein einfacher Zeilenumbruch in HTML mit `<br />` festgelegt und ein Bild mit `<img />`. Beachten Sie, dass vor der schließenden spitzen Klammer noch ein Slash (/) geschrieben wird. Dieser ersetzt eine Endmarke, auf die der Browser sonst vergeblich »warten« würde.

2.3.4 Attribute

Oft kommt es vor, dass Elementen noch weitere Eigenschaften zugewiesen werden müssen. Wenn der Name eines Elements allein nicht aussagekräftig genug ist, ergänzt man ihn in Form von »Attributen«, die die gewünschten Eigenschaften beschreiben. In Kapitel 4 werden wir gerade bei der Erstellung von Formularen sehen, dass dies sehr wichtig ist, um die Seite um praktische Funktionen zu erweitern. Wesentlich häufiger kommt die Verwendung von IDs und Klassen vor, die wir benötigen, um unseren Elementen eine Bezeichnung zu geben.

Ein Attribut wird in das Start-Tag hinter die Tag-Bezeichnung geschrieben. Es besteht aus dem Attributnamen und dem Attributwert (`<Tag-Bezeichnung attribut="wert">`). Achtung – verwenden Sie für Tag-Bezeichnungen, Attributnamen und Attributwerte immer Kleinbuchstaben, und setzen Sie die Attributwerte immer in Anführungszeichen. In Kapitel 5 und 6 werden Sie sehen, warum das wichtig ist.

```
<p class="info">
  Hallo Welt.
</p>
```

Listing 2.3 Ein Absatz mit der Klasse »info«

2.3.5 Verschachtelung

Häufig kommt es vor, dass in einem HTML-Element nicht nur Text, sondern auch noch andere HTML-Elemente enthalten sein müssen: So könnte es sein, dass wir einen Teil des Absatzes fett schreiben möchten oder einen Link einbauen wollen.

```
<p>
    Ein Text, der <strong>teilweise fett geschrieben</strong> ist.
</p>
```

Listing 2.4 Ein Absatz, dessen Inhalt teilweise fett geschrieben wird

Mit dem Tag `<strong>` legen wir fest, dass ein Elementinhalt fett dargestellt werden soll.

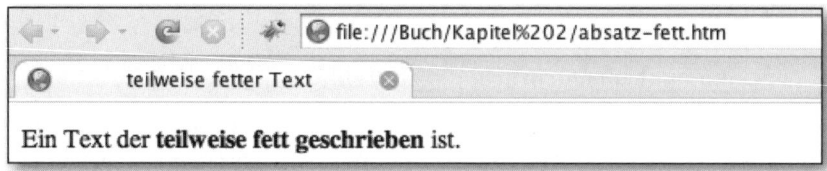

Abbildung 2.1 Das Beispiel im Browser: ein teilweise fett geschriebener Text

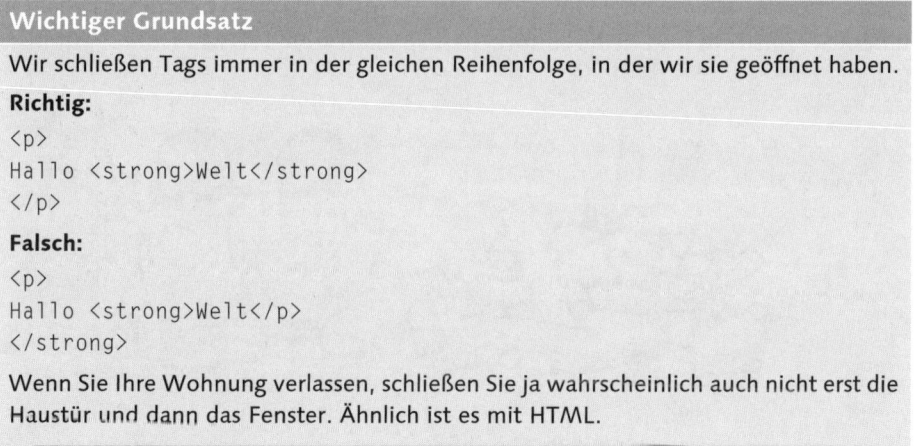

Wichtiger Grundsatz

Wir schließen Tags immer in der gleichen Reihenfolge, in der wir sie geöffnet haben.

Richtig:
```
<p>
Hallo <strong>Welt</strong>
</p>
```

Falsch:
```
<p>
Hallo <strong>Welt</p>
</strong>
```

Wenn Sie Ihre Wohnung verlassen, schließen Sie ja wahrscheinlich auch nicht erst die Haustür und dann das Fenster. Ähnlich ist es mit HTML.

2.3.6 Block- und Inline-Elemente

Wir unterscheiden in HTML zwischen zwei Arten von Elementen:

▶ **Blockelemente**
Blockelemente fügen an ihrem Beginn und an ihrem Ende automatisch einen Zeilenumbruch ein. Der Absatz (`<p>`) ist beispielsweise ein Blockelement. Generell kann man sagen, dass alle Elemente, die normalerweise in einem Dokument nicht im Textfluss stehen, Blockelemente sind. Beispiele wären Überschriften, Absätze oder Trennlinien.

▶ **Inline-Elemente**
Inline-Elemente stehen im Textfluss und bewirken keinen Zeilenumbruch. So fügt zum Beispiel `<strong>`, wenn wir Text fett darstellen wollen, keinen Zeilenumbruch ein.

Mit Tabs das Dokument übersichtlicher gestalten

Bisher ist unser HTML-Code noch sehr übersichtlich und besteht aus wenigen Zeilen. Wenn wir später anfangen, eine vollständige Seite zu erstellen, wird es allerdings immer mehr Code geben, und dementsprechend wird die Seite schnell unübersichtlich.

Daher möchte ich Ihnen nahelegen, den HTML-Code übersichtlich zu halten, indem Sie mit Tabs und Zeilenumbrüchen Struktur in Ihr HTML-Dokument bringen.

Mehr Struktur im HTML-Code

Auch wenn es sich bei einfachen Beispielen noch nicht auswirkt, wollen wir von Anfang an alles richtig machen. Wenn Sie beispielsweise einen Absatz in HTML schreiben, dann rücken Sie doch den Inhalt mit einem Tab etwas ein, und sparen Sie nicht mit Zeilenumbrüchen:

```
<p>
    Hallo Welt
</p>
```

Auch wenn die Datei dadurch ein wenig kleiner ist, wird es unübersichtlich, wenn Sie nur eine Zeile pro Element nehmen, wie es hier gemacht wurde:

```
<p>Hallo Welt</p>
```

Sie sollten auch nicht auf den Tab verzichten wie hier:

```
<p>
Hallo Welt
</p>
```

Fügen Sie bei verschachtelten Elementen ruhig mehrere Tabs ein:

```
<body>
    <p>
        Hallo Welt.
    </p>
</body>
```

Es gilt, dass wir in jedem Blockelement einen Tab vor dem Inhalt (hier »Hallo Welt«) einfügen. Inline-Elemente schreiben wir einfach in den Text, zum Beispiel so:

```
Dieser Text <strong>ist fett</strong>.
```

Ihr HTML-Code wird dadurch übersichtlicher und einfacher zu pflegen.

2.3.7 Zusammenfassung

Wir haben nun einige der wichtigsten Grundregeln schon behandelt:

▶ **Tag**

```
<p>, </p>
```

Die Tag-Bezeichnung steht zwischen zwei spitzen Klammern. Beim schließenden Tag steht vor der Bezeichnung noch ein Slash.

▶ **Element**

```
<p>
    Hallo Welt.
</p>
```

Ein Element besteht aus dem öffnenden und dem schließenden Tag und dem Text, der strukturiert werden soll.

▶ **Element mit einem Tag**

```
<br />
```

Dieses Element besteht nur aus einem Tag, vor dessen schließender spitzer Klammer ein Slash steht.

▶ **Verschachtelung**

```
<body>
    <p>
        Hallo <strong>Welt</strong>.
    </p>
</body>
```

Bei einer Verschachtelung befindet sich in einem Element ein weiteres Element. Wir achten darauf, dass wir die Elemente in der gleichen Reihenfolge schließen, in der wir sie geöffnet haben. Mit Tabs machen wir den Code übersichtlicher.

▶ **Block- und Inline-Elemente**

```
<p>
    Hallo <strong>Welt</strong>.
</p>
```

Blockelemente (`<p>`) fügen vor und nach ihrem Auftreten einen Zeilenumbruch ein. Inline-Elemente (`<strong>`) stehen im Textfluss.

Mit diesem Grundwissen ausgestattet, können wir uns an unsere erste HTML-Datei wagen.

2.4 »Hallo Welt« – unsere erste Webseite

Bleiben wir bei unserem Beispiel mit dem Absatz, in dem »Hallo Welt« steht. Lassen Sie uns nun den passenden HTML-Rahmen um diesen Absatz setzen:

1 Legen Sie auf Ihrem Computer einen neuen Ordner an – irgendwo, wo Sie ihn schnell wiederfinden. In diesem Ordner werden wir die Webseite speichern. Nennen Sie ihn beispielsweise *Webseite*.

2 Öffnen Sie Ihren Editor.

3 Fügen Sie den folgenden Code ein, oder öffnen Sie mit Ihrem Editor die Datei *HalloWelt.htm* im Ordner *Code/Kapitel 2/* auf der beiliegenden CD:

```
<!DOCTYPE HTML PUBLIC "-//W3C//DTD XHTML 1.0 Transitional//
EN" "http://www.w3.org/TR/xhtml1/DTD/xhtml1-transitional.dtd">
<html xmlns="http://www.w3.org/1999/xhtml">
    <head>
        <title>Unsere erste Seite</title>
        <meta http-equiv="Content-Type"
        content="text/html; charset=ISO-8859-15" />
    </head>
    <body>
```

```
<p>
   Hallo Welt.
</p>
</body>
</html>
```

4 Speichern Sie die Datei in dem Ordner, den wir zuvor angelegt haben, unter dem Namen *index.htm*. Wenn Sie die Möglichkeit haben, die Zeichenkodierung ebenfalls festzulegen, speichern Sie die Datei als *ISO-8859-15* ab.

5 Öffnen Sie in Ihrem Browser die Datei, indem Sie auf DATEI • ÖFFNEN gehen und die Datei auswählen. Im Browser sollte jetzt »Hallo Welt« stehen.

Herzlichen Glückwunsch, Ihre erste Webseite ist fertig.

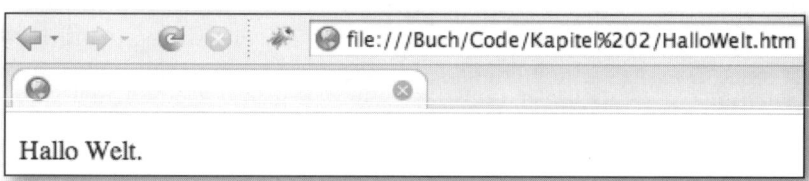

Abbildung 2.2 »Hallo Welt« – unsere erste Internetseite

Aber was genau haben wir gemacht? – Das erkläre ich Ihnen im Folgenden.

2.5 Grundaufbau einer HTML-Seite

2.5.1 Doctype

Die Dokumenttyp-Deklaration legt fest, welche HTML-Version wir verwenden, und somit auch, nach welchen Regeln wir die HTML-Datei aufbauen, auf welche Tags wir zurückgreifen, welche Elemente innerhalb von welchen Elementen vorkommen dürfen und welche Attribute für welche Tags verwendet werden können. Wir legen also fest, nach welcher **Grammatik** die HTML-Datei aufgebaut ist.

Schauen wir uns also mal die Dokumenttyp-Deklaration aus unserem Beispiel an:

```
<!DOCTYPE HTML PUBLIC "-//W3C//DTD XHTML 1.0 Transitional//EN"
"http://www.w3.org/TR/xhtml1/DTD/xhtml1-transitional.dtd">
```

Listing 2.5 Beispiel einer Dokumenttyp-Deklaration

Die *Dokumenttyp-Deklaration (DTD)* steht immer am Anfang einer HTML-Datei. Im Gegensatz zu den anderen Tags wird ihr Name in Großbuchstaben geschrieben und hat keinen abschließenden Slash, aber auch keine Endmarke. Hinter der startenden spitzen Klammer steht ein Ausrufezeichen, gefolgt von der Angabe

DOCTYPE HTML PUBLIC, mit der wir festlegen, dass wir eine öffentlich zugängliche Dokumenttyp-Deklaration verwenden.

Die dahinterliegenden Angaben bedeuten Folgendes:

► -//W3C//DTD XHTML 1.0 Transitional//EN

Herausgeber der Dokumenttyp-Deklaration ist das W3-Konsortium (*www.w3.org*).

► XHTML 1.0 Transitional

Diese Angabe sagt aus, dass wir XHTML in der Version 1.0 in der Variante Transitional verwenden.

► EN

EN ist ein Sprachkürzel und steht für Englisch. Dieses bezieht sich nicht auf den Inhalt Ihrer Datei, sondern auf die Sprache, in der die Attribute und Tags definiert sind. Dies ist immer Englisch, da die Namen der HTML-Elemente und -Attribute immer auf Englisch basieren.

Strict, Transitional und Frameset

Es gibt drei Varianten, in denen Sie Ihren HTML-Code schreiben können: *Strict*, *Transitional* und *Frameset*.

Das W3C empfiehlt die Variante *Strict*: Dies ist eine, wie der Name schon erahnen lässt, sehr strenge Variante, die viele gängige Elemente und Attribute verbietet. Allerdings können wir mit dieser Variante sehr schlanken Code schreiben.

Wenn Sie sich für die Variante *Strict* entscheiden, binden Sie den Dokumenttyp mit folgender Zeile Code ein:

```
<!DOCTYPE html PUBLIC "-//W3C//DTD XHTML 1.0 Strict//EN"
"http://www.w3.org/TR/xhtml1/DTD/xhtml1-strict.dtd">
```

Die auch in diesem Buch bevorzugte Variante *Transitional* ist ein Kompromiss des W3C, um Entwicklern Zugriff auf Elemente und Attribute zu geben, die in der Praxis häufig verwendet wurden. Dies ist auch der Grund, warum wir diese Variante verwenden.

Wir binden sie folgendermaßen ein:

```
<!DOCTYPE HTML PUBLIC "-//W3C//DTD XHTML 1.0 Transitional//
EN" "http://www.w3.org/TR/xhtml1/DTD/xhtml1-transitional.dtd">
```

Die dritte und nicht mehr stark verbreitete Variante ist *Frameset*. Statt eines `<body>`-Elements wird in dieser Variante das Element `<frameset>` verwendet, um die Seite mit Frames zu gestalten.

Frames sind eine Möglichkeit, mittels einer HTML-Datei mehrere andere HTML-Dateien im gleichen Browserfenster darzustellen. So könnte man in einer HTML-Datei die Navigation, in einer zweiten das Banner und in einer dritten den Inhalt ablegen und diese dann zusammen in einer HTML-Datei anzeigen.

Auch wenn diese Möglichkeit gerade für Einsteiger sehr interessant klingt, werde ich sie in diesem Buch nicht behandeln, da Frames nicht nur eine sehr unsaubere Lösung darstellen, sondern inzwischen auch so gut wie ausgestorben sind. Viele der modernen Techniken, mit denen wir in diesem Buch arbeiten, sind nicht in vollem Umfang mit Frames kompatibel. Außerdem erhöhen Sie selbstverständlich die Ladezeit Ihrer Seite, wenn Sie nicht nur eine Datei laden, sondern gleich mehrere. Früher wurde als ein Argument für Frames angeführt, dass man zum Beispiel bei einer Seite nicht alle Dateien verändern müsste, um ein Detail in der Gestaltung zu verändern. Da wir unsere Seite mit CSS gestalten und so alle Formatierungen zentral verwalten, ist das nicht mehr notwendig.

Sicherlich gibt es noch immer Seiten, die mit Frames erstellt werden. Dieses Buch behandelt aber moderne Techniken und soll Ihnen den professionellen Umgang mit HTML, CSS und JavaScript ermöglichen.

Der Vollständigkeit halber folgt hier der notwendige Code, um die Frameset-Variante zu verwenden:

```
<!DOCTYPE html PUBLIC " //W3C//DTD XHTML 1.0 Frameset//EN"
    "http://www.w3.org/TR/xhtml1/DTD/xhtml1-frameset.dtd">
```

Sie müssen diese Zeilen Code übrigens nicht auswendig können.

Auf der CD zum Buch finden Sie die Datei *doctype.htm* im Ordner *Code/Kapitel 3/*.

Am Ende der Dokumenttyp-Deklaration steht der Link zur DTD auf den Seiten des W3C:

```
http://www.w3.org/TR/xhtml1/DTD/xhtml1-transitional.dtd
```

Wir werden in diesem Buch immer XHTML in der Version 1.0 verwenden und die Variante *Transitional* einsetzen.

HTML und XHTML

Auch wenn wir in diesem Buch weiter von HTML sprechen werden, verwenden wir in der Tat XHTML. Da es für Sie am Anfang noch nicht interessant ist, welche Version Sie verwenden, möchte ich an dieser Stelle nur darauf hinweisen, dass Sie dadurch Ihre ersten Schritte in der Webseitengestaltung mit einer sehr modernen Sprache machen. XHTML in der Version 1.0 greift auf die gleichen Element- und Attributnamen wie HTML (genauer HTML in der Version 4.01) zurück, basiert aber auf der Grammatik des moderneren XML-Standards.

Einige der Grundregeln, die ich Ihnen weiter oben erklärt habe, basieren ursprünglich auf XML-Regeln wie zum Beispiel, dass Elemente immer geschlossen werden und alleinstehende (leere) Tags deshalb am Ende einen Slash haben.

2.5.2 `<html>`

Unsere HTML-Seite beginnt und endet mit dem `<html>`-Tag. Wir teilen dem Browser hiermit also mit, dass es sich um eine HTML-Seite handelt.

Da wir ja XHTML verwenden, muss das `<html>`-Tag noch die Namensraum-Angabe für XHTML enthalten. In unserem Fall ist dies `<html xmlns="http://www.w3.org/1999/xhtml">`.

2.5.3 `<head>`

Der Kopfbereich einer HTML-Seite beinhaltet die Informationen, die der Besucher größtenteils nicht sehen kann. Im Browser sichtbar sind lediglich der Titel der Seite, den wir mit `<title>Unsere erste Seite</title>` festgelegt haben. Dieser steht oben im Browserfenster.

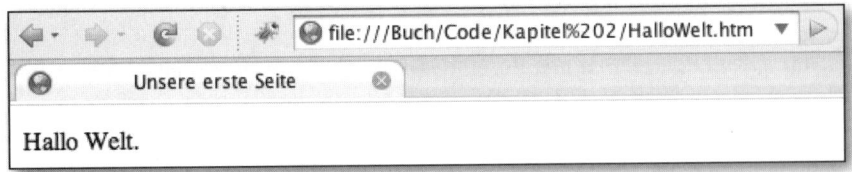

Abbildung 2.3 Der Titel der Webseite wird im Browser angezeigt.

Wenn wir eine Seite mit CSS gestalten wollen und JavaScript animieren wollen, müssen wir dies ebenfalls in den `<head>` schreiben. In Kapitel 3 und 6 werde ich Ihnen zeigen, wie Sie mit CSS und JavaScript arbeiten.

Zu den nicht sichtbaren Informationen im `<head>` gehören die *Meta-Angaben*: Diese beinhalten Informationen über die Seite und für Suchmaschinen. Wir können mit den *Meta-Angaben* einer Suchmaschine mitteilen, welche Inhalte in der Seite behandelt werden, ob die Seite überhaupt in Suchmaschinen gefunden werden soll, wann die Seite zuletzt aktualisiert wurde und vieles mehr.

Meta-Angaben haben grundsätzlich den folgenden Aufbau:

```
<meta name="..." content="..." />
```

Listing 2.6 Ein Meta-Tag mit zwei Attributen: name und content

Das `name`-Attribut definiert den Inhalt des Meta-Tags, und im `content`-Attribut stehen die jeweiligen Inhalte bzw. Werte des Meta-Tags.

```
<meta name="keywords" content="HTML, CSS, JavaScript" />
```

Listing 2.7 Eine der wichtigen Meta-Angaben: Mit den »keywords« teilen wir den Suchmaschinen die Schlüsselbegriffe zu unserer Webseite mit.

Bei manchen *Meta-Angaben* wird anstelle des `name`-Attributs das `http-equiv`-Attribut verwendet. Dieses bildet einen Ersatz für namensgleiche Anweisungen des Webservers und kann beispielsweise für eine automatische Weiterleitung verwendet werden oder, wie in unserem Beispiel, für die Festlegung des verwendeten Zeichensatzes:

```
<meta http-equiv="Content-Type" content="text/html;
charset=ISO-8859-15" />
```

Listing 2.8 Festlegung des verwendeten Zeichensatzes mit einem Meta-Tag

Wir legen mit diesem Meta-Tag den *Content-Type* fest: Im `content`-Attribut teilen wir dem Browser mit, dass es sich um »text/html« handelt, also um eine HTML-Datei. Der zweite Wert im `content`-Attribut ist der Zeichensatz (`charset`): Wir legen diesen mit *ISO-8859-15* fest.

Die ISO-Angabe (ISO: International Organization for Standardization) steht für einen genormten Zeichensatz, der spezielle Sonderzeichen enthält. *ISO-8859-15* ist ein lateinischer Zeichensatz und umfasst alle gängigen Zeichen, die in lateinischen Schriften und westeuropäischen Sprachen (wie Deutsch, Französisch, Englisch, ...) vorkommen. Wir haben also eine umfassende Auswahl an Zeichen zur Verfügung.

Zeichensätze

Wenn Sie Text in Ihrem Editor mit HTML strukturieren und danach im Browser betrachten, werden Sie in der Regel den Text in diesem genau so vorfinden, wie Sie ihn eingegeben haben. Dies liegt daran, dass der HTML-Editor den Text bereits mit einem Zeichensatz (meistens *UTF-8*, *ISO-8859-1* oder *ISO-8859-15*) kodiert und der Browser diesen wieder in die entsprechenden Zeichen umwandelt.

Nun müssen wir beim Speichern der Datei darauf achten, dass wir die HTML-Datei in der Zeichenkodierung abspeichern, die wir auch im Dokument angeben, da sonst einige Zeichen falsch oder gar nicht angezeigt werden.

Bei einigen Zeichen werden Sie aber, auch wenn wir den sehr umfangreichen Zeichensatz *ISO-8859-15* verwenden, nicht an einer alternativen Schreibweise vorbeikommen: <, > und & werden im Browser, wenn sie in einem normalen Text vorkommen, nicht richtig dargestellt, weil sie im Browser auch als Steuerzeichen dienen.

Schreiben Sie also bitte anstelle von

```
<p>
    1<2&4> 1
</p>
```

lieber:

```
<p>
    1&lt;2&amp;4&gt;1
</p>
```

Wir ersetzen also das Zeichen & durch & ("Ampersand"), das Zeichen < durch < ("lower than") und das Zeichen > durch > ("greater than").

Der Grund hierfür ist, dass < und > in HTML für öffnende und schließende Steuerzeichen von Tag-Marken verwendet werden. In dem Beispiel oben hätten wir dann das »Tag« <2 & 4> geschrieben, das dem Browser unbekannt ist und im Text nicht angezeigt wird.

Mit *ISO-8859-15* haben wir einen Zeichensatz gewählt, der sehr umfangreich ist. Bei anderen Zeichensätzen wie *UTF-8* kann es vorkommen, dass wir folgende Zeichen durch Zeichenfolgen ersetzen müssen:

Ä – `&Auml;`

ä – `&auml;`

Ö – `&Ouml;`

ö – `&ouml;`

Ü – `&Uuml;`

ü – `&uuml;`

ß – `&szlig;`

€ – `&euro;`

In Kapitel 7 werde ich Ihnen mehr zu Meta-Tags erklären.

2.5.4 <body>

In den `<body>` schreiben wir die Inhalte. In unserem Beispiel war dies ein `<p>`-Absatz, in dem »Hallo Welt« steht. In Kapitel 4 werden Sie die verschiedenen Möglichkeiten kennenlernen, mit denen wir den Inhaltsbereich unserer HTML-Seite strukturieren können.

2.6 Dateibenennung und Pfadangaben in HTML

2.6.1 Dateibenennung

Wie weiter oben schon angesprochen wurde, speichern wir eine HTML-Datei mit der Dateiendung *.htm* ab. Alternativ können Sie auch die Endung *.html* verwenden. Ich möchte Ihnen nur empfehlen, sich hier durchgehend an eine Endung zu halten, um später Verwechslungen und Fehler auszuschließen. In diesem Buch werde ich durchgehend *.htm* verwenden.

Sicherlich stellen Sie sich die Frage, wie wir festlegen, welche Seite als Erstes geöffnet wird, wenn Sie auf eine Domain gehen. Auch hier ist die Lösung relativ einfach: Geben Sie der gewünschten Seite einfach den Dateinamen *index.htm* oder *index.html*, und diese wird vom Server automatisch als Startseite verwendet.

Beachten Sie ansonsten bei der Dateibenennung nur, dass Sie im Dateinamen nur die Zeichen *a–z* und Zahlen sowie den Binde- und den Unterstrich verwenden. Sie dürfen keine Sonderzeichen, Umlaute oder gar Leerzeichen einsetzen. Da die meisten Webserver auf UNIX basieren, unterscheiden sie im Gegensatz zu (vor allem älteren Versionen von) Windows zwischen Groß- und Kleinschreibung. Gehen Sie daher auf Nummer sicher, und verwenden Sie stets kleingeschriebene Buchstaben.

2.6.2 Verknüpfungen und Pfadangaben in HTML

Unsere Webseite besteht aus mehr als einer Seite, und sicherlich werden auch Bilder und andere Dateien in die HTML-Datei eingebunden. So benötigen wir in jeder HTML-Datei beispielsweise ein eingebundenes Stylesheet, das wir an irgendeiner anderen Stelle auf dem Server gespeichert haben.

Da Webserver wie erwähnt in der Regel auf UNIX basieren, wird auch das entsprechende Dateisystem verwendet. Linux- und Mac-User werden hier jetzt Vertrautes lesen, für die Windows-User wird das Folgende neu sein.

Das Basisverzeichnis (in Windows normalerweise *C:*) ist in UNIX-basierten Systemen */*. So speichern wir auf dem Webspace unsere Dateien auch im Basisverzeichnis. Ordnerhierarchien werden auch nicht mit dem aus Windows gewohnten Backslash \ getrennt (*C:\Ordner*), sondern mit einem vorwärts gerichteten Slash (*/*). Also heißt Ihr Pfad beispielsweise */Ordner/*.

Nun gibt es drei Möglichkeiten, wie wir innerhalb einer HTML- oder CSS-Datei auf andere Dateien verweisen: *durch vollständige Pfadangaben, absolute Pfadangaben relativ zur Basis* und *relative Pfadangaben*. Damit es jetzt nicht zu theoretisch wird, möchte ich Ihnen die drei Möglichkeiten in Zusammenhang mit dem `<a>`-Element erklären. Das `<a>`-Element erkläre ich vollständig im 4. Kapitel. Sie müssen nur wissen, dass wir mit `<a href="PFAD">Link</a>` einen Link erzeugen, der uns, wenn wir auf das Wort »Link« klicken, zum Ort des `href`-Attributs (*PFAD*) bringt.

2.6.3 Absolute Pfadangaben

Die einfachste Möglichkeit, Pfade und Dateien anzugeben, sind absolute Pfadangaben. Dabei nehmen wir den vollständigen Pfad inklusive *http://*. Diese Möglichkeit ist einfach, da wir im Browser einfach die Zieldatei öffnen können und dann aus der Adressleiste des Browsers selbige kopieren, um sie dann in den Quelltext einzufügen.

```
<a href="http://www.webseiten-buch.de">Link zu webseiten-buch.de</a>
```
Listing 2.9 Ein Link zur Seite zum Buch: www.webseiten-buch.de

Auch wenn diese Variante simpel zu handhaben ist, haben wir hier das Problem, dass wir alle Dateien durchsehen müssen, um die Pfadangaben zu korrigieren, falls sich etwas an der Ordnerstruktur unserer Webseite ändert (wenn wir alle Dateien beispielsweise in einen Unterordner kopieren und aus / dann */webseite/* wird) oder falls wir auf eine andere Domain umziehen.

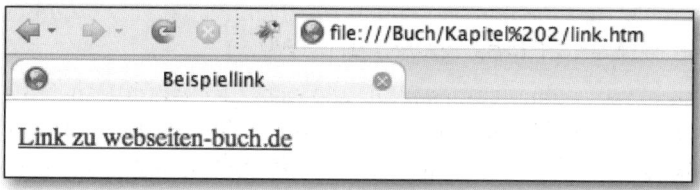

Abbildung 2.4   Ein Link zu webseiten-buch.de

2.6.4   Pfadangaben relativ zur Basis

Wenn wir einen Link auf die Seite *http://www.webseiten-buch.de/kontakt.htm* setzen wollen, dann ist */kontakt.htm* eine Pfadangabe relativ zur Basis *http://www.webseiten-buch.de*. Man nennt dies auch eine »wurzelbezogene« Pfadangabe, da sie sich auf das Wurzelverzeichnis des Servers bezieht.

Sollte die Datei *kontakt.htm* in einem Ordner *seiten* liegen, wäre die wurzelbezogene Pfadangabe */seiten/kontakt.htm*.

```
<a href="/seiten/kontakt.htm">ein Link</a>
```
Listing 2.10   Eine wurzelbezogene Pfadangabe relativ zur Basis

Wurzelbezogene und absolute Pfadangaben können wir verwenden, wenn wir einen entsprechenden Account bei einem Webhoster haben. Die Ordnerstruktur innerhalb dieses Accounts entspricht normalerweise der der wurzelbezogenen Pfadangabe. Wenn Sie sich nicht sicher sind, probieren Sie es einfach mit einem einfachen Beispiel aus, indem Sie zwei Datei hochladen und beide miteinander verlinken.

Beispiele

```
<a href="/kontakt.htm">Kontaktseite</a>
```
Listing 2.11   Ein Link zur Datei »kontakt.htm«, die im Basisverzeichnis »/« liegt. Der vollständige Pfad wäre hier »http://www.webseiten-buch.de/kontakt.htm«.

```
<a href="/bilder/bild.jpg">Ein Bild</a>
```
Listing 2.12   Das Bild »bild.jpg« liegt im Ordner »bilder«, der im Basisverzeichnis liegt. Der vollständige Pfad wäre hier »http://www.webseiten-buch.de/bilder/bild.jpg«.

2.6.5   Relative Pfadangaben

Relative Pfadangaben sind unabhängig von der Ordnerstruktur innerhalb Ihres Accounts. Während Sie bei den wurzelbezogenen Pfadangaben immer von der Basis (also /) ausgegangen sind, gehen Sie bei den relativen Pfadangaben immer von der Position Ihrer HTML-Datei aus.

Mit ./kontakt.htm erreichen Sie so die Datei *kontakt.htm*, die sich im gleichen Ordner wie die Datei befindet, von der Sie verlinken möchten. Es geht aber noch einfacher: Bei Dateien im gleichen Ordner können Sie auch nur den Dateinamen, in unserem Fall also *kontakt.htm*, verwenden. ./ steht also für das aktuelle Verzeichnis, unabhängig davon, wo sich dieses befindet.

Dementsprechend einfach ist auch der Wechsel zu anderen Ordnern: Mit ./bilder/bild.jpg (oder, einfacher: bilder/bild.jpg) würden Sie auf die Datei *bild.jpg* im Ordner *bilder* verweisen. Falls Sie Ihre Datei bereits in einem Ordner haben und in einen übergeordneten Ordner näher zur Wurzel wechseln wollen, geht dies mit ../. Sie können auch mehrere Ordnerhierarchien überspringen, indem Sie mehrfach ../ verwenden: ../../../dokumente/info.pdf würde drei Hierarchiestufen über den aktuellen Ordner wechseln und dort in dem Ordner *dokumente* die Datei *info.pdf* auswählen.

2.6.6   Beispiele

Um Ihnen die Pfadangaben zu verdeutlichen, möchte ich Ihnen noch ein paar Beispiele zeigen:

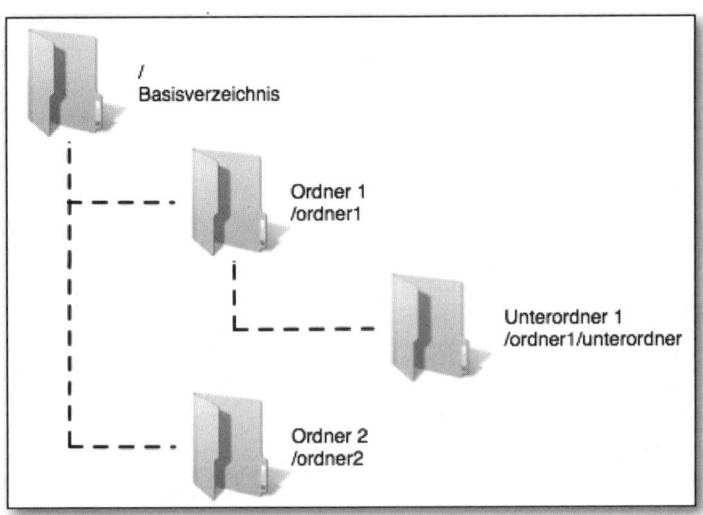

Abbildung 2.5   Eine schematische Ordnerstruktur

Link vom Basisverzeichnis in den Ordner 2

▶ Absolute Pfadangabe: `http://www.webseite.de/ordner2/`

▶ Pfadangabe relativ zur Basis: `/ordner2/`

▶ Relative Pfadangabe: `./ordner2/`

Link vom Ordner 2 in das Basisverzeichnis

▶ Absolute Pfadangabe: `http://www.webseite.de/`

▶ Pfadangabe relativ zur Basis: `/`

▶ Relative Pfadangabe: `./../`

Link vom Ordner 1 in den Unterordner 1

▶ Absolute Pfadangabe: `http://www.webseite.de/ordner1/unterordner/`

▶ Pfadangabe relativ zur Basis: `/ordner1/unterordner/`

▶ Relative Pfadangabe: `./unterordner/`

Link vom Basisverzeichnis in den Unterordner 1

▶ Absolute Pfadangabe: `http://www.webseite.de/ordner1/unterordner/`

▶ Pfadangabe relativ zur Basis: `/ordner1/unterordner/`

▶ Relative Pfadangabe: `./ordner1/unterordner/`

Und zurück

▶ Absolute Pfadangabe: `http://www.webseite.de/`

▶ Pfadangabe relativ zur Basis: `/`

▶ Relative Pfadangabe: `./../../`

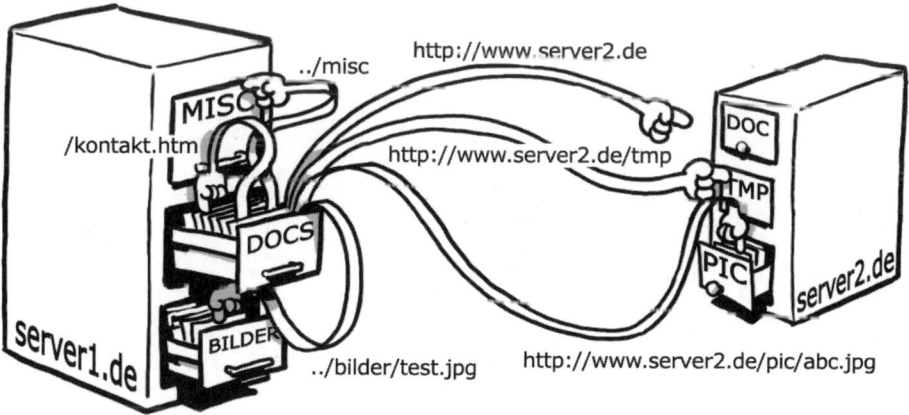

2.7 Ausblick

Wir haben uns nun mit den HTML-Grundlagen beschäftigt. Auf den folgenden Seiten befassen wir uns mit der Gestaltung unserer Webseite und werfen einen Blick auf CSS. Im Anschluss daran legen wir »richtig« los und werden eine vollständige Webseite mit HTML strukturieren und mit CSS gestalten.

Wenn wir den Aufbau einer HTML-Datei mit Bauarbeiten vergleichen, wenden wir uns im CSS-Teil den Malarbeiten zu.

3 Wie gestalten wir unsere Webseite mit CSS?

CSS steht für *Cascading Style Sheets*. Diese Technik wird verwendet, um die Präsentation von HTML-Elementen und ihrer Inhalte zu definieren. So kann man mit CSS die Schriftgestaltung, den Rahmen um den Elementinhalt, die Innen- und Außenabstände zwischen Text und Elementrand und zu Nachbarelementen sowie Hintergründe und Farben beliebig definieren. Elementcontainer können obendrein beliebig positioniert werden oder sogar ein- und ausgeblendet werden.

Die Präsentationsformate werden zentral festgelegt. Dabei gibt es drei Möglichkeiten:

▶ in einer separaten Datei, die über den `<head>`-Bereich eingebunden wird (*externe Stylesheet-Datei*)

▶ durch eine Definition mit dem `<style>`-Tag im `<head>`-Bereich der HTML-Datei (*Document Style*)

▶ durch eine direkte Definition innerhalb des HTML-Elements über das `style`-Attribut (*Inline Style*)

3.1   Was sind CSS?

Durch CSS ist es möglich, alle Formatierungen zentral zu verwalten. So stellt man sicher, dass überall die gleiche Schriftart und die passenden Farben verwendet werden.

Ebenso ermöglicht CSS es uns, unterschiedliche Darstellungen für unterschiedliche Ausgabemedien (wie Druck, PDA oder auch Projektion) festzulegen und so beispielsweise die Schriftgröße und -farbe beim Druck anzupassen oder auch im Ausdruck störende Elemente (wie beispielsweise die Navigation) auszublenden.

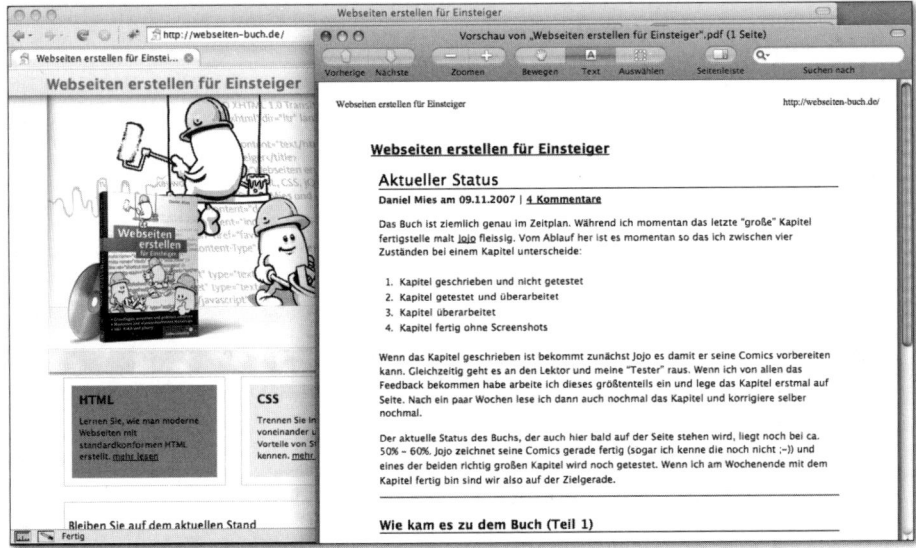

Abbildung 3.1   Normale Ansicht und Druckansicht (hier als PDF) mit CSS: Alle optionalen Informationen werden mit CSS ausgeblendet, und statt farbiger Darstellung wird der Text nur in Schwarz dargestellt.

Der Vorteil dieser Trennung besteht darin, dass wir die Webseite in HTML lediglich strukturieren müssen und uns dabei keine (oder kaum) Gedanken über die Gestaltung zu machen brauchen. Mit CSS bringen wir unsere Inhalte anschließend in die Form und an die Position, in der und an der wir sie haben möchten. Dies ist wesentlich einfacher, als bei einer umfangreichen Webseite, die nur in HTML gestaltet ist, jede Datei einzeln bearbeiten zu müssen, wenn wir eines Tages beispielsweise eine (in HTML festgelegte) Farbe in der Navigation ändern müssen.

3.1.1 Wie ist eine CSS-Angabe aufgebaut?

Der Aufbau einer CSS-Präsentationsanweisung ist sehr einfach. Im Grunde weisen Sie nur einem Selektor, also z.B. einem HTML-Element wie <p> (Absatz) oder <strong> (Hervorhebung), bestimmte Eigenschaften zu, beispielsweise welche Abstände es erhalten soll oder welche Schriftfarbe. Dabei bleibt es Ihnen überlassen, wie viele Eigenschaften Sie einem Selektor zuweisen.

```
Selektor {
    Eigenschaft 1: Wert;
    Eigenschaft 2: Wert;
}
```

Listing 3.1 Theoretischer Aufbau einer CSS-Angabe

```
p{
    color:red;
}
```

Listing 3.2 Ein Beispiel: Der Text in Absätzen wird durch CSS rot gefärbt.

Achten Sie darauf, dass hinter jeder Formatierung ein Semikolon steht. Sie können dies bei der letzten Formatierung zwar weglassen, aber in der Praxis hat es sich bewährt, immer ein Semikolon zu setzen. So können Sie verhindern, später Fehler zu produzieren, wenn Sie eine CSS-Datei ergänzen und dabei womöglich das fehlende Semikolon übersehen.

Falsch (Hier fehlt das Semikolon bei der ersten Anweisung.)

```
Selektor {
    Eigenschaft 1: Wert
    Eigenschaft 2: Wert;
}
```

Richtig

```
Selektor {
    Eigenschaft 1: Wert;
    Eigenschaft 2: Wert;
}
```

Damit Sie in Ihrer CSS-Datei auch Anmerkungen machen können, gibt es hier, wie auch in HTML, eine Möglichkeit, Kommentare einzufügen. Ein Kommentar wird mit einem Slash, gefolgt von einem Stern, eingeleitet (/*) und endet mit einem Stern, auf den ein Slash folgt (*/).

```
/* Kommentar */
```
Listing 3.3 Ein Kommentar in einer CSS-Datei

3.1.2 Was sind Eigenschaften?

Auch wenn sie nach dem Selektor vorkommen, betrachten wir zunächst die Eigenschaften. Die Eigenschaften weisen dem Selektor (in den meisten Fällen einem HTML-Element) sein Format zu. Sie können so unter anderem die Schriftart, -farbe und -größe oder auch Innen- und Außenabstände festlegen. Sie können sogar aus einem Inline-Element ein Blockelement machen und so jedes HTML-Element so aussehen lassen, wie Sie möchten.

Im folgenden Text werde ich einige Eigenschaften zur Verdeutlichung verwenden, die ich hier kurz vorstellen möchte:

► `font-family` – Schriftart

► `font-size` – Schriftgröße

► `font-variant` – Schriftvariante: normal oder in Großbuchstaben

► `color` – Schriftfarbe

► `background-color` – Hintergrundfarbe

► `padding` – Innenabstand

3.1.3 Was ist ein Selektor?

Ein Selektor weist die CSS-Anweisungen einem HTML-Element zu. Dabei haben wir mehrere Möglichkeiten, CSS-Anweisungen HTML-Elementen zuzuordnen. Zunächst möchte ich Ihnen die gängigsten vorstellen.

Der Universalselektor *

Der Universalselektor ermöglicht es uns, Eigenschaften für alle HTML-Elemente festzulegen, egal wie deren Name lautet. Wir setzen ihn gewöhnlich zu Beginn des Stylesheets, um global die wichtigsten Formate festzulegen, die für alle Elemente gleichermaßen gelten sollen.

Wenn wir später Elemente mit anderen CSS-Anweisungen formatieren, werden die Angaben im Universalselektor überschrieben. Wir können also problemlos auch die Schriftgröße und Farbe im Universalselektor festlegen, auch wenn wir diese später wieder ändern wollen.

```
*{
    font-family:Arial;
}
```

Listing 3.4 Alle HTML-Elemente bekommen über den Universalselektor die Schriftart Arial zugewiesen.

Eine CSS-Anweisung global für alle HTML-Elemente eines Typs

Meist sollen gleichartige HTML-Elemente auf einer Seite auch immer gleich aussehen. So besitzen Absätze gewöhnlich einen konstanten Abstand nach oben und unten oder Überschriften und Links stets die gleiche Farbe. Die Eigenschaften dieser HTML-Elemente können wir ebenfalls global definieren. Der Selektor ist dabei der Name des HTML-Elements, das wir formatieren möchten, jedoch ohne die spitzen Klammern, die ihn umgeben. Wenn wir also für alle Absätze (<p>) CSS-Anweisungen festlegen möchten, machen wir dies mit p { }.

```
p {
    color:blue;
}
```

Listing 3.5 Der Text in Absätzen wird in blauer Farbe dargestellt. Das betrifft alle Absätze.

HTML-Elemente mit Klassen und IDs formatieren

Natürlich kommt es immer wieder vor, dass einzelne HTML-Elemente sich von anderen gleichnamigen unterscheiden sollen. So wollen wir vielleicht den aktiven Menüpunkt in der Navigation unserer Homepage oder vielleicht auch eine Fehlermeldung speziell hervorheben. Hierfür gibt es zwei Möglichkeiten: Klassen und IDs.

Klassen

Mit dem class-Attribut können wir einem HTML-Element eine Klasse zuweisen. Dabei darf eine Klasse durchaus bei mehreren HTML-Elementen verwendet werden. Sie können dabei auch unterschiedlichen Elementen dieselbe Klasse zuweisen oder aber auch generell eine Klasse mehrfach im Dokument verwenden. Ich werde in diesem Buch, wenn ich eine Klasse meine, diese immer mit einem Punkt vor dem Namen schreiben (.klasse). Der Punkt gehört aber nicht zum Namen der Klasse.

HTML

```
<p class="error">
    Sie haben das Formular nicht vollständig ausgefüllt.
</p>
```

CSS

```
.error{
    color:red;
}
```

Listing 3.6 Der Absatz mit der Fehlermeldung wird nun in Rot dargestellt.

IDs

Auf den ersten Blick ähneln sich Klassen und IDs: Die ID wird ebenfalls per Attribut einem HTML-Element zugewiesen und demnach auch ähnlich verwendet. In der Praxis gibt es aber zwei grundlegende Unterschiede:

► Eine ID darf nur einmal innerhalb einer HTML-Datei verwendet werden.

► IDs werden primär für das Layout verwendet, während Klassen normalerweise den Inhalt formatieren.

Innerhalb des Stylesheets können Sie ein Element mit einer ID mit (beispielsweise) #meineID{} erfassen und so formatieren (wobei, in diesem Beispiel, meineID der Name der jeweiligen ID ist). Im folgenden Beispiel verwenden wir die ID #banner und formatieren mit dieser einen div-Container.

HTML

```
<div id="banner">
    ...
</div>
```

CSS

```
#banner{
    background-color:black;
}
```

Listing 3.7 Der div-Container mit der ID »banner« hat eine schwarze Hintergrundfarbe.

Benennung von Klassen und IDs

Bei der Benennung von Klassen und IDs sollten Sie immer darauf achten, dass ihr Bezeichner die jeweilige Aufgabe beschreibt. So sollte eine Klasse, die zur Hervorhebung von Fehlern verwendet wird, `error` heißen und nicht beispielsweise `red`, auch wenn wir die Schriftfarbe für Fehlermeldungen auf Rot setzen wollen.

Wenn wir dem Fußbereich der Internetseite (dem *footer*) eine ID zuweisen, sollte diese ebenfalls passend `footer` heißen.

Wir stellen so sicher, dass wir bei einer Umstellung des Designs die Klassen weiter sinnvoll verwenden können und die Klasse `red` nicht plötzlich nur dafür verwendet wird, Text mit einem Rahmen zu versehen.

Mehrere Selektoren kombinieren

CSS bietet die Möglichkeit, Selektoren miteinander zu kombinieren: So kann man einen Absatz, der die Klasse `error` hat, mit `p.error{}` formatieren oder aber auch mehrere Klassen verbinden, indem man besagtem Absatz mit `p.error.big{}` eine zweite Klasse hinzufügt. So ist es möglich, ganz spezielle Bereiche der Homepage zu formatieren.

Die Kombination von IDs mit anderen Klassen oder IDs macht relativ wenig Sinn, da eine ID nur einmal innerhalb der Webseite verwendet werden darf und daher normalerweise alle CSS-Eigenschaften beinhalten sollte, die benötigt werden. Wenn Sie die Lesbarkeit Ihres Stylesheets erhöhen möchten, können Sie das jeweilige Element noch vor der ID schreiben. So ist `div#footer` lesbarer als nur `#footer`, da Sie so direkt den Elementtyp im Stylesheet sehen, der zu der ID gehört.

Beispiel

HTML

```
<p class="error big" >
   ...
</p>
```

CSS

```
p{
    font-size:12px;
}
.error{
    border:1px solid red;
}
.big{
```

```
    font-variant:small-caps;
}
```

Listing 3.8   Ein Absatz mit zwei Klassen und das passende Stylesheet

Der Absatz hat die Klassen `.error` und `.big`. Während der Absatz im CSS die Schriftgröße zugeordnet bekommt (12px), verleiht die Klasse `.error` ihm einen 1 Pixel breiten roten Rahmen, und die Klasse `.big` verwandelt alle Buchstaben in Großbuchstaben. »Echte« Großbuchstaben werden noch größer dargestellt.

Abbildung 3.2   Mit CSS werden der Absatz und sein Inhalt formatiert.

Alternatives Stylesheet

```
p.error.big{
    background-color:red;
    padding:3px;
}
```

Durch die Kombination der Selektoren wird der Absatz, der beide Klassen enthält, mit roter Hintergrundfarbe (`background:red`) und 3 Pixel Innenabstand dargestellt (`padding:3px`). Die separaten Anweisungen `.error` und `.big` bleiben natürlich bestehen und können weiterhin allein verwendet werden.

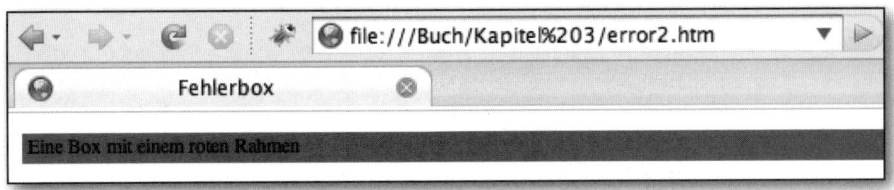

Abbildung 3.3   Gleiche HTML-Datei, neues Stylesheet: Zwei Klassen werden zusammengefasst und formatiert.

3.1.4   Vererbung

Eine besondere Eigenschaft von CSS ist die Vererbung. Dies bedeutet, dass ein Element immer die Eigenschaften seines Elternelements erbt.

Beispiel

HTML

```
<body>
   <p>
      Dieser Text hat die Schriftgröße und Farbe des body-
      Elements geerbt.
   </p>
</body>
```

CSS

```
body{
   font-size:13px;
   color:red;
}
```

Listing 3.9 Der Absatz übernimmt, wenn nicht anders festgelegt, die Schriftgröße (13 Pixel) und die Farbe (Rot) aus dem <body>-Element.

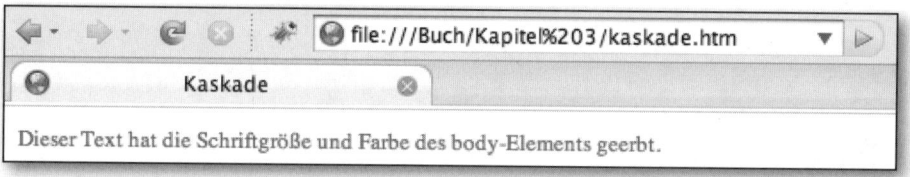

Abbildung 3.4 Durch die Vererbung erbt der Absatz die Eigenschaften des body-Elements.

Dies erspart uns auf der einen Seite viel Schreibarbeit, denn gerade die Schriftart ändert sich nicht häufig auf einer Seite, und es bietet sich so die Möglichkeit, Klassen und IDs universell einzusetzen.

Beispiel

HTML

```
<div class="black-bg">
    <p>
        Hier steht ein Text auf schwarzem Hintergrund.
    </p>
</div>
<div class="white-bg">
    <p>
        Hier steht ein Text auf weißem Hintergrund.
    </p>
</div>
```

Listing 3.10 Zwei div-Container (mehr zu div-Containern lesen Sie im folgenden Kapitel) mit unterschiedlichem Hintergrund und einem Absatz mit Text.

CSS

```
p{
    font-size:12px
}
.black-bg{
    background:black;
    color:white;
}
.white-bg{
    background:white;
    color:black;
}
```

Listing 3.11 Mit CSS werden die HTML-Elemente formatiert.

Die Klasse black-bg verleiht dem HTML-Element (in unserem Fall dem div-Container) einen schwarzen Hintergrund mit weißer Farbe. Die Klasse white-bg färbt den Hintergrund des Elements weiß und gibt dem Text schwarze Farbe. Der Absatz bekommt nur eine Schriftgröße zugeteilt.

Die Kombination von Selektoren und die Vererbung können wir ebenfalls kombinieren und erhalten so die Möglichkeit, HTML-Elemente in HTML-Elementen zu formatieren. Wir können auf diese Weise unter anderem alle Überschriften in einem div-Container formatieren:

HTML

```
<div id="inhalt">

    <h2>Eine Überschrift</h2>
    <p>

       ...
    </p>

    <h2>Eine zweite Überschrift</h2>
    <p>

       ...
    </p>

</div>
```

Listing 3.12   In einem div-Container befinden sich mehrere Überschriften und Absätze.

CSS

```
#inhalt h2{
    color:red;
}
```

Listing 3.13   Alle h2-Überschriften innerhalb des div-Containers mit der ID »inhalt« werden rot (color:red;) dargestellt.

Die verschiedenen Formatierungsmöglichkeiten und weitere Details zu den Selektoren und den verschiedenen Möglichkeiten, die uns CSS bietet, stelle ich Ihnen in den beiden folgenden Kapiteln vor. Lassen Sie uns nun genauer betrachten, wie wir eine HTML-Datei mit CSS verknüpfen.

3.2   HTML mit CSS verknüpfen

Wie weiter oben bereits erwähnt wurde, gibt es drei Möglichkeiten, HTML mit CSS zu formatieren, die alle ihren Sinn haben und je nach Situation hilfreich sein können.

Erste Möglichkeit: Direkt im HTML-Element

Um HTML-Elemente mit CSS zu formatieren, benötigen wir nicht zwingend eine CSS-Datei. Wir können auch auf das style-Attribut (*style* – Stil) zurückgreifen und einem HTML-Element so direkt seine Formatierungen zuweisen:

```
<p style="color:red;font-family:Verdana">
   Hier sehen wir roten Text in der Schriftart Verdana.
</p>
```

Listing 3.14 HTML wird direkt mit dem style-Attribut formatiert.

Der Vorteil dieser Variante ist ganz klar, dass wir in der HTML-Datei sehen können, wie welches Element formatiert ist. Negativ ist, dass damit die HTML-Datei schnell sehr unübersichtlich wird und dass wir Inhalt und Layout nicht wirklich getrennt haben. Wenn wir also derartige Formatierungen in unserer gesamten Website ändern wollen, müssen wir schlimmstenfalls jede einzelne Datei bearbeiten.

Trotzdem kann es manchmal sehr nützlich sein, direkt im HTML-Element ein paar Formatierungen einzutragen: Wenn Sie einen Darstellungsfehler haben oder sich nicht sicher sind, ob alles so ausgeführt wird, wie Sie es sich vorstellen, können Sie Formatierungen direkt in das HTML-Element eintragen und so einen Fehler eventuell schneller finden.

Alternative: Firebug

Wenn Sie ein paar Änderungen an Ihrem Stylesheet ausprobieren möchten, können Sie dies bequem mit Firebug, einer Firefox-Erweiterung, machen. Das Besondere ist, dass Sie alle Änderungen, die Sie an Ihrem Stylesheet vornehmen, direkt im Browser sehen können.

Wichtig ist, dass CSS-Formatierungen innerhalb eines HTML-Elements alle anderen CSS-Formatierungen für dieses Element überschreiben: Wenn Sie also in einer separaten CSS-Datei Absätzen die Farbe Rot geben, aber im HTML-Code einem oder mehreren Absätzen eine grüne Farbe zuweisen (`<p style="color:green;">...</p>`), werden die entsprechenden Absätze grün dargestellt.

```
<p style="border:1px solid red; padding:3px;">
   Ein Absatz mit Rand und padding
</p>
```

font-site: 12px

Listing 3.15 Dem Absatz werden direkt im Element ein roter 1 Pixel breiter Rahmen und ein Innenabstand (zwischen Text und Rand) von 3 Pixel zugewiesen.

Zweite Möglichkeit: Mit dem <style>-Element

Neben dem `style`-Attribut gibt es auch ein `style`-Element, und auch dieses dient zur direkten Einbindung von CSS in eine HTML-Datei:

```
<style type="text/css">
Selektor {
   Eigenschaft 1: Wert;
```

```
    Eigenschaft 2: Wert;
}
</style>
```

Listing 3.16 Das <style>-Element

Dieses Element wird grundsätzlich innerhalb des Kopfbereichs der Webseite (<head>) verwendet. Auch hier besteht der Vorteil darin, dass wir innerhalb der HTML-Datei unsere Formatierungen ausprobieren können und sowohl das Layout als auch den Inhalt in einer Datei verändern können. Schlecht ist auch hier, dass wir die Layoutvorgaben mit dieser Methode in jede HTML-Datei schreiben müssen.

Dritte Möglichkeit: mit <link> ein Stylesheet aus einer externen Datei einbinden

Nachdem wir zwei Möglichkeiten kennengelernt haben, innerhalb der HTML-Datei CSS einzubauen, fehlt uns nur noch ein Verfahren, um eine CSS-Datei mit einer HTML-Datei zu verknüpfen.

Wir öffnen dafür in unserem Editor eine neue Datei, die wir zunächst leer lassen, und speichern diese unter dem Dateinamen *standard.css* im gleichen Ordner wie unsere HTML-Datei aus dem vorherigen Kapitel ab. Nun öffnen wir unsere HTML-Datei im Editor und ergänzen im <head> folgende Zeile:

```
<link rel="stylesheet" href="standard.css"
type="text/css" media="screen" />
```

Diese Zeile Code bewirkt Folgendes: Sie bindet die im selben Verzeichnis liegende Datei *standard.css* ein. Diese wird als Stylesheet für die Bildschirmausgabe verwendet.

Dabei wird mit dem rel-Attribut (*relationship* – Beziehung) dem Browser mitgeteilt, welche Dateibeziehung zwischen dem HTML-Dokument und dem Ziel des link-Elements besteht. In unserem Fall wird ein Stylesheet (rel="stylesheet") eingebunden.

Den Ort der Datei geben Sie mit dem href-Attribut an, den Typ der Datei mit dem type-Attribut (type="text/css") und das Ausgabemedium mit dem media-Attribut (media="screen").

Besonders interessant für unsere Arbeit ist das media-Attribut und die durch dieses gegebene Möglichkeit, Stylesheets für unterschiedliche Ausgabemedien zu definieren: Wir können also einer HTML-Datei ein Stylesheet für die normale Ausgabe am Bildschirm, eines für die Druckausgabe usw. geben. Wir haben also relativ einfach eine Möglichkeit, unsere Seite für den Druck zu optimieren und beispielsweise Elemente ein- oder auszublenden, die wir nicht benötigen, wenn wir die Seite ausdrucken. So könnten wir beispielsweise die Farben auf Schwarz und Weiß reduzieren, um die Druckerpatrone unseres Besuchers weniger zu strapazieren, und anstelle der Navigation nur den Link der Seite schreiben, die ausgedruckt wurde. Das `media`-Attribut ist optional.

Die unterschiedlichen Medientypen finden Sie im Referenzteil dieses Buchs. Die gängigsten sind:

▶ `media="all"` – Ausgabe auf allen Ausgabemedien

▶ `media="screen"` – Ausgabe auf dem Bildschirm

▶ `media="print"` – Ausgabe über Drucker

▶ `media="handheld"` – Ausgabe auf Handhelds, PDAs usw.

Ich selbst definiere in der Regel ein Stylesheet mit `media="all"`, in dem ich die CSS-Formatierungen festlege, die für alle Ausgabemedien identisch sind, wie zum Beispiel Schriftart und die meisten Farben. Danach kommen eigene Stylesheets für die Ausgabemedien, die ich unterstützen möchte. Dabei halte ich, gerade bei kommerziellen Projekten, zumindest ein zusätzliches Stylesheet für `media="print"` für unerlässlich, um die Elemente der Seite auszublenden, die in der gedruckten Version keine Rolle spielen, und um die Anzahl der Farben zu reduzieren. Wenn sich der Markt für Handhelds, PDAs und Co weiter so entwickelt, dürfte in naher Zukunft auch eine spezielle Version für Handhelds Pflicht sein. Hier gilt natürlich wie immer, dass die Zielgruppe auch das unterstützte Ausgabemedium verwenden muss.

Sie können auch ein Stylesheet für mehrere Ausgabemedien verwenden, indem Sie die Ausgabemedien durch Kommas trennen.

```
<link ... media="handheld, print" ... />
```

Listing 3.17 Das eingebundene Stylesheet gilt für Handhelds und die Druckausgabe.

In manchen Fällen macht es Sinn, dem Benutzer mehrere alternative Stylesheets anzubieten. Um dies zu ermöglichen, kann man seinem Stylesheet einen Titel mit `title="Titel der Stylesheet-Datei"` geben. Ein weiterer Effekt dieses Attributs ist, dass alle anderen, mit `<link>` eingebundenen Stylesheets ignoriert werden.

@import und @media

Neben dem `link`-Element gibt es mit `@import` auch eine CSS-Anweisung, um (weitere) CSS-Dateien mit dem HTML-Dokument zu verknüpfen:

```
@import "standard.css";
@import url(layout.css) print, screen;
@import url(styles/handheld.css) handheld;
```

Listing 3.18 Mehrere Anwendungsbeispiele für @import

Die Pfadangabe zur CSS-Datei können Sie entweder in Anführungszeichen oder mit `url(PFAD)` angeben. Nach der Pfadangabe können Sie dann noch ein oder mehrere durch Komma getrennte Ausgabemedien für die CSS-Datei festlegen.

Wenn Sie die Anzahl der CSS-Dateien reduzieren wollen, dann ist es mit CSS auch möglich, innerhalb eines Stylesheets Anweisungen für mehrere Ausgabemedien festzulegen. Wir verwenden hierfür erneut eine CSS-Anweisung, die mit einem @ beginnt: `@media`. Dieses ergänzen wir noch durch das Ausgabemedium oder die durch Kommas voneinander getrennten Ausgabemedien:

```
@media print{
    ...
}
```

Listing 3.19 Mit @media werden CSS-Anweisungen für die Druckausgabe festgelegt.

```
@media screen,print{
    ...
}
```

Listing 3.20 Die Anweisungen gelten sowohl für die Bildschirm- als auch für die Druckausgabe.

71

3.3 Ein Basis-Stylesheet

3.3.1 Der HTML-Teil

Unsere im vorigen Kapitel erstellte HTML-Grundlage ergänzen wir zunächst um ein link-Element, um eine Verknüpfung mit einer CSS-Datei herzustellen. Diese Datei nennen wir layout.css, und wir speichern sie im Ordner *css* innerhalb des Ordners, in dem unsere HTML-Datei liegt.

```
<!DOCTYPE HTML PUBLIC "-//W3C//DTD XHTML 1.0 Transitional//EN"
 "http://www.w3.org/TR/xhtml1/DTD/xhtml1-transitional.dtd">
<html xmlns="http://www.w3.org/1999/xhtml">
    <head>
        <title>Unsere erste Seite</title>
        <meta http-equiv="Content-Type" content="text/
        html; charset=ISO-8859-15" />
        <link rel="stylesheet" href="css/layout.css"
        type="text/css" media="screen" />
    </head>
    <body>
        <p>
            Hallo Welt.
        </p>
    </body>
</html>
```

Listing 3.21 Mit dem link-Element verknüpfen wir unsere HTML-Datei mit einer CSS-Datei.

[O] *Code/Kapitel 3/vorlage.htm*

3.3.2 Unsere CSS-Grundlage

Unser Stylesheet soll uns auf der einen Seite die browserübergreifende Arbeit erleichtern und auf der anderen Seite einige Grundlagen für die Formatierung festlegen. Wir definieren daher für das body-Element zunächst die Schriftart und -farbe sowie die Hintergrundfarbe – also generelle Dinge, die überall auf der Seite identisch sind.

```
body {
    background-color:#ffffff;
    color:#000000;
    font-family:Verdana, Arial, Helvetica, sans-serif;
}
```

Listing 3.22 Farbe und Schrift festlegen

Wie bereits weiter oben erläutert wurde, legen wir mit `background-color` die Hintergrundfarbe fest. In diesem Fall färben wir den Hintergrund der kompletten Seite weiß. Die Farbangabe habe ich in hexadezimaler Form eingefügt. Der Wert `#ffffff` steht hier für Weiß.

Die Schriftfarbe habe ich in diesem Beispiel ebenfalls in hexadezimaler Form eingefügt und als schwarz festgelegt (`color: #000000;`). Die unterschiedlichen Möglichkeiten, Farbangaben im Stylesheet zu machen, lernen Sie in Kapitel 5 kennen.

Mit `font-family` legen wir die Schriftart fest, die auf unserer Seite verwendet wird. Beachten Sie hierbei, dass man nur Schriftarten in einer Webseite betrachten kann, die auf dem eigenen Rechner vorhanden sind. Mehr Informationen zu Schriften im Internet finden Sie in Kapitel 5.

Durch die Angabe mehrerer durch Kommas getrennter Schriftarten legen wir Alternativschriften fest. Wenn in unserem Beispiel auf dem Rechner des Besuchers die Schriftart `Verdana` nicht vorhanden ist, wird alternativ `Arial` verwendet. Die letzte Angabe, `sans-serif`, sagt dem jeweiligen Browser, dass er eine serifenlose Schrift verwenden soll. Sollten Sie eine Schriftart wie `Times New Roman` verwenden wollen, deren Name aus mehreren Wörtern besteht, schreiben Sie den Namen der Schriftart in Anführungszeichen.

```
* {
    font-size: 12px;
    margin: 0px;
    padding: 0px;
}
```

Listing 3.23 Der Universalselektor

Mit dem Universalselektor legen wir Eigenschaften für alle HTML-Elemente in unserer Seite fest. In diesem Beispiel setzen wir die Schriftgröße auf 12 Pixel. Die CSS-Eigenschaft `margin` setzt den Außenabstand, und die Eigenschaft `padding` setzt den Innenabstand aller Elemente auf 0 Pixel.

Dies hat zur Konsequenz, dass wir alle Elemente, bei denen wir einen Außen- oder Innenabstand haben möchten, im Stylesheet neu formatieren müssen. Wir stellen aber so sicher, dass unabhängig davon, welchen Browser ein Besucher verwendet, das Erscheinungsbild unserer Webseite identisch ist.

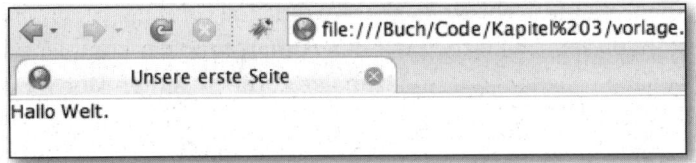

Abbildung 3.5   Kleiner, aber feiner Unterschied: Der Innen- und der Außenabstand innerhalb der Seite wurden wie die Schriftart mit CSS verändert.

3.4   Ausblick

Wir haben in Kapitel 2 und 3 einen ersten Blick auf die Grundlagen von HTML und CSS geworfen. Noch sind unsere Möglichkeiten mit beiden Sprachen sehr beschränkt, was wir im kommenden Kapitel ändern werden. In Kapitel 4 werden wir den Schwerpunkt zunächst auf HTML legen. Nachdem wir uns die unterschiedlichen HTML-Elemente angesehen haben, werden wir unsere Seite mit HTML strukturieren. Da die Seite ohne CSS nicht wirklich gut aussehen würde und es gerade am Anfang auch schwer ist, sich zu vorzustellen, was später mit CSS möglich ist, werden wir auch schon erste Formatierungen mit CSS vornehmen.

In Kapitel 5 folgt dann der volle Einstieg in CSS, und wir werden unsere Seite unseren Wünschen entsprechend gestalten.

TEIL II
Praxis

Unsere Webseite soll auf einer soliden Basis stehen: Standardkonformer Code reduziert Barrieren, erleichtert die Gestaltung mit CSS sowie die Animation mit jQuery und ist »einfach modern«.

4 Einer Webseite mit HTML Struktur verleihen

Jetzt, wo wir die Grundlagen von HTML und CSS kennengelernt haben, befassen wir uns zunächst verstärkt mit den Möglichkeiten, die HTML uns bietet. Um Ihnen den Einstieg zu erleichtern, werden wir allerdings einige grundlegende Formatierungen mit CSS schon in diesem Kapitel vornehmen. So sehen Sie direkt, in welche Richtung es geht.

Wir werden in diesem Kapitel die gängigsten HTML-Elemente verwenden. Im Referenzteil finden Sie Informationen über weitere Elemente sowie die möglichen Attribute der jeweiligen Elemente.

4.1 Mit <div>-Containern Bereiche festlegen

Zunächst sollten wir uns Gedanken darüber machen, welche logischen Bereiche unsere Webseite hat. Im Idealfall haben Sie schon eine Skizze der Oberfläche der Webseite oder eine Entwurfsgrafik, an der Sie erkennen können, wie die Webseite einmal aussehen soll.

Wenn wir uns den Entwurf für die Webseite zum Buch ansehen, dann entdecken wir folgende Bereiche in der Webseite:

▶ die Navigation

▶ das Banner

▶ vier Boxen mit weiteren Informationen unter dem Banner

▶ den Bereich mit den aktuellen Informationen

▶ die Seitenleiste

▶ den Fußbereich

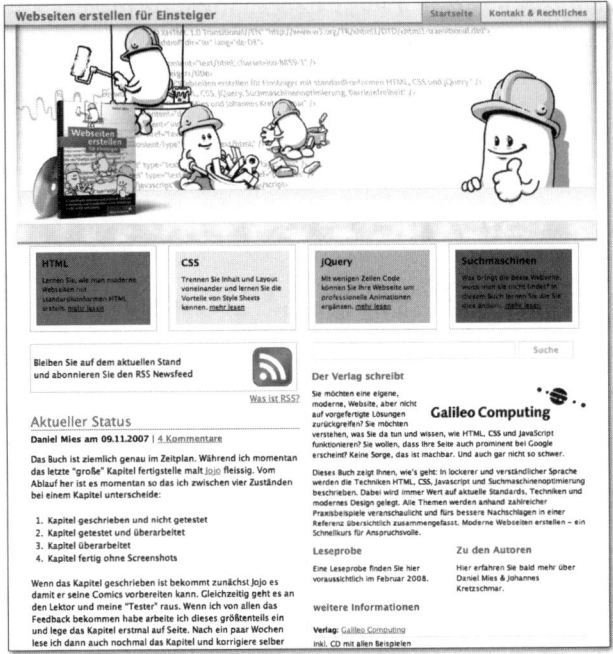

Abbildung 4.1   Entwurf der »Seite zum Buch«

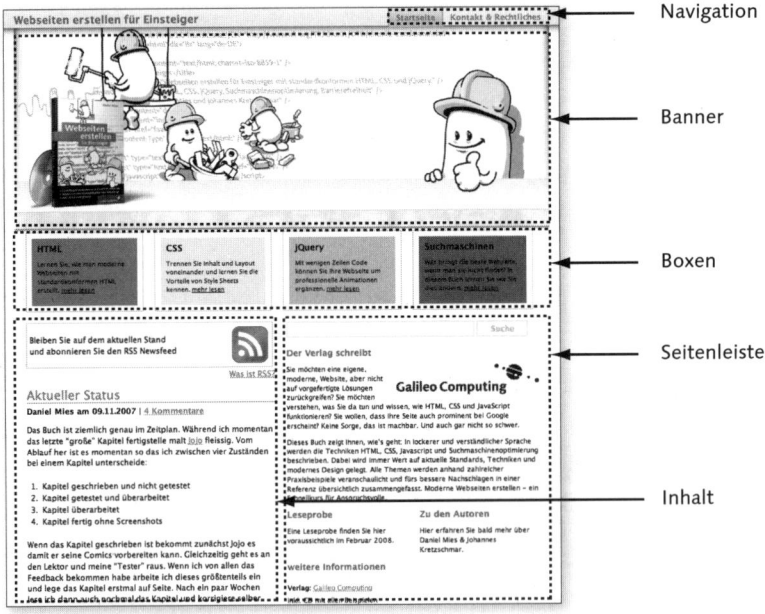

Abbildung 4.2   Die gestrichelten Boxen zeigen die Bereiche, in die wir die Seite aufteilen.

Lassen Sie uns dies nun im Editor umsetzen und so die Grundstruktur für unsere Webseite legen. Öffnen Sie hierfür wieder Ihren Editor, und erstellen Sie in diesem eine neue Datei.

```
<!DOCTYPE HTML PUBLIC "-//W3C//DTD XHTML 1.0 Transitional//EN"
 "http://www.w3.org/TR/xhtml1/DTD/xhtml1-transitional.dtd">

<html xmlns="http://www.w3.org/1999/xhtml"
 xml:lang="de" lang="de">

<head>
   <meta http-equiv="Content-Type" content="text/html;
   charset=ISO-8859-15" />
   <link rel="stylesheet" href="css/layout.css"
   type="text/css" media="screen" />
   <title>Webseiten erstellen für Einsteiger</title>
</head>

<body>
<div id="navigation">
   <div class="innen"></div>
</div>
<div id="wrapper">
   <div id="banner"></div>
   <div id="main"></div>
   <div id="sidebar"></div>
</div>
<div id="footer">
   <div></div>
</div>
</body>

</html>
```

Listing 4.1 Das Grundgerüst unserer Seite

[⊙] *Code/Kapitel 4/Grundgeruest/1/index.htm*

Dies wird unsere Startseite werden. Auch wenn es auf den ersten Blick noch gewöhnungsbedürftig erscheint und wir im Browser noch nichts Neues sehen, haben wir damit die grundlegende Struktur unserer Seite geschaffen.

Legen Sie in dem Ordner, in dem Sie die Datei erstellt haben, einen Ordner *css* an und darin eine Datei *layout.css*, um dort die CSS-Formatierungen zu erstellen. Verwenden Sie hier ruhig den Code aus dem vorherigen Kapitel, oder kopieren Sie die Datei von der CD:

[⊙] *Code/Kapitel 4/Grundgeruest/1/css/layout.css*

Wie Sie sehen, strukturieren wir die Seite mit `<div>` (*division* – Aufteilung, Bereich). Wir sprechen hier von `div`-*Containern*.

Das `div`-Tag erzeugt ein Blockelement: Inhalte dieser `div`-Container werden also untereinander stehen, wenn sie vom Browser angezeigt werden. Damit dies aber nicht so bleibt, haben wir jedem der `div`-Container eine eigene ID zugeordnet, um eine CSS-Präsentation zuweisen zu können.

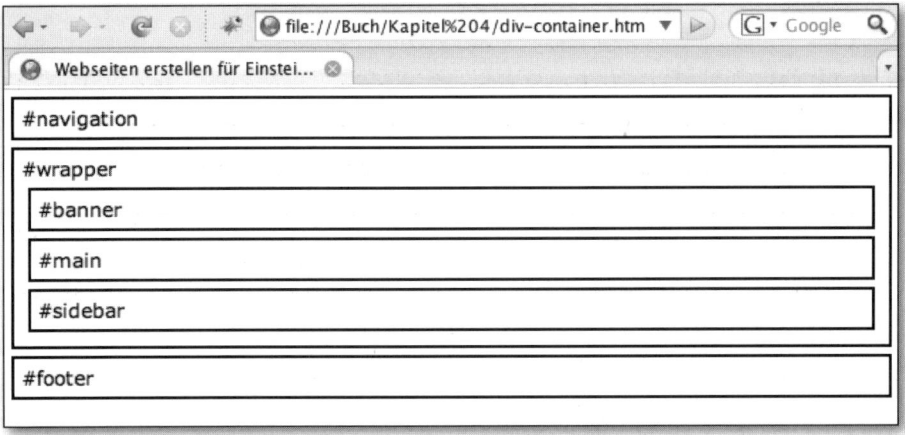

Abbildung 4.3 Mit etwas CSS werden die div-Container sichtbar und zeigen den bisherigen Aufbau der Seite.

4.1.1 Besonderheiten

Auch wenn wir versuchen, konsequent Inhalt und Layout zu trennen, gibt es immer wieder Stellen, an denen wir die Gestaltung im Hinterkopf behalten müssen. Sie werden später in diesem Kapitel an manchen Stellen sehen, dass wir HTML-Elemente nur einfügen, damit wir das gewünschte Resultat mit CSS erreichen können.

Wichtig bei der Trennung von Inhalt und Layout ist vor allem, dass wir keine Elemente, die eine feste semantische Bedeutung haben, ausschließlich wegen ihrer Präsentationseigenschaften einsetzen. Dabei hilft uns sicherlich die Tatsache, dass wir Elemente mit CSS beliebig verändern können. Für die Struktur, anhand derer die Gestaltung erfolgt, sind vor allem die div-Container zuständig. Unser Ziel bei der Strukturierung der Webseite muss es sein, dass diese Struktur so umfangreich ist, dass wir damit unsere Seite später problemlos gestalten können.

Trotzdem sollten Sie sich bei jedem Element ohne semantische Bedeutung, das Sie später einfügen, genau überlegen, ob es nicht anders geht. Wie wir »überflüssige« HTML-Elemente reduzieren können, erkläre ich Ihnen später in diesem Buch anhand eines Beispiels.

#wrapper – ein Rahmen um unsere HTML-Elemente

Um die Informationsleiste, die Seitenleiste und den Inhaltsbereich zu gruppieren, haben wir den Container mit der ID wrapper eingefügt. Diesen benötigen wir ausschließlich, um sicherzustellen, dass der Inhalt in der Mitte steht. Wir packen also mehrere Container zusammen in einen Container und erleichtern uns somit die Arbeit.

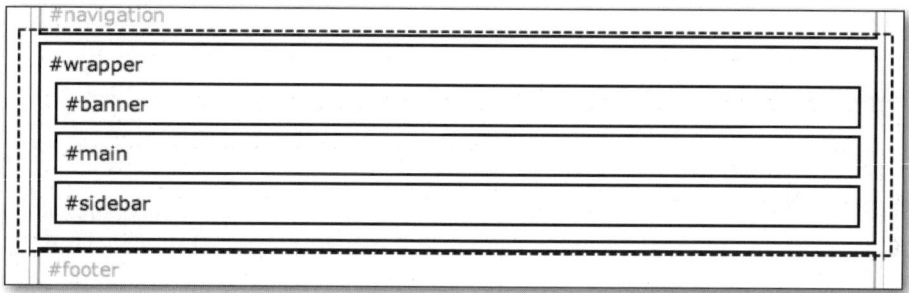

Abbildung 4.4 Im div-Container #wrapper liegen weitere div-Container, die spater mit Inhalten gefüllt werden.

»#navigation .innen« und »#footer div«

Bei der Navigation und im Fußbereich der Webseite haben wir eine weitere Besonderheit: Hier gibt es jeweils Hintergrundbilder, die über die volle Breite des Bildschirms gehen sollen, und Inhalte, die die gleiche Breite haben sollen wie die restliche Seite. Da es hier zwei einfache Lösungswege gibt, habe ich mich entschieden, Ihnen im Quellcode beide vorzustellen.

Die »ungenauere« Lösung verwenden wir im Fußbereich. Dort befindet sich im div-Container #footer ein weiterer div-Container, in dem dann die Inhalte stehen werden. Mit CSS werden wir #footer über die volle Breite des Bildschirms darstellen und ihm die Hintergrundgrafik zuweisen. Mit #footer div sprechen wir den div-Container in #footer direkt an und können ihn so formatieren. Wir positionieren diesen Container in der Mitte.

```
<div id="footer">
    <div></div>
</div>
```

Listing 4.2 Quellcode für den Rahmen des Fußbereichs der Seite

Der Vorteil dieser Methode ist, dass wir keine weitere Klasse anlegen, und daher sollten wir diese vorziehen, wenn wir nicht planen, weitere div-Container in #footer zu verwenden, da diese über #footer div sonst ebenfalls formatiert würden.

Wenn Sie planen, in einem Bereich, dessen Rahmen sich über die volle Breite des Bildschirms erstreckt, weitere div-Container zu verwenden, sollten Sie dem div-Container, den Sie für die Zentrierung des Inhalts verwenden, eine Klasse zuordnen. In unserem Fall ist dies .innen. Mit #navigation .innen können wir diesen Container gezielt ansprechen und formatieren.

```
<div id="navigation">
    <div class="innen"></div>
</div>
```

Listing 4.3 Quellcode für den Rahmen der Navigation der Seite

4.1.2 Anordnung mit CSS

Bevor wir die div-Container anordnen, machen wir diese mit einem einfachen Trick sichtbar: Wir weisen ihnen einen Rahmen und einen Innenabstand zu. Damit Sie, wenn Sie die Schritte in diesem Kapitel verfolgen, die Container auch sehen können, ergänzen Sie einfach die Namen der IDs in jedem div-Container. Auf diese Weise können Sie auch neue Ideen ausprobieren, um ein Gefühl für die unterschiedlichen CSS-Eigenschaften zu bekommen. Ergänzen Sie einfach folgende Codezeilen in der Datei *layout.css*:

```
div {
    border:2px solid black;
    padding:5px;
}
```

Listing 4.4 Allen div-Containern wird ein schwarzer, 2 px dicker Rahmen und ein Innenabstand von 5 px zugewiesen.

[O] *Code/Kapitel 4/Grundgeruest/2/index.htm* und *Code/Kapitel/Grundgeruest/2/css/layout.css*

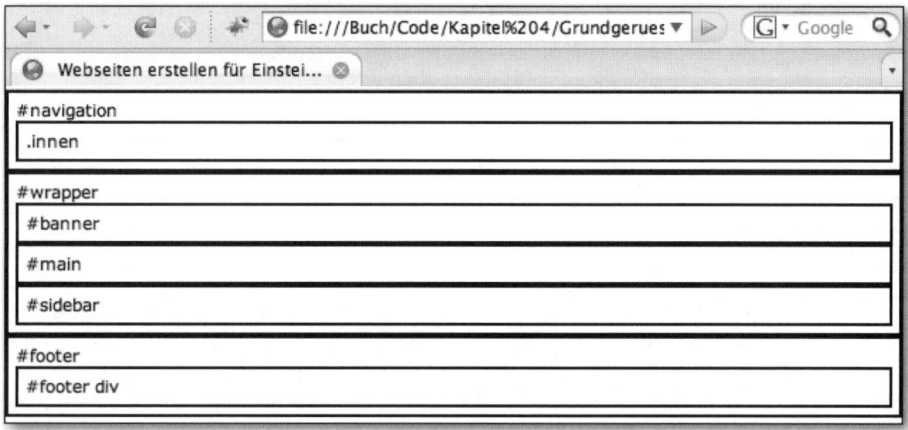

Abbildung 4.5   Die div-Container werden durch Beschriftung und einen schwarzen Rahmen sichtbar.

Wir wollen nun in einem ersten Schritt die Seite in der Mitte des Browserfensters zentrieren und dabei die Seitenleiste und den Inhaltsbereich nebeneinander positionieren.

Inhalte in der Mitte positionieren

Damit wir den div-Containern die richtige Breite geben können, müssen wir selbige natürlich erst kennen. In unserem Beispiel wird die Seite 950 px breit sein.

Wenn wir uns unseren Code ansehen, werden wir vier Bereiche sehen (#navigation .innen, #banner, #wrapper und #footer div), die 950 px breit sind. Diese können wir mit CSS bequem gemeinsam formatieren, indem wir sie durch Kommas trennen:

```
#navigation .innen,
#wrapper,
#footer div{
    width:950px;
}
```

Listing 4.5   Der innere Bereich der Navigation, der Rahmen um den Inhalt und der innere Bereich des Footers werden auf der Seite 950 px breit sein.

Code/Kapitel 4/Grundgeruest/3/index.htm und *Code/Kapitel/Grundgeruest/3/css/ layout.css* **[o]**

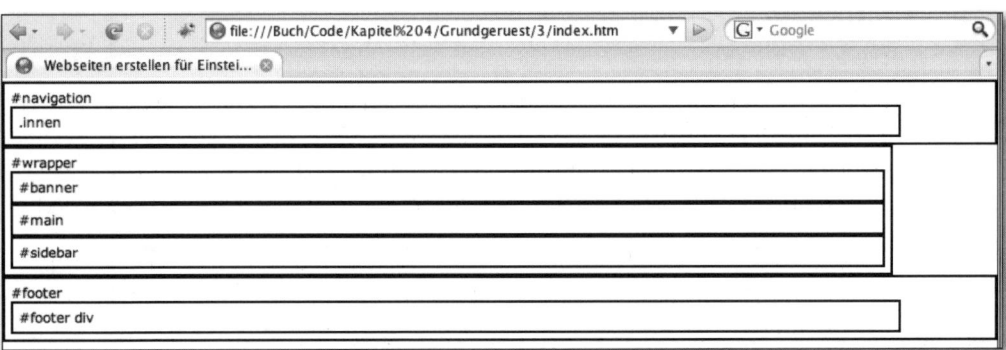

Abbildung 4.6 Die mit CSS formatierten Bereiche sind nur noch 950 px breit.

Noch hängt die Seite links am Rand des Browserfensters, was wir nun ändern werden. Da der Internet Explorer in der Version 6 Probleme mit der Zentrierung hat, müssen wir hier ein wenig nachhelfen. Bevor wir uns den div-Containern zuwenden, müssen wir für diesen Browser das body-Element formatieren und den Text dort zentrieren:

CSS

```
body {
    text-align:center;
}
```

Listing 4.6 Mit text-align richten wir Text aus. In diesem Fall benötigen wir es auch, um unsere div-Container zentrieren zu können.

Diese Formatierung, die ja an alle weiter innen liegenden HTML-Elemente vererbt wird, heben wir für diese mit text-align:left; gleich wieder auf. Wir wollen ja den Text nicht tatsächlich zentrieren, sondern nur für den Internet Explorer 6 eine Lösung einbauen. Gleichzeitig setzen wir an dieser Stelle margin:auto ein (das der Internet Explorer 6 leider nicht unterstützt), um die div-Container unserer Struktur für alle anderen Browser wunschgemäß zu zentrieren.

CSS

```
#navigation .innen,
#banner,
#wrapper,
#footer div{
    text-align:left;
```

```
    width:950px;
    margin:0px auto;
}
```

Listing 4.7 div-Container mit CSS zentrieren

Code/Kapitel 4/Grundgeruest/4/index.htm und *Code/Kapitel/Grundgeruest/4/css/* **[o]**
layout.css

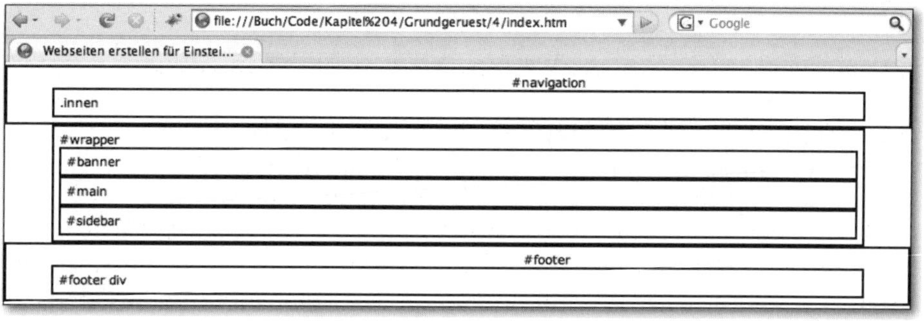

Abbildung 4.7 Die div-Container in der Navigation und im Fußbereich sowie der #wrapper sind in der Mitte der Seite zentriert.

margin

Mit margin, das schon im vorigen Abschnitt erwähnt wurde, legen wir den Außenabstand eines HTML-Elements fest. In diesem Beispiel legen wir einen Außenabstand nach oben und unten (erster Wert: in unserem Beispiel 0px) sowie nach rechts und links (zweiter Wert: in unserem Beispiel auto) fest. Das Schlüsselwort auto steht für »automatisch« und bedeutet, dass der Außenabstand so groß wie möglich gewählt wird.

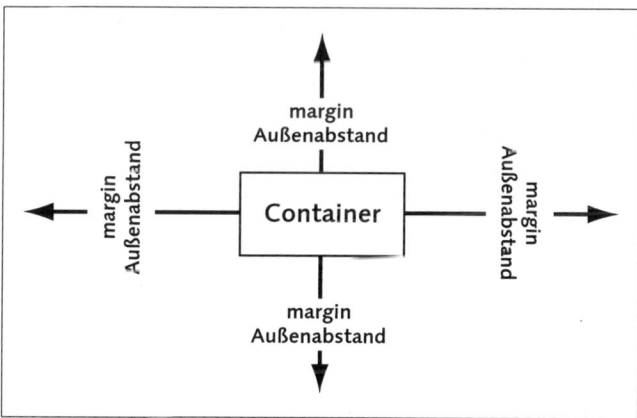

Abbildung 4.8 Visualisierung von margin

HTML-Elemente nebeneinander positionieren

Innerhalb des wrappers haben wir mit sidebar und main zwei div-Container, die auf der Seite nebeneinander dargestellt werden sollen. Beide Container sollen 475 px breit sein.

CSS

```
#sidebar,
#main{
    width:475px;
}
```

Um die Elemente nun nebeneinander zu setzen, benötigen wir die CSS-Eigenschaft float (fließen), mit der wir andere Elemente um unser mit float formatiertes Element fließen lassen können.

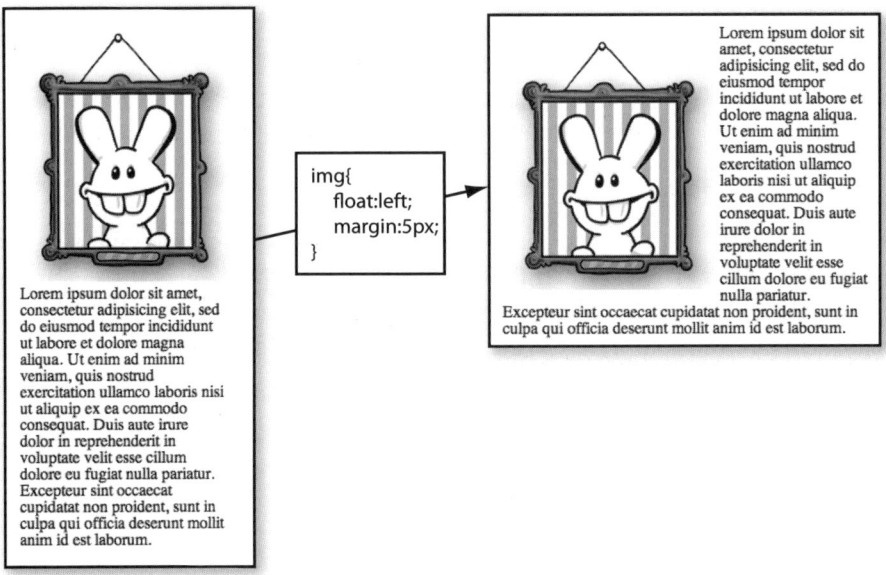

Abbildung 4.9 Links ein Bild ohne float mit Text. Rechts »fließt« der Text mit float um das Bild.

Was sehr gut geeignet ist, um Text zu formatieren, dient uns auch oft zur Gestaltung und Positionierung:

```
#main {
    float:left;
}
```

```
#sidebar {
   float:right;
}
```

Listing 4.8 Die div-Container #main und #sidebar werden mit float positioniert.

Rahmen entfernen

Damit die Container nun auch nebeneinander stehen, müssen wir bei beiden Elementen den Rahmen und den Innenabstand entfernen, den wir weiter oben festgelegt haben. Wir entfernen einfach die entsprechende Anweisung aus dem Code.

> **Breite der einzelnen Elemente**
>
> Der Inhaltsbereich (#main) wird mit float:left; nach links gefloatet, und der Seitenbereich (#sidebar) wird mit float:right; nach rechts gefloatet. Wichtig ist hier, dass die Breite der Elemente zusammen nicht größer als die Breite des wrappers ist, da die Elemente sonst untereinander stehen.
>
> **Falsch**
> ```
> #main {
>    width:500px;
>    float:left;
> }
> #sidebar {
>    width:540px;
>    float:right;
> }
> ```

Die Verwendung von float hat einen negativen Nebeneffekt, den wir noch beheben müssen: Wenn in einem HTML-Element (wie in unserem Fall #wrapper) andere HTML-Elemente mit float positioniert werden, bekommt dieses Element eine Höhe von 0 px, und alle folgenden Elemente wandern nach oben. Um dies zu verhindern, geben wir dem folgenden Element die CSS-Eigenschaft clear:both.

```
#footer {
    clear:both;
}
```

Listing 4.9 So verhindern Sie, dass #Footer nach oben wandert

[o] *Code/Kapitel 4/Grundgeruest/5/index.htm* und *Code/Kapitel/Grundgeruest/5/css/layout.css*

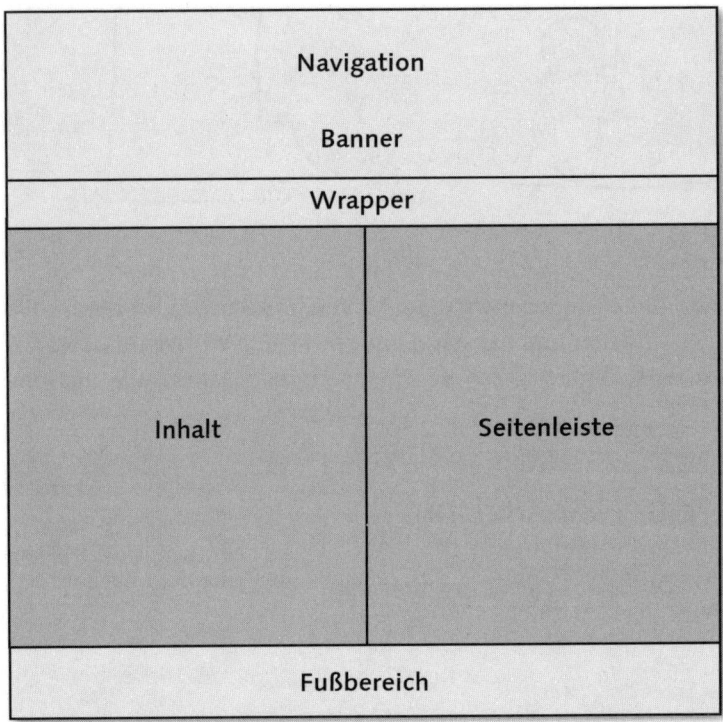

Abbildung 4.10 Schematische Darstellung: Mit float werden die div-Container #main und #sidebar nebeneinander positioniert.

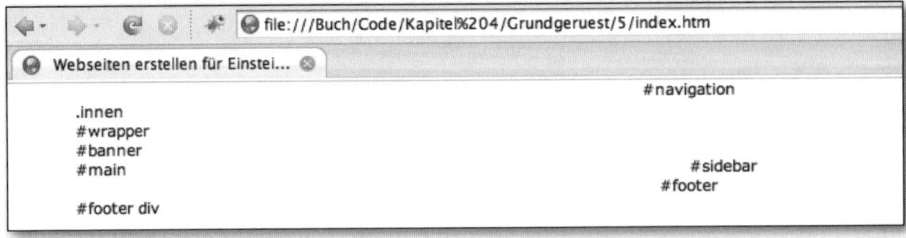

Abbildung 4.11 Reale Darstellung: Ohne Rahmen sind die div-Container nur schwer unterscheidbar.

4.1.3 Kommentare

Eine weitere Möglichkeit, die uns HTML bietet und die Sie ruhig häufiger verwenden können, sind Kommentare im Quelltext. Sie können sich so Notizen machen, die auf der Internetseite nicht sichtbar sind. Da die Kommentare aber im Quelltext stehen, kann jeder Besucher sich diese theoretisch ansehen, wenn er den Quelltext der Seite betrachtet. Schreiben Sie also nie Passwörter oder andere geheime Daten in Ihre HTML-Kommentare. Sie können aber so über Kommentare bequem Teile Ihrer HTML-Datei ausblenden, wenn Sie an der Datei arbeiten und nur einen Teil der Seite sehen möchten.

Der Aufbau eines HTML-Kommentars ist sehr einfach: Er beginnt, wie andere HTML-Tags auch, mit einer spitzen Klammer. Auf diese folgen ein Ausrufezeichen und zwei Bindestriche (`<!--`). Dann folgt der Kommentartext. Beendet wird der Kommentar mit zwei Bindestrichen und einer spitzen Klammer (`-->`).

```
<!-- Ein HTML-Kommentar -->
```

4.1.4 Was haben wir bisher getan?

Mit dem `div`-Container haben wir ein HTML-Element kennengelernt, um Bereiche in unserer Webseite festzulegen. Mit diesem Element verleihen wir unserer Webseite Struktur.

Mit der CSS-Eigenschaft `margin:auto` konnten wir die `div`-Container in der Mitte zentrieren, nachdem wir ihnen mit `width` eine feste Breite gegeben haben. Mit `float` haben wir dann noch zwei `div`-Container nebeneinander gesetzt.

4.2 Inhalte einfügen

Nachdem wir die `div`-Container angelegt haben, mit denen wir die Webseite aufteilen wollen, folgen nun die Inhalte. Lassen Sie uns hier mit einfachem Text anfangen. Ich werde Ihnen zeigen, wie Sie Texte in HTML einfügen und formatieren.

4.2.1   Texte in eine HTML-Datei einfügen

Während wir die Seite gestalten, können wir anstelle von fertigen Texten sogenannte Blindtexte verwenden. Wir strukturieren unseren Blindtext nun mit einigen HTML-Elementen:

```
...
<div id="main">
    <p>
        <strong>Lorem ipsum</strong>
        dolor sit amet, consectetur adipisici elit, <em>sed eiusmod
        tempor incidunt</em> ut labore et dolore magna aliqua....
    </p>
</div>
...
```

Listing 4.10   Ein Blindtext im div-Container

[●]   *Code/Kapitel 4/Inhalte/1/index.htm* und *Code/Kapitel/Inhalte/1/css/layout.css*

```
#wrapper
#banner
Lorem ipsum dolor sit amet, consectetur adipisici elit, sed eiusmod tempor      #sidebar
incidunt ut labore et dolore magna aliqua.
Lorem ipsum dolor sit amet, consectetur adipisicing elit, sed do eiusmod tempor
incididunt ut labore et dolore magna aliqua. Ut enim ad minim veniam, quis
nostrud exercitation ullamco laboris nisi ut aliquip ex ea commodo consequat.
Duis aute irure dolor in reprehenderit in voluptate velit esse cillum dolore eu
fugiat nulla pariatur. Excepteur sint occaecat cupidatat non proident, sunt in
culpa qui officia deserunt mollit anim id est laborum.
                                                                       #footer
#footer div
```

Abbildung 4.12   Im div-Container #main wird ein Blindtext eingefügt.

Wenn Sie Ihre HTML-Datei entsprechend ergänzen, haben Sie den Blindtext mit
HTML als Absatz (<p>: *paragraph* – Absatz) formatiert. Außerdem haben Sie mit
<strong> (*strong* – stark) einen Teil des Textes fett und mit <em> (*emphasize* – be-
tont) einen Teil kursiv geschrieben.

Jeder von Ihnen, der Erfahrungen mit einem Textverarbeitungsprogramm hat,
kennt neben der fetten und der kursiven Betonung noch die Möglichkeit, Text zu
unterstreichen, und auch HTML bietet uns diese Möglichkeit: Mit dem <u>-Tag
(*underline* – Unterstreichung) können Sie Text unterstreichen. Trotzdem möchte
ich Ihnen sehr davon abraten, Text in HTML-Dateien zu unterstreichen, denn die
Unterstreichung ist in Webseiten ein Zeichen für einen Link. Wenn Sie nun normalen Text unterstreichen, wird Ihr Besucher annehmen, dass er hier einen Link
findet und wahrscheinlich ins Leere klicken.

4.2.2   Zeilenumbrüche und Trennlinien

Sicherlich wird Ihnen schnell auffallen, dass HTML die Zeilenumbrüche ignoriert, die Sie in den Quellcode eingeben. Damit wir nun nicht gezwungen sind, für jede neue Zeile in einem Text einen neuen Absatz (`<p>`) einzufügen, bietet uns HTML auch hier eine Möglichkeit. Mit `<br />` fügen Sie einen Zeilenumbruch ein. Viele Webseiten-Entwickler lassen sich immer wieder dazu hinreißen, statt eines neuen Absatzes zweimal `<br />` zu schreiben, aber das wird mit der Zeit nicht nur unübersichtlich, sondern ist auch einfach falsch.

Wenn Sie Texte auch optisch voneinander trennen wollen, können Sie dies mit `<hr />` (*horizontal rule* – horizontale Linie) tun. `<hr />` fügt eine horizontale Linie ein, die Sie später auch mit CSS bequem gestalten können.

4.2.3   Leerzeichen

Wenn Sie Text in einer HTML-Datei einfügen, müssen Sie beachten, dass mehrere aufeinanderfolgende Leerzeichen vom Browser zu einem Leerzeichen zusammengefasst werden. Wenn Sie dennoch mehrere Leerzeichen in Folge einfügen möchten, können Sie dies mit ` ` tun (geschütztes Leerzeichen).

4.2.4   Text mit CSS formatieren

In Kapitel 3 haben wir mit dem Universalselektor (*) die Innen- und Außenabstände aller Elemente auf null gesetzt (`margin:0px; padding:0px;`). Da wir von einem Textabsatz erwarten, dass er etwas Abstand nach oben und unten hat, formatieren wir ihn entsprechend:

```
p {
    margin:18px 0px;
}
```

Da wir die Schriftgröße mit dem Universalselektor ebenfalls definiert haben (`font-size:12px;`), haben wir nun über und unter jedem Absatz einen Abstand von anderthalb Zeilen. In Kapitel 3 haben wir auch die Schriftart festgelegt, sodass wir hier nichts Spezielles ändern müssen.

```
#wrapper
#banner
                                                              #sidebar

Lorem ipsum dolor sit amet, consectetur adipisici elit, sed eiusmod tempor
incidunt ut labore et dolore magna aliqua.

Lorem ipsum dolor sit amet, consectetur adipisicing elit, sed do eiusmod tempor
incididunt ut labore et dolore magna aliqua. Ut enim ad minim veniam, quis
nostrud exercitation ullamco laboris nisi ut aliquip ex ea commodo consequat.
Duis aute irure dolor in reprehenderit in voluptate velit esse cillum dolore eu
fugiat nulla pariatur. Excepteur sint occaecat cupidatat non proident, sunt in
culpa qui officia deserunt mollit anim id est laborum.

                                                              #footer
#footer div
```

Abbildung 4.13   Durch den Außenabstand werden die Absätze besser lesbar.

Zeilenhöhe

Um die Lesbarkeit der Seite zu verbessern, sollten wir eine sinnvolle Zeilenhöhe (line-height) wählen. Diese darf nicht zu niedrig sein, damit der Text nicht zu eng zusammen steht, aber auch nicht zu hoch, damit wir das Lesen des Textes nicht unnötig erschweren. In unserem Beispiel nehmen wir die anderthalbfache Zeilenhöhe, also 18 Pixel.

```
body {
    ...
    line-height:18px;
}
```

Die Formatierungen, die wir bis jetzt vorgenommen haben, waren nur ein erster Ausblick auf die Möglichkeiten, die CSS uns bietet. In Kapitel 5 werden wir noch einige Feinheiten abstimmen.

War das alles?

Sie werden sich jetzt, wo wir uns den Überschriften zuwenden, sicherlich fragen, ob dies schon alles war und ob HTML wirklich nur so wenige Elemente bietet. Ich kann Ihnen versichern, dass es noch jede Menge weitere Elemente gibt und Sie auch noch einige kennenlernen werden. Sie finden am Ende des Buchs eine umfangreiche Referenz, in der Sie auch weitere HTML-Tags mit einer kurzen Erläuterung finden können.

4.3   Die Inhalte mit Überschriften strukturieren

Wenn Sie Ihre Seite gut in Suchmaschinen positionieren wollen, werden Sie nicht an Überschriften vorbeikommen. Mit Überschriften teilen Sie nicht nur Ihren Besuchern mit, was auf Ihrer Seite behandelt wird, sondern auch den Suchmaschinen.

Da in einer Webseite, wie in einem Text, nicht jede Überschrift die gleiche Gewichtung hat, haben wir sechs Überschriftenebenen: ⟨h1⟩, ⟨h2⟩, ⟨h3⟩, ⟨h4⟩, ⟨h5⟩ und ⟨h6⟩ (*heading* – Überschrift). Bei diesen gelten drei Grundregeln:

▸ ⟨h1⟩ ist die »wichtigste« und ⟨h6⟩ ist die »unwichtigste« Überschrift.

▸ ⟨h1⟩ sollte einmal (und nicht öfter) in Ihrer Webseite vorkommen.

▸ Die Überschriften sollten immer in der richtigen Reihenfolge angeordnet werden: Erst ⟨h2⟩, dann ⟨h3⟩ usw. Setzen Sie niemals in einem zusammenhängenden Text ⟨h3⟩ vor ⟨h2⟩ und nehmen Sie auch nicht andere unlogische Sortierungen dieser Art vor.

Achten Sie – gerade wenn Sie die Seite noch nicht mit CSS formatieren – nicht auf die passende Schriftgröße einer Überschrift, sondern darauf, dass die Überschrift eine logische hierarchische Position hat.

```
<h1>Das Thema der Seite</h1>
<p>
    Text
</p>
<h2>Artikelüberschrift</h2>
<p>
    Text
</p>
<h3>Überschrift im Artikel</h3>
<p>
    Text
</p>
...
<h2>Überschrift für anderen Artikel</h2>
...
```

Listing 4.11 Beispiel für die richtige Verwendung von Überschriften

Hier zeige ich Ihnen noch zwei Varianten, die **falsch** sind und wahrscheinlich sowohl Ihre Besucher als auch die Suchmaschinen irritieren würden:

```
<h1>Überschrift</h1>
...
<h1>Artikelüberschrift</h1>
...
```

Listing 4.12 In diesem Beispiel sagt der Code aus, dass alle Überschriften die höchste Priorität haben. Ein h1-Element sollte aber nur einmal vorkommen.

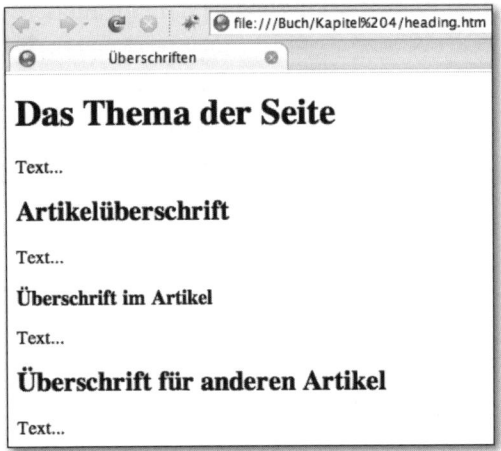

Abbildung 4.14 Das Codebeispiel im Browser: richtige Gliederung von Überschriften

```
<h6>Thema der Seite</h6>
...
<h3>Artikelüberschrift</h3>
...
<h6>Zweite Artikelüberschrift</h6>
...
```

Listing 4.13 Hier herrscht absolutes Chaos: Die Überschriften wurden nach ihrer Schriftgröße ausgewählt und ergeben so keinen Sinn.

Wenn Sie Überschriften falsch verwenden, verschlechtert dies möglicherweise Ihr Ranking in Suchmaschinen. Achten Sie also immer auf die richtige Verwendung.

Nicht vergessen!

Trennen Sie konsequent Inhalt und Layout. Gerade bei den Überschriften gerät man schnell in Versuchung, den Überschriftentyp nach der gewünschten Schriftgröße zu wählen.

Wenn Sie von den übergroßen Schriftgrößen irritiert werden, dann setzen Sie die Schriftgröße während des Designprozesses vorübergehend für alle Überschriften einfach mit CSS auf einen gemeinsamen Wert, oder formatieren Sie diese schon früher. Vergessen Sie aber später nicht, die globalen Definitionen wieder zu entfernen!

Möglich wäre zum Beispiel:

```
h1,h2,h3,h4,h5,h6 {
    font-size:12px;
    font-weight:bold;
}
```

Gestaltung mit CSS

Überschriften haben die Aufgabe, einem Text mehr Struktur zu geben und wichtige Aussagen wie den Titel des Textes hervorzuheben. Oft werden sie auch verwendet, um Absätze zusammenzufassen. Daher sollten wir auch in unserer Webseite großen Wert darauf legen, die Überschriften angemessen hervorzuheben. Wir stellen sie daher in fetter Schrift (font-weight:bold) dar.

```
h1,h2,h3,h4,h5,h6 {
    font-weight:bold;
}
```

Listing 4.14 Fette Überschriften

Nun sollen sich die Überschriften noch untereinander von der Größe her unterscheiden. Die Überschriften, die mit dem ⟨h4⟩-, ⟨h5⟩- oder ⟨h6⟩-Element dargestellt werden, sollen genauso groß wie der normale Text sein und sich von ihm nur in der Formatierung unterscheiden.

```
h4,h5,h6 {
    font-size:12px;
}
h6 {
    font-weight:normal;
    font-style:italic;
}
```

Listing 4.15 Größe der Überschriften <h4> bis <h6> und anderes Erscheinungsbild für die <h6>

Die ⟨h6⟩ wird nicht in fetter Schrift, sondern nur kursiv dargestellt. Die wichtigste Überschrift und gleichzeitig der Titel unserer Webseite ist die ⟨h1⟩-Überschrift. Diese wird besonders groß dargestellt. Die Überschriften ⟨h2⟩ und ⟨h3⟩ werden beide jeweils etwas kleiner dargestellt.

```
h1{
    font-size:20px;
}
h2{
    font-size:16px;
}
h3{
    font-size:14px;
}
```

Listing 4.16 Die Schriftgrößen der Überschriften werden mit CSS definiert.

Auch hier werden wir noch einige Details im folgenden Kapitel anpassen.

4.4 »Webseiten-Krankheiten«: Divitis, Classitis und IDitis

Bei jeder Verwendung von div-Containern, Klassen und IDs sollten wir uns fragen, ob wir diese wirklich brauchen oder ob wir die Vererbung innerhalb von CSS oder passendere HTML-Elemente verwenden können. Wenn Sie mit HTML und CSS neu anfangen, werden Sie anfangs sicherlich hiermit noch Probleme haben. Wenn Sie sich Ihre Webseite dann aber nach einer Weile wieder ansehen, wird Ihnen gewiss auch hier und da eine Stelle auffallen, an der Sie etwas optimieren können. Hier macht »Übung den Meister«, und in der Regel finden auch erfahrene Webdesigner immer wieder Stellen im HTML-Code ihrer Seite, die sie optimieren können.

Beispiele

Divits – zu viele div-Container

```
<div class="artikel">
    <div class="ueberschrift1">Ein Artikel</div>
    <div class="datum">01.02.2008</div>
    <div class="autor">Martin Mustermann</div>
    <div class="einleitung">Hier steht eine Einleitung</div>
    <div class="hauptteil">.. und hier der weitere Text</div>
</div>
```

Listing 4.17 Zu viele divs?

Bei diesem Beispiel entsteht schnell der Eindruck, dass eine HTML-Seite nur aus div-Containern besteht. Leider gibt es noch immer sehr viele Entwickler, die genau so Seiten aufbauen, ohne darüber nachzudenken, dass dieser Code nur schwer nachvollziehbar ist und keinerlei Semantik beinhaltet.

Da wir inzwischen gesehen haben, dass wir mit CSS jedes HTML-Element beliebig ändern können und daher ignorieren können, wie ein HTML-Element ursprünglich vom Browser dargestellt wird, sollten wir mehr Wert auf semantischen Code legen:

Classitis

```
<div class="artikel">
   <h2 class="ueberschrift">Ein Artikel</h2>
   <p class="datum">01.02.2008</p>
   <p class="autor">Martin Mustermann</p>
   <p class="einleitung">Hier steht eine Einleitung</p>
   <p class="haupttext">und hier der weitere Text</p>
</div>
```

Listing 4.18 Für die Überschrift verwenden wir anstelle eines div-Containers besser ein h2-Element.

In diesem Beispiel wurde Wert auf die semantisch richtige Verwendung von HTML-Elementen gelegt (die »Divitis« also geheilt), aber trotzdem wurde für jedes Element eine eigene Klasse angelegt (»Classitis«). Hier können wir natürlich noch weiter optimieren und weniger Klassen verwenden:

```
<div class="artikel">
   <h2>Ein Artikel</h2>
   <p class="datum">01.02.2008</p>
   <cite>Martin Mustermann</cite>
   <p class="einleitung">Hier steht eine Einleitung</p>
   <p>und hier der weitere Text</p>
</div>
```

Listing 4.19 Die div-Container wurden durch passendere Elemente ersetzt.

Eine Überschrift braucht in der Regel keine eigene Klasse, da wir alle folgenden Überschriften mit <h3>, <h4>, <h5> oder <h6> (in dieser Reihenfolge!) definieren würden. Für Datumswerte gibt es noch kein eigenes HTML-Element, daher müssen wir hier entweder mit einem Absatz und einer Klasse arbeiten, oder – wenn wir Datum und Autor in einer Zeile haben möchten – beide miteinander kombinieren:

```
<p class="informationen">
   <span class="datum">01.02.2008</span>, <cite>Martin Mustermann
   </cite>
</p>
```

Listing 4.20 Die Informationen zu diesem Musterartikel werden in einem Absatz zusammengefasst.

Auch bei den beiden Texten in unserem Beispiel können wir auf weitere Klassen verzichten. In der Regel wird die Einleitung eines Textes fett geschrieben und der restliche Text normal:

```
<p>
    <strong>Hier steht eine Einleitung</strong>
</p>
<p>
    und hier der weitere Text.
</p>
```

Listing 4.21 Wenn wir, wie hier bei der Einleitung, einen Textteil nur fett darstellen wollen, ist ein strong-Element besser als eine eigene Klasse oder ID geeignet.

Komplettes Beispiel

```
<div class="artikel">
    <h2>Ein Artikel</h2>
    <p class="informationen">
        <span class="datum">01.02.2008</span>,
        <cite>Martin Mustermann</cite>
    </p>
    <p><strong>Hier steht eine Einleitung</strong></p>
    <p>und hier der weitere Text</p>
</div>
```

Listing 4.22 So könnte ein Artikel auf Ihrer Seite aufgebaut sein.

4.5 Unsere Webseite mit Links vernetzen

Ohne (Hyper-)Links wäre das Internet heute nicht das, was es ist: Durch die Verknüpfung von Inhalten ist das »Surfen« erst möglich. Ohne Links ist Ihre Webseite nicht mehr als ein einfaches Dokument. Ich möchte Ihnen nun zeigen, wie Sie einen Link erstellen, wie Sie innerhalb Ihres Dokuments verlinken, wie Sie auf andere Seiten verweisen und welche weiteren Möglichkeiten sich Ihnen mit Links bieten.

4.5.1 Aufbau eines Links

Um einen Link zu erstellen, brauchen wir den a-Tag (*anchor* – Anker):

```
<a href="http://www.webseiten-buch.de"
   target="_blank"
   title="Ein Link zu www.webseiten-buch.de">
   Das Webseiten-Buch
</a>
```

Listing 4.23   Ein Beispiellink

Besonders interessant sind hier das href-Attribut, mit dem wir das Ziel des Links festlegen (hier: *http://www.webseiten-buch.de*), und das target-Attribut, das angibt, wo der Browser die neue Seite öffnen soll (hier: _blank, also in einem neuen Fenster). Das Ziel eines Links, quasi die Adresse der zu öffnenden Webseite, nennt sich URL.

4.5.2 Links zu anderen Seiten

Wie oben schon erläutert wurde, schreiben wir die URL unseres Links in das href-Attribut. Beispielsweise verlinken wir mit

```
<a href="http://www.webseiten-buch.de">...</a>
```

auf die Seite zu diesem Buch. Dabei ist es wichtig, dass Sie den Link vollständig schreiben. Vergessen Sie nicht das Protokoll der Webseite, also http://, https:// oder ftp://, vor der Adresse, da der Browser sonst nicht erkennen kann, dass der Link auf eine andere Seite verweist.

Falsch

```
<a href="www.webseiten-buch.de">Seite zum Buch</a>
```

Listing 4.24   Hier fehlt das http:// in der URL.

Richtig

```
<a href="http://www.webseiten-buch.de">Seite zum Buch</a>
```

Listing 4.25   So ist es besser

> **Tipp**
>
> Bevor Sie einen Link in Ihre Webseite einfügen, besuchen Sie ihn mit Ihrem Browser, und kopieren Sie den vollständigen Link aus der Adressleiste.

4.5.3 Zielfenster festlegen

Im Beispiel weiter oben habe ich Ihnen schon gezeigt, wie Sie einen Link in einem anderen Browserfenster öffnen (`target="_blank"`). Mit dem `target`-Attribut (*target* – Ziel) können Sie festlegen, wo sich der Link öffnet.

Standardmäßig öffnet sich ein Link im gleichen Fenster wie die Seite, in der er sich befindet. Für uns heißt dies also, dass wir auf das `target`-Attribut verzichten können, wenn wir auf eine andere Seite innerhalb unserer eigenen Webseite verweisen.

4.5.4 Der Titel des Links

Sicherlich haben Sie auf anderen Webseiten schon bemerkt, dass sich bei Links auf Höhe der Maus ein Tooltip öffnet, in dem etwas zu dem Link steht. Diese zusätzliche Information für den Besucher können wir mit dem `title`-Attribut einfügen. Dieses Attribut baut auch Barrieren auf Ihrer Webseite ab: Wenn Sie den Links auf Ihrer Webseite einen Titel zuweisen, wird Ihren Besuchern die Bedienung Ihrer Webseite deutlich erleichtert. So kann man bei jedem Link anhand des Titels erkennen, was einen erwartet. Benutzer, die eine Sehschwäche haben und sich daher oft Webseiten vorlesen lassen, bekommen den Titel des Links auch vorgelesen. So erleichtern Sie auch diesen Besuchern die Benutzung Ihrer Webseite erheblich.

```
<a href="..." title="Der Titel zum Link">...</a>
```

Listing 4.26 Mit dem title-Attribut geben wir dem Besucher eine zusätzliche Information zum Link.

Abbildung 4.15 Der Titel des Links wird hier angezeigt.

4.5.5   Links innerhalb der eigenen Seite

Unsere Webseite soll aus mehr als einer Seite bestehen und braucht dafür natürlich eine Navigation. Wie Sie sich sicherlich schon denken können, benötigen wir hierfür Links.

Hier könnten wir durchaus das gleiche Prinzip anwenden, das schon bei den Links auf externe Seiten gezeigt wurde:

```
<a href="http://www.webseiten-buch.de">Startseite</a>
<a href="http://www.webseiten-buch.de/kontakt.htm">Kontakt</a>
```

Listing 4.27   Zwei Links mit vollständiger URL: Einer verweist auf die Startseite und einer auf die Kontaktseite.

Nun gibt es aber durchaus die Möglichkeit, dass eine Webseite umzieht und plötzlich eine neue Adresse hat. Dies hätte bei der Verwendung der kompletten URL den Nachteil, dass wir alle Links in allen HTML-Dateien ändern müssten.

Ähnlich wäre es, wenn wir die Webseite in einen anderen Ordner kopieren würden: In jedem dieser Fälle hätten wir viel Schreibarbeit vor uns.

Um dieser Schreibarbeit vorzubeugen, verwenden wir zwei uns schon bekannte Möglichkeiten der Referenzierung: *absolute* und *relative Pfadangaben* (siehe Kapitel 2).

4.5.6   Anker

Wir können IDs nicht nur verwenden, um die Seite mit CSS zu gestalten, sondern auch, um Bereiche einer Webseite mit einem Link auswählbar zu machen. Wenn wir zum Beispiel im unteren Bereich der Seite eine Kontaktmöglichkeit für den Besucher eingebaut haben (sagen wir, einen `div`-Container mit der ID `#kontakt`), könnten wir mit einem Link diese erreichbar machen: `<a href="#kontakt">Kontakt</a>`.

Gestaltung mit CSS

Wir sollten gerade bei der Gestaltung von Links an die Benutzer unserer Seite denken und daher darauf achten, dass sich Links vom normalen Text abheben. Hier reicht oft nicht nur eine farbliche Hervorhebung des Links aus, sondern oftmals ist auch eine Unterstreichung oder eine andere Kennzeichnung notwendig, um zu garantieren, dass auch ein möglicherweise farbenblinder Besucher die Seite vollständig erfassen kann.

Bei der Wahl der Farbe sollten Sie darauf achten, dass Links und Überschriften unterschiedliche Farben haben und Überschriften, die gleichzeitig ein Link sind, die Farbe des Links haben. So erleichtern Sie dem Leser die Nutzung Ihrer Seite ungemein.

Wir legen also zunächst fest, dass unsere Links in blauer Farbe dargestellt werden:

```
a {
    color:blue;
}
```

Das Besondere an der Gestaltung von Links mit CSS ist, dass es mehrere *Pseudoklassen* gibt, mit denen wir die einzelnen Zustände unserer Links gestalten können:

► `:link`
ein Link, der noch nicht besucht wurde

► `:visited`
ein Link, der bereits besucht wurde

► `:hover`
der Zustand, während die Maus über dem Link verweilt, ohne ihn anzuklicken

► `:active`
der Zustand, während der Link angeklickt wird

► `:focus` (nicht im Internet Explorer 6)
der Zustand, während der Link angeklickt wird oder wenn er mit dem Tabulator ausgewählt wurde

Pseudoklassen werden einfach an den Selektor für das Element bzw. die ID oder Klasse angefügt:

HTML

```
<a href="..." title="...">...</a>
```

CSS

```
a:hover{
    color:red;
}
```

Listing 4.28 Färbt den Link rot, wenn man mit der Maus über ihn fährt.

HTML

```
<a href="..." class="info" title="...">...</a>
```

CSS

```
a.info:hover{...}
```

oder:

```
.info:hover{...}
```

Listing 4.29 Die Anweisungen formatieren jeden Link mit der Klasse .info.

> **Pseudoklassen für andere HTML-Elemente**
>
> Auch wenn es sicherlich sehr praktisch wäre, ist es derzeit noch nicht möglich, die Pseudoklassen in allen Browsern auch für andere Elemente zu verwenden.

```
a:link{
    color:blue;
}
a:visited{
    color:purple;
}
a:active, a:focus{
    text-decoration:overline underline;
}
a:hover{
    text-decoration:none;
}
```

Listing 4.30 Die Pseudoklassen

Wie wir bereits oben definiert haben, wird der normale Link (a:link) in unserem Beispiel blau (color:blue) sein. Wenn ein Link bereits besucht wurde (:visited), wird er lila (color:purple). Für die Pseudoklassen :active und :focus verwenden wir text-decoration (*Textdekoration*) und geben dem Link eine Linie ober- und unterhalb des Links. Hier trennen wir die beiden Werte einfach mit einem Leerzeichen. Als Hover-Effekt (:hover) wird bei unserem Link die Unterstreichung entfernt (text-decoration:none;).

Wenn Sie in Ihrem Stylesheet für alle Pseudoklassen die Formatierung festlegen, achten Sie auf die Reihenfolge der Deklarationen: Zuerst müssen :link und :visited definiert werden und erst anschließend :active und :hover, da sie sonst durch die Eigenschaften von :visited überschrieben werden.

4.6   Mit Listen die Seite gliedern

HTML bietet uns drei Arten von Listen: *unsortierte* Listen, *sortierte* Listen und *Definitionslisten*.

Unsortierte Listen stellen Inhalte ohne Reihenfolge dar. Sie erkennen diese an dem Punkt vor jedem Listenelement. Sortierte Listen sind nummerierte Listen, in denen vor jedem Listenelement ein Aufzählungszeichen steht. Definitionslisten unterscheiden sich etwas von den beiden anderen Listenarten. Sie haben kein Zeichen vor jedem Element und bestehen aus zwei Komponenten: einem Begriff und einer Erklärung zu dem Begriff.

Was Listen besonders macht, ist die Tatsache, dass man sie mit ein wenig CSS umfunktionieren kann und sie so für eine horizontale oder vertikale Navigation oder sogar eine Bildergalerie verwenden kann und gleichzeitig einen semantischen Zusammenhang beibehält: Eine Bildergalerie beispielsweise, die wir mit einer Definitionsliste erstellen, enthält an der Stelle des Begriffs, der erklärt werden soll, das Bild und an der Stelle der Erklärung einen Text zu dem Bild.

Der besondere Vorteil in dieser Umformung ist die Tatsache, dass die Inhalte logisch angeordnet werden und trotzdem ansehnlich in Ihre Internetseite integriert werden.

4.6.1   Sortierte Listen

Wenn Inhalte in einer festen Reihenfolge dargestellt werden sollen, greifen Sie am besten auf eine sortierte Liste zurück:

```
<ol>
    <li>Müll wegbringen</li>
    <li>Einkaufen fahren</li>
    <li>Auto waschen</li>
</ol>
```

Listing 4.31 Eine sortierte Liste: ein Ablaufplan

Abbildung 4.16   Unser Ablaufplan im Browser

Eine sortierte Liste benötigt zwei Tags: Mit dem ol-Element teilen wir dem Browser mit, dass es sich um eine sortierte Liste handelt (*ordered list* – sortierte Liste), und mit dem li-Element definieren wir die einzelnen Punkte (*list item* – Listeneintrag).

4.6.2   Unsortierte Listen

Ganz ähnlich funktioniert das mit unsortierten Listen. Diese heißen so, weil sie keine Nummerierung aufweisen, und nicht, weil die Reihenfolge ihrer Elemente beliebig wäre. Wir greifen für die einzelnen Listeneinträge wieder auf das li-Element zurück, aber verwenden das ul-Element (*unsorted list* – unsortierte Liste), um dem Browser mitzuteilen, dass es sich um eine unsortierte Liste handelt.

```
<ul>
    <li>Nudeln</li>
    <li>Tomaten</li>
    <li>Parmesan</li>
</ul>
```

Listing 4.32   Eine unsortierte Liste: ein Einkaufszettel

Abbildung 4.17   Unser Einkaufszettel

4.6.3   Definitionslisten

Ein erstaunlicherweise nicht sehr verbreiteter Listentyp sind die Definitionslisten, die, wie der Name schon ahnen lässt, dazu dienen, Begriffe zu erklären:

```
<dl>
    <dt>Begriff</dt>
    <dd>Definition des Begriffs</dd>
</dl>
```

Listing 4.33 Eine Definitionsliste

Abbildung 4.18 Die Definitionsliste im Browser

Wie schon bei den sortierten und unsortierten Listen gibt es auch hier ein Tag, das die Liste beginnen und enden lässt. Mit <dl> (*definition list* – Definitionsliste) erklären wir dem Browser also, dass es sich um eine Definitionsliste handelt. Mit <dt> (*definition term* – Definitionstitel) kennzeichnen wir den Begriff, der definiert wird, und mit <dd> (*definition description* – Definitionsbeschreibung) kennzeichnen wir die Erklärung des Begriffs.

4.6.4 Gestaltung von Listen mit CSS

Erneut müssen wir zunächst die Formatierungen berücksichtigen, die wir mit dem Universalselektor (*) vorgenommen haben. Damit die Listen etwas nach rechts eingerückt sind, müssen wir mit padding den linken Innenabstand etwas erhöhen. Die Definitionsliste muss aber anders behandelt werden: Da bei dieser der Definitionstitel (dt) nur leicht eingerückt ist, formatieren wir für die Definitionsliste nicht das Definitionslisten-Element (dl), sondern die beiden Elemente in der Liste: Definitionstitel (dt) und Definitionsbeschreibung (dd).

```
ul, ol,dd {
    padding-left:30px;
}
dt {
    padding-left:10px;
}
```

Listing 4.34 Abstände der Listenelemente festlegen

Ein weiterer Punkt, den Sie bei den sortierten und unsortierten Listen ändern können, ist die Art der Markierung vor jedem Listenpunkt: list-style-type bietet uns einige Möglichkeiten für die Gestaltung. Dabei könnten wir auch (was jedoch wenig sinnvoll ist) eine unsortierte Liste in eine sortierte umwandeln, wenn wir einen entsprechenden Wert auswählen (wie z.B. list-style-type:decimal;).

Besonders geeignet für unsortierte Listen sind:

► none: kein Aufzählungszeichen

► circle: Kreis, nur Rahmen

► square: Quadrat

► disc: gefüllter Kreis

Besonders geeignet für sortierte Listen sind:

► decimal: Dezimalzahlen (1., 2., 3., ...)

► lower-roman: kleine römische Zahlen (i., ii., iii., ...)

► upper-roman: große römische Zahlen (I., II., III., ...)

► decimal-leading-zero: Dezimalzahlen mit führender Null (01., 02., 03., ...)

► lower-greek: kleine griechische Nummerierung (α, β, γ)

► lower-latin: kleine ASCII-Zeichen (a., b., c., ...)

► upper-latin: große ASCII-Zeichen (A., B., C., ...)
Der Vollständigkeit halber folgen hier noch zwei Methoden, die allerdings einen entsprechenden Zeichensatz benötigen:

► armenian: armenische Nummerierung

► georgian: georgische Nummerierung

Beispiel

```
ol {
    list-style-type:lower-latin;
}
ul {
    list-style-type:square;
}
```

Listing 4.35 Listen-Typen

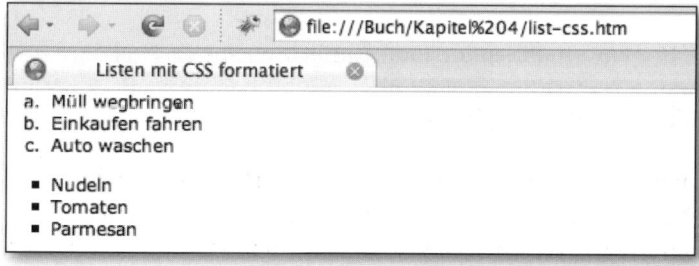

Abbildung 4.19 Zwei Listen, formatiert mit CSS

4.7 Die Texte auf unserer Webseite mit Bildern aufwerten

Ohne Bilder wird aus Ihrer Seite schnell eine Textwüste: Bilder erklären den Inhalt eines Textes und lockern ihn auf. Darum können wir natürlich auch in HTML nicht auf Bilder verzichten.

Ein Bild fügen Sie mit dem img-Element (*image* – Bild) ein. Dieses hat kein schließendes Tag und endet daher mit einem Slash vor der eckigen Klammer:

```
<img src="bilder/bild.png" alt="Ein Bild"
width="250px" height="120px" />
```

Listing 4.36 Mit dem img-Element werden Bilder eingefügt.

Gleich vier neue Attribute lernen wir zusammen mit dem img-Element kennen:

▸ Mit src (*source* – Quelle) wird der Pfad zu der Bilddatei angegeben.

▸ Mit alt (*alternative* – Alternative – dieses Element ist ein Pflichtattribut für das img-Element) legen wir einen Text fest, der an der Stelle des Bildes steht, wenn der Browser an der mit src angegebenen Stelle kein Bild findet.

▸ Mit width (*width* – Breite) und height (*height* – Höhe) legen wir fest, wie groß das Bild ist.

Das alt-Attribut ist übrigens ein Pflichtattribut. Ähnlich wie beim Titel der Links wird die Information im alt-Attribut angezeigt, wenn der Benutzer mit der Maus über das Bild fährt. Ebenso wird der Inhalt des Attributs vorgelesen, wenn ein Benutzer mit einem Vorleseprogramm die Seite besucht.

Beispiel

```
<img src="nix.png" alt="Hier steht ein Alternativtext" />
```

Listing 4.37 Ein img-Element: Das im src-Attribut angegebene Bild existiert nicht.

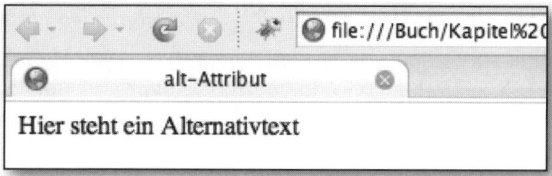

Abbildung 4.20   Statt des Bildes wird ein alternativer Text angezeigt, den wir mit dem alt-Attribut definieren.

Bildformat und Bildgröße

Wenn Sie in Ihre Webseite Bilder einfügen, bieten sich drei Dateiformate an: JPG, GIF und PNG. Alle drei haben besondere Vor- und Nachteile und ergänzen sich sehr gut bei der täglichen Arbeit.

Auch wenn inzwischen viele Nutzer über eine schnelle Internetanbindung verfügen, sollten wir trotzdem immer darauf achten, möglichst kleine Dateien ins Internet zu stellen. Wir stellen so sicher, dass unsere Webseite schnell geladen wird. Daher sollten wir, wann immer es uns möglich ist, auf GIF-Bilder zurückgreifen. Diese verfügen zwar »nur« über 256 Farben und sind sehr stark komprimiert, sind aber dementsprechend auch sehr klein. Ein weiterer Vorteil ist, dass sie einen Transparenzkanal haben. Von GIF-Bildern würde ich Ihnen nur dann abraten, wenn Sie sehr komplexe Bilder darstellen wollen, die nicht mehr gut aussehen, wenn Sie sie als GIF abspeichern. Bei den Transparenzen müssen Sie darauf achten, dass diese oft »verpixelt« aussehen und daher auch häufig nicht geeignet sind.

Eine ebenfalls sehr kleine Dateigröße bieten JPG-Bilder. Auch wenn wir hier auf die Transparenz verzichten müssen, werden die Bilder in der Regel sehr gut dargestellt.

Als Alternative zu GIF-Bildern wurden PNGs entwickelt. Diese haben sowohl mehrere Transparenzkanäle als auch die beste Bildqualität. Allerdings weisen sie auch die umfangreichste Dateigröße auf. Hinzu kommt, dass die Transparenz des PNG-Formats vom Internet Explorer in der Version 6 nicht unterstützt wird. Wenn Sie also eine Seite erstellen, in der Sie für die Gestaltung auf PNG zurückgreifen, werden Sie sich zwangsweise für den Internet Explorer 6 eine alternative Gestaltung einfallen lassen müssen – oder aber damit leben müssen, dass ein großer Teil Ihrer Besucher nichts von den transparenten Effekten hat, die Sie gern eingebaut hätten. (Eine Möglichkeit, auch Im Internet Explorer transparente PNGs einzubinden, stelle ich Ihnen in Kapitel 8 vor.)

Egal für welches Bildformat Sie sich entscheiden: Sie sollten immer einen Blick darauf haben, dass die Bildgröße nur so groß wie benötigt ist. Es macht wenig Sinn, ein Bild von der Digitalkamera direkt in die Webseite einzufügen, da Ihre Seite in der Regel kleiner ist als das Foto. Wenn Sie ein Foto mit den img-Attributen width und height an Ihre Webseite anpassen, werden Sie feststellen, dass dies trotz der geringen Größe auf der Webseite immer noch eine riesige Datei ist.

Bilder zur Gestaltung und als Inhalt

Wieder müssen wir auf die Trennung von Inhalt und Layout achten, und dies gilt besonders für Bilder. Bilder, die in HTML eingefügt werden, werden lediglich als Inhalt verwendet. Fügen Sie keine Bilder ein, die lediglich für die Gestaltung der Webseite verwendet werden sollen: Wenn Sie also ein schönes Bild zu einem Artikel haben, fügen Sie dieses in HTML ein. Wenn das Bild jedoch dazu dient, Ihr Layout umzusetzen, werden alle Bilder mit CSS eingefügt.

Der Grund hierfür ist die Pflege und Wartung Ihrer Seite: Wenn wir alle Layoutelemente in der CSS-Datei haben, können wir sie auch an zentraler Stelle ändern. Wenn Sie in jeder HTML-Datei Bilder zur Gestaltung verwenden, müssen Sie dementsprechend viele HTML-Dateien bearbeiten.

Bilder mit CSS gestalten

Die Aufgabe, die das Attribut border übernimmt, können wir auch bequem an das Stylesheet übertragen. Wir können so generell festlegen, dass alle Bilder zunächst keinen Rahmen erhalten. Später können wir natürlich bei Bedarf einen Rand einfügen.

```
img {
    border:0px;
}
```

4.8 Tabellen richtig einsetzen

Es gab Zeiten, da hätte ein Buch über Webseitenentwicklung mit Tabellen angefangen, und immer noch gibt es viele Webdesigner und Agenturen, deren Webseiten auf Tabellen aufbauen. Dies liegt daran, dass es sehr lange üblich war, das Layout einer Webseite mithilfe einer Tabelle zu erstellen. Meist wurde allerdings nicht nur eine Tabelle eingesetzt, um drei Bereiche einer Webseite nebeneinander darzustellen, sondern es gab für gewöhnlich noch weitere Tabellen in den Tabellenspalten, um diese erneut zu strukturieren.

4.8.1 Beispiel: Layout mit Tabellen oder Layout mit div

Man könnte mit Tabellen natürlich auch eine komplette Webseite gestalten. Ich verzichte bei diesem Negativbeispiel darauf, Ihnen jedes Attribut und Element vorzustellen, denn es geht hier nur darum, den hier nötigen Umfang des Quellcodes und natürlich auch dessen Mangel an Übersichtlichkeit zu demonstrieren.

```
<table width="100%" cellspacing="0" cellpadding="0" border="0">
    <tr>
        <td align="center" width="500">
            <table cellspacing="0" cellpadding="0" border="0" width="500">
                <tr>
                    <td width="50%" align="left">
                        Text, der links steht
                    </td>
                    <td width="50%" align="right">
                        Text, der rechts steht
                    </td>
                </tr>
            </table>
            <table cellspacing="0" cellpadding="0" border="0" width="500">
                <tr>
                    <td align="center">
                        Eine sehr breite Spalte
                    </td>
                </tr>
            </table>
        </td>
    </tr>
</table>
```

Listing 4.38 Eine Tabelle für das Layout

Dieser recht lange HTML-Code besitzt neben seinem Umfang eine weitere Schwäche: Die Präsentation (Breite der Elemente, Ausrichtung der Inhalte) wird über HTML-Attribute definiert.

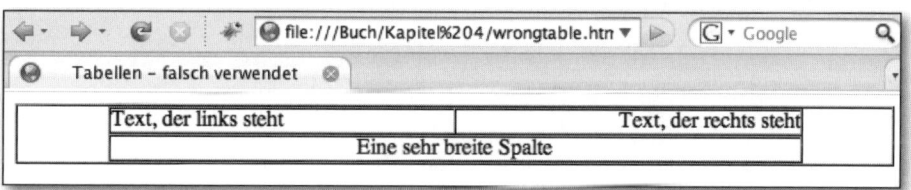

Abbildung 4.21 Das »Tabellen-Layout« im Browser

Mit div-Containern und CSS lässt sich diese Aufteilung vergleichsweise einfach realisieren:

HTML

```
<div id="wrapper">
    <div id="left">
        Text, der links steht
    </div>
    <div id="right">
        Text, der rechts steht
    </div>
    <div id="center">
        Eine sehr breite Spalte
    </div>
</div>
```

CSS

```
#wrapper{
    margin:0px auto;
    width:500px;
}
#left,#right{
    width:50%;
}
#left{
    float:left;
}
#right{
    float:right;
    text-align:right;
}
#center{
    clear:both;
    text-align:center;
}
```

Listing 4.39 CSS sieht doch übersichtlicher aus, oder?

Ich habe bei dieser zweiten, standardkonformen Version auf Rahmen um die Bereiche verzichtet. Sie können diese natürlich auch mit CSS einfügen, indem Sie in der CSS-Datei Folgendes ergänzen:

```
div{
    border:1px solid black;
}
```

4.8.2   Sollen wir nun gar keine Tabellen verwenden?

Wenn wir in unserer Webseite Tabellen verwenden, dann natürlich semantisch korrekt und sinnvoll. Die Gestaltung mit `div`-Containern ist wesentlich flexibler, und während man mit `div`-Containern in Kombination mit CSS jedes Design umsetzen kann, geht dies umgekehrt mit reinen HTML-Tabellen nicht.

Trotzdem gibt es Situationen, in denen man eine Tabelle benötigt. Tabellen werden in der Regel dazu verwendet, Daten ansprechend darzustellen – ob es nun die Tabelle der Fußball-Bundesliga ist oder das Periodensystem. Daher möchte ich Ihnen auch gleich vermitteln, wie Sie eine Tabelle erstellen können.

4.8.3   Eine einfache Tabelle

Gerade beim Quelltext für Tabellen ist es sehr wichtig, auf richtige Einrückungen zu achten. Es wird sonst sehr schnell unübersichtlich, und fehlerhaft platzierte oder vergessene Tags richten bei Tabellen ein ziemliches Chaos auf Ihrer Webseite an.

Lassen Sie uns daher mit einer einfachen Tabelle anfangen:

```
<table>
    <tr>
        <td>Frage</td>
        <td>Antwort</td>
    </tr>
    <tr>
        <td>Größte Stadt in Deutschland?</td>
        <td>Berlin</td>
    </tr>
</table>
```

Listing 4.40   Eine Tabelle

Abbildung 4.22   Das Beispiel im Browser

Eine Tabelle wird mit `<table>` (*table* – Tabelle) definiert. Die einzelnen Zeilen werden mit `<tr>` (*table row* – Tabellenreihe) und die Tabellenzellen mit `<td>` (*table-data* – Tabellendaten) festgelegt. Hier müssen Sie darauf achten, immer die gleiche Anzahl an Zellen zu verwenden, da sonst die Tabelle nicht richtig dargestellt wird.

Falsch

```
<table>
   <tr>
      <td>Tabellenüberschrift</td> <!-- Eine Tabellenzelle -->
   </tr>
   <tr>
      <td>Frage</td>
      <td>Antwort</td> <!-- Zwei Tabellenzellen -->
   </tr>
   ...
</table>
```

Listing 4.41 In der ersten Zeile gibt es eine Zelle, in der zweiten Zeile gibt es zwei Zellen.

Richtig(er)

```
<table>
   <tr>
      <td>Tabellenüberschrift</td>
      <td></td>
   </tr>
   ...
</table>
```

Listing 4.42 Richtig, aber sicherlich nicht das, was wir darstellen wollen.

4.8.4 Zellen verbinden

Immer wieder kommt es vor, dass man nebeneinanderliegende Zellen in einer Tabellenzeile verbinden möchte, und natürlich gibt es auch dazu eine Möglichkeit:

```
<table>
   <tr>
      <td colspan="2">Tabellenüberschrift</td>
   </tr>
   ...
</table>
```

Mit dem Attribut `colspan` kann man eine Zelle auf den Bereich mehrerer Spalten ausdehnen, um beispielsweise die darunterliegenden Inhalte besser zu gruppieren. Natürlich gibt es analog auch eine Möglichkeit, um eine Zelle über mehrere

Zeilen auszudehnen: `<td rowspan="2">...</td>` fasst zwei unmittelbar übereinanderliegende Zellen zweier Zeilen zusammen.

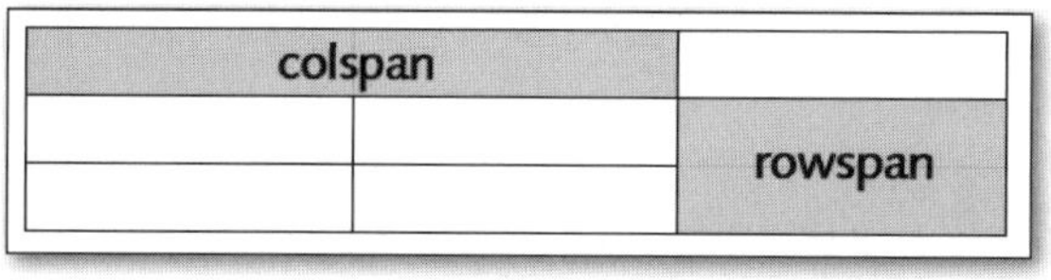

Abbildung 4.23 Die Attribute colspan und rowspan

4.8.5 Attribute für die Tabellengestaltung

Auch wenn wir die Gestaltung komplett mit CSS realisieren werden, möchte ich Ihnen die Attribute, die bei der Tabellengestaltung eine Rolle spielen, nicht vorenthalten. Besonders interessant sind hier die Attribute innerhalb des `table`-Elements.

border

Mit `border` legen wir die Dicke des Rahmens fest, wie wir es auch schon bei den Bildern kennengelernt haben. Da dieser Rahmen, wenn er durch das Attribut festgelegt wird, nicht schön aussieht, sollten wir auch hier auf das Attribut verzichten und den Rahmen über CSS einfügen.

rules

- Mit dem Attribut `rules` können wir festlegen, welche Gitterlinien der Tabelle dargestellt werden sollen. Wir haben dabei fünf Optionen:
- `none` (*none* – keine): keine Gitterlinien

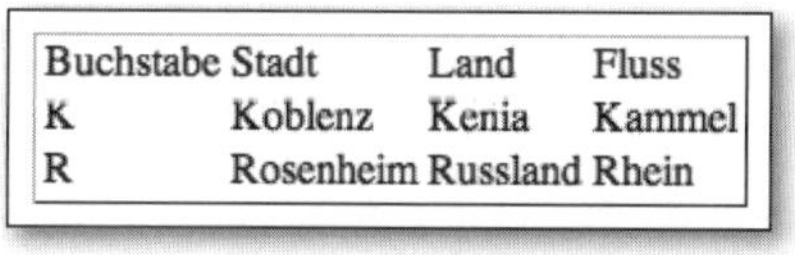

Buchstabe	Stadt	Land	Fluss
K	Koblenz	Kenia	Kammel
R	Rosenheim	Russland	Rhein

Abbildung 4.24 Nur der Rahmen um die Tabelle wird angezeigt.

- `rows` (*rows* – Reihen): Linien zwischen den Tabellenzeilen werden dargestellt, die Linien zwischen den Spalten nicht.

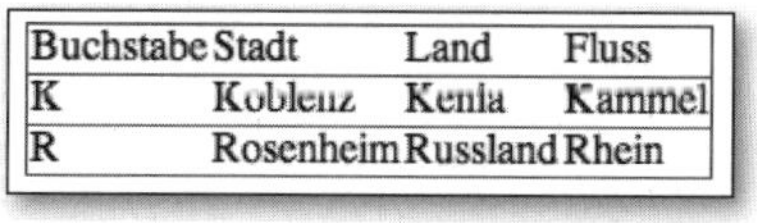

Buchstabe	Stadt	Land	Fluss
K	Koblenz	Kenia	Kammel
R	Rosenheim	Russland	Rhein

Abbildung 4.25 Nur die einzelnen Reihen werden umrahmt.

- `cols` (*columns* – Spalten): Nur die Linien zwischen den Spalten werden dargestellt.

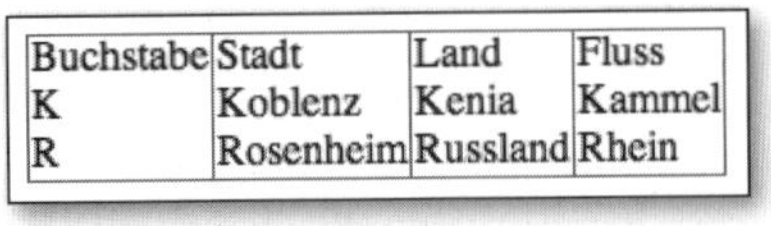

Buchstabe	Stadt	Land	Fluss
K	Koblenz	Kenia	Kammel
R	Rosenheim	Russland	Rhein

Abbildung 4.26 Rahmen um die einzelnen Spalten

- `groups` (*groups* – Gruppen): Es werden nur Linien zwischen dem Tabellenkopf-, Tabellenfuß- und Tabellenkörperbereich angezeigt.

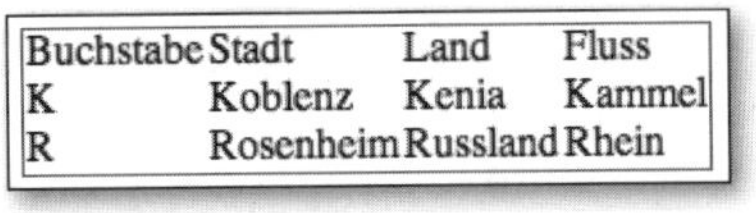

Buchstabe	Stadt	Land	Fluss
K	Koblenz	Kenia	Kammel
R	Rosenheim	Russland	Rhein

Abbildung 4.27 Da wir die Elemente thead, tfoot und tbody noch nicht verwenden, gleicht dieser Screenshot dem von rules="none".

- `all` (*all* – alle), die Grundeinstellung: Alle Linien werden angezeigt.

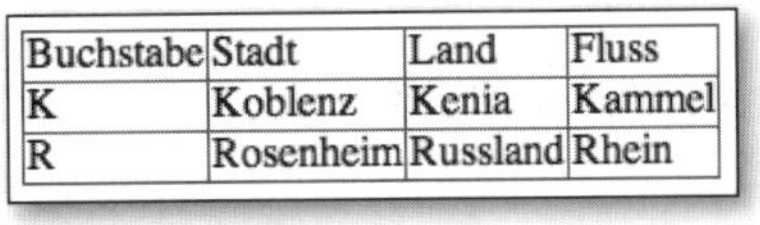

Buchstabe	Stadt	Land	Fluss
K	Koblenz	Kenia	Kammel
R	Rosenheim	Russland	Rhein

Abbildung 4.28 Alle Zellen haben einen Rahmen.

cellspacing

Mit `cellspacing` legen Sie fest, wie groß der Abstand zwischen den einzelnen Tabellenzellen sein soll. Dies können Sie mit CSS auch über `margin` festlegen.

cellpadding

Mit `cellpadding` bestimmen Sie den Abstand, den der Inhalt einer Zelle zum Rand haben soll. In CSS legen Sie dies mit `padding` fest.

Innerhalb der einzelnen Zellen (`<td>`) sind noch zwei Attribute häufig im Gebrauch, mit denen wir den Inhalt ausrichten können: `align` (horizonatele Ausrichtung) und `valign` (vertikale Ausrichtung).

Mit `align` legen Sie fest, wie der Inhalt in der Zelle horizontal ausgerichtet werden soll. So erscheint der Inhalt mit `align="left"` linksbündig. Im Stylesheet können Sie dies mit `text-align` festlegen. Die vertikale Ausrichtung können Sie mit `valign` festlegen. Hier gibt es die CSS-Anweisung `vertikal-align` als Alternative.

4.8.6 Weitere Möglichkeiten bei der Tabellengestaltung

Häufig kommt es vor, dass eine Tabelle einen Kopf- und einen Fußbereich hat. Diese können wir auch mit HTML gestalten. Der Sinn ist hier neben der semantisch korrekten Darstellung auch die Möglichkeit, die Tabelle später auf mehreren Seiten darzustellen. Ein großer Vorteil bei der Gestaltung ist ebenfalls, dass wir den Kopf- und den Fußbereich einfach mit CSS gestalten und hervorheben können, ohne hier weitere IDs oder Klassen zu verwenden.

Beispiel

Stellen wir uns vor, wir wollten eine Webseite für ein Kino anlegen, um dessen Programm online zu stellen. Dieses Programm müsste dann für jeden Tag die Zeit und den Ort der Filmvorführung enthalten. Nun muss dem Besucher bei einem Blick auf die Tabelle klar werden, wo er welche Informationen findet. Hierfür werden wir Spalten für den Saal, den Filmtitel und die einzelnen Wochentage anlegen. In den einzelnen Zeilen findet der Besucher dann die jeweiligen Filme. Da jede Zeile und jede Spalte in diesem Beispiel eine eigene Beschriftung bzw. Überschrift benötigt, werden wir häufig (und sowohl oben als auch links in der Tabelle) Gebrauch von <th> (*table header cell* – Tabellenkopfzelle) machen.

Fangen wir mit dem Kopfbereich der Tabelle an. Hier werden wir das <thead>-Tag (*table-head* – Tabellenkopf) verwenden, um den Kopfbereich der Tabelle festzulegen, und anstelle der normalen Tabellenzelle (<td>) werden wir mit <th> eine Tabellenüberschrift einfügen. Natürlich kann man bei dem <th>-Tag auch die Attribute verwenden, die es für die normale Tabellenzelle gibt. Mit rules="cols" stellen wir sicher, dass nur die Linien zwischen den Spalten dargestellt werden.

```
<table rules="cols">
   <thead>
      <tr>
         <th>Titel</th>
         <th>Saal</th>
         <!-- Donnerstags beginnt das neue Programm,
         also fangen wir auch mit diesem Tag an. -->
         <th>Do</th>
         <th>Fr</th>
         <th>Sa</th>
         <th>So</th>
         <th>Mo</th>
         <th>Di</th>
         <th>Mi</th>
      </tr>
   </thead>
</table>
```

Listing 4.43   Der Kopfbereich der Tabelle für das Kinoprogramm

Abbildung 4.29   Der erste Teil unseres Kinoprogramms

Bevor wir uns um das Einfügen des Programms kümmern, müssen wir zunächst die Fußzeile der Tabelle (tfoot) in HTML einfügen. Diese folgt immer auf den Kopfbereich, wird aber dennoch am unteren Ende der Tabelle dargestellt. Schon allein aus Gründen der Übersichtlichkeit macht diese Regelung Sinn: Kopfbereich und Fußbereich sind normalerweise im Vergleich zum Inhalt relativ kurz und lassen sich so bequem am Beginn der Tabelle pflegen.

In unserem Fußbereich werden wir nur eine allgemeine Information unterbringen und hierfür mehrere Tabellenzellen zusammenfassen:

```
<table rules="cols">
   <thead>
      ...
   </thead>
   <tfoot>
      <tr>
         <td colspan="2">Weitere Informationen</td>
```

```
    <td colspan="7">Der Vorverkauf der Karten beginnt jeweils
eine Stunde vor Filmbeginn.</td>
    </tr>
  </tfoot>
</table>
```

Listing 4.44 Der Fußbereich ergänzt die Tabelle.

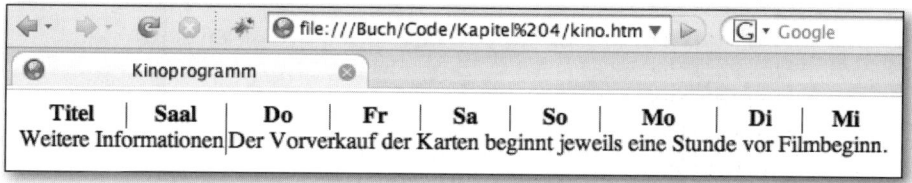

Abbildung 4.30 Kinoprogramm mit Fußzeile

Nun müssen wir nur noch das Programm einfügen. Der Tabellenkörper `<tbody>` dient uns hier als umschließendes Element. Achten Sie hier besonders auf die richtige Verwendung von `rowspan`: Ein Film kann schließlich in mehreren Sälen gespielt werden.

```
<table rules="cols">
  <thead>
    ...
  </thead>
  <tfoot>
    ...
  </tfoot>
  <tbody>
    <tr>
      <th rowspan="2">Filmname</th>
      <td>Saal 1</td>
      <td colspan="2">15:00 <br /> 18:00 <br /> 20:30</td>>
      <td rowspan="2">14:00 <br /> 16:00 <br />18:00 <br />
      20:00</td>
      <td colspan="3">15:00 <br /> 18:00 <br /> 20:30</td>
      <td rowspan="2">14:00 <br /> 16:00 <br />18:00 <br />
      20:00</td>
    </tr>
    <tr>
      <td>Saal 2</td>
      <td colspan="2">15:00 <br /> 18:00 <br /> 20:30</td>
      <td>15:00 <br /> 18:00 <br /> 20:30</td>
      <td colspan="2">15:00 <br /> 18:00 <br /> 20:30</td>
```

```
    </tr>
  </tbody>
</table>
```

Listing 4.45 Das Kinoprogramm in einer table

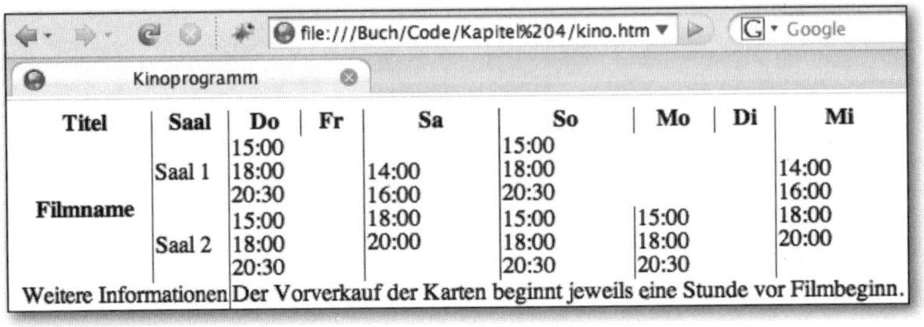

Abbildung 4.31 Unser noch unformatiertes Kinoprogramm

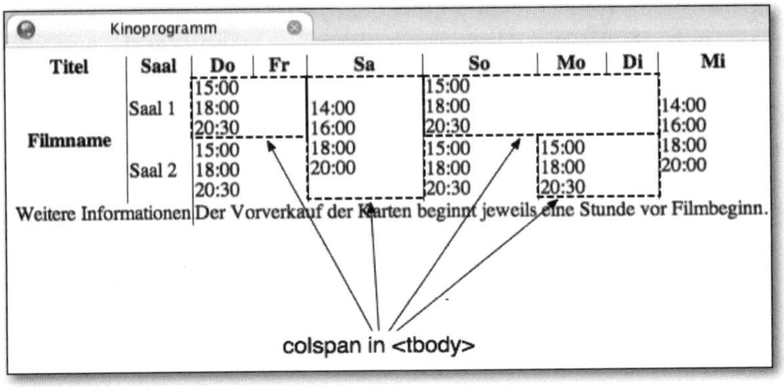

Abbildung 4.32 Mehrere Tabellenzellen verbinden zwei oder mehr Spalten.

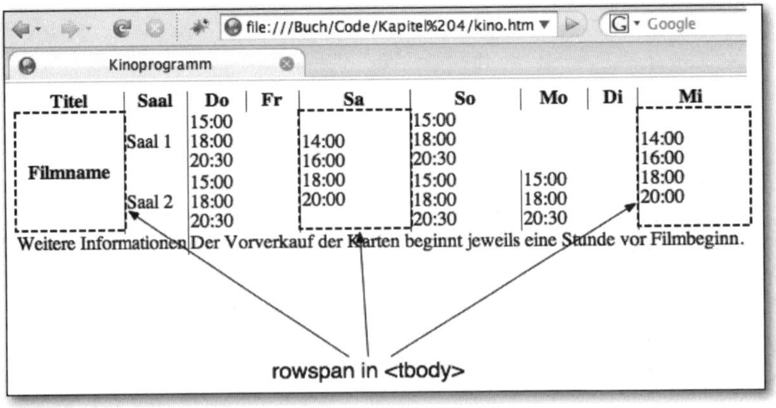

Abbildung 4.33 Mehrere Reihen werden mit rowspan zusammengefasst.

Beachten Sie in der Tabelle auch die Verwendung von `<th>` für den Filmtitel, da es sich hier auch um eine Tabellenüberschrift handelt.

Wichtig ist neben der richtigen Reihenfolge von Tabellenkopf, -fuß und -körper auch, dass Tabellenkopf und -fuß nur jeweils einmal vorkommen dürfen. Ebenso ist die Verwendung dieser drei Elemente keine Pflicht, obwohl ich Ihnen grundsätzlich zur Verwendung rate, um auch die Gestaltung zu vereinfachen.

Den vollständigen Quelltext der Tabelle finden Sie auf der CD unter Code/Kapitel 4/ **[O]**
Kinoprogramm/Kino.htm.

4.8.7 Tabellenbeschriftung

Sie kennen ja schon die Möglichkeit, Überschriften in HTML einzubauen, und sicherlich werden Sie auch häufig einer Tabelle eine Überschrift zuordnen wollen. HTML bietet uns auch hier ein passendes Element: Mit `<caption>` *(caption – Beschriftung)* fügen wir direkt unter dem `table`-Tag die Überschrift ein.

```
<table>
    <caption>Das aktuelle Kinoprogramm</caption>
    ...
</table>
```

Listing 4.46 Mit <caption> wird die Tabelle mit einer Überschrift versehen.

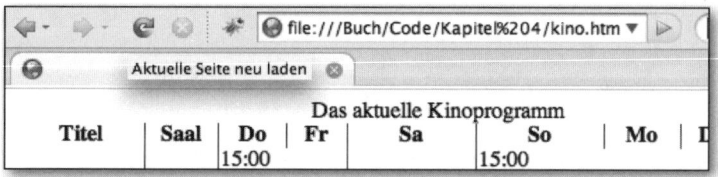

Abbildung 4.34 Die Tabellenüberschift rundet unser Kinoprogramm ab.

4.8.8 Gestaltung der Tabelle mit CSS

Um die Tabelle etwas präsentabler zu machen, werden wir sie noch ein wenig mit CSS verschönern. Ich beschränke mich hier auf einige schon bekannte und einfache CSS-Eigenschaften. Sie werden im folgenden Kapitel noch viele Möglichkeiten kennenlernen, die Tabelle weiter zu gestalten.

Zunächst legen wir mit `border-color:black` die Rahmenfarbe fest und setzen diese auf Schwarz. Die Tabellenüberschrift (`caption`) richten wir links aus (`text-align:left`). Wir geben ihr einen Abstand von 3 Pixel (px) nach oben und unten, stellen die Schrift in fetten Buchstaben dar und fügen unter der Überschrift noch eine Rahmenlinie mit `border-bottom` ein.

```
table{
    border-color:black;
}

caption{
    text-align:left;
    margin:3px 0px;
    font-weight:bold;
    border-bottom:1px solid black;
}
```

Listing 4.47 Schwarzer Rand und Abstand für die Überschrift

Die Tabellenüberschrift (thead) wird einen schwarzen Hintergrund (background:black) und weiße Schrift (color:white) bekommen. Damit der Inhalt nicht am Rand steht, wird der Innenabstand (padding) jeder Zelle in thead (da es Überschriften sind, also jede th in thead) nach oben und unten auf 2 Pixel (px) und nach links und rechts auf 5 Pixel (px) gesetzt.

```
thead{
    background:black;
    color:white
}

thead th{
    padding:2px 5px;
}
```

Listing 4.48 thread formatieren

Im Fußbereich der Tabelle (tfoot) verfahren wir ähnlich. Wir werden aber die Schriftgröße etwas reduzieren und auf 11 Pixel (px) setzen.

```
tfoot th,
tfoot td{
    font-size:11px;
    padding:2px 5px;
    background:black;
    color:white;
}
```

Listing 4.49 tfoot formatieren

Im Tabellenkörper (tbody) wird der Innenabstand in jeder Zelle (th und td) genauso definiert wie schon in den anderen Beispielen. Der Inhalt wird mit vertical-align:top nach oben ausgerichtet.

```
tbody th{
    padding:2px 5px;
    vertical-align:top;
}

tbody td{
    vertical-align:top;
    padding:2px 5px;
}
```

Listing 4.50 tbody formatiern

Code/Kapitel 4/Kinoprogramm/kinocss.htm und *Code/Kapitel 4/Kinoprogramm/css/* **[◉]**
kinocss.htm

Titel	Saal	Do	Fr	Sa	So	Mo	Di	Mi
Filmname	Saal 1	15:00 18:00 20:30	14:00 16:00 18:00 20:00	15:00 18:00 20:30				14:00 16:00 18:00 20:00
	Saal 2	15:00 18:00 20:30			15:00 18:00 20:30	15:00 18:00 20:30		
Weitere Informationen	Der Vorverkauf der Karten beginnt jeweils eine Stunde vor Filmbeginn.							

Abbildung 4.35 Unser fertiges »Kinoprogramm«

4.9   Interaktion und Kommunikation mit Formularen

Was bringt eine Webseite, wenn dem Besucher keine Möglichkeit geboten wird, mit dem Betreiber der Seite zu kommunizieren? Schon um die eigene E-Mail-Adresse nicht öffentlich zugänglich zu machen (allein wegen des daraus sicher resultierenden Spams) macht es Sinn, in der Website ein Kontaktformular anzubieten.

Formulare verarbeiten

Damit ein Besucher Ihnen über Ihre Seite eine Nachricht schicken kann und um diese dann auf dem Server auszuwerten, benötigen Sie PHP oder eine vergleichbare serverseitige Programmiersprache.

Es ist zwar denkbar, auch ohne PHP ein Formular anzubieten, aber dies macht Ihre E-Mail-Adresse für andere zugänglich, und es kann – abhängig von Ihrem E-Mail-Programm und dem Browser des Besuchers – zu schwer entzifferbaren E-Mails bei Ihnen kommen.

Daher erkläre ich Ihnen in diesem Buch nur den Aufbau eines HTML-Formulars und nicht, wie Sie Programme schreiben, um ein Formular mit PHP auswerten können. Dies würde den Umfang dieses Buches sprengen.

4.9.1 Formulare anlegen

Wie bei Tabellen und Listen auch gibt es bei Formularen ein Tag, das den Bereich festlegt, in dem sich das Formular befindet: `<form>`.

Bei diesem HTML-Element spielen die Attribute eine besonders große Rolle, da wir innerhalb des `<form>`-Tags festlegen, was mit den Daten passiert, die ins Formular eingegeben werden.

`action` (Aktion) legt fest, wohin die Formulardaten gesendet werden. Wenn Sie beispielsweise mit PHP arbeiten und ein PHP-Skript *kontakt.php* haben, das die Daten verarbeitet, geben Sie dort `action="kontakt.php"` an.

Mit `method` haben wir ebenfalls ein Attribut, das eine besondere Rolle bei der Verarbeitung des Formulars spielt: Sie können mit `method` festlegen, wie die Formulardaten übertragen werden. Dabei gibt es zwei Varianten:

▶ `method="get"`
   Die Daten werden in diesem Fall an die unter `action` festgelegte URL als Parameter angehängt. So könnte ein entsprechend abgesendetes Formular ungefähr so aussehen:

   `http://www.seite.de/kontakt.php?vorname=Max&nachname=mustermann`
▶ `method="post"`
   In diesem Fall werden die Daten nicht sichtbar übertragen. Dies hat den Vorteil, dass ein Nutzer nicht durch ein paar einfache Änderungen in der URL Schaden anrichten kann.

   ```
   <form action="kontakt.php" method="post">
      ...
   </form>
   ```

Listing 4.51 Ein Beispiel mit dem form-Element

4.9.2 input

Die Eingabefelder, mit denen Sie auf Webseiten am häufigsten arbeiten, sind die einzeiligen Eingabefelder. Das Besondere ist, dass das HTML-Element, mit dem Sie diese Felder erzeugen, auch für mehrere andere Zwecke wie zum Beispiel Buttons verwendet werden kann.

Mit dem vielseitigen Element `<input />` (*input* – Eingabe) können Sie sowohl einfache Eingabefelder als auch versteckte Eingabefelder, Checkboxen, Radiobuttons oder Send- und Reset-Buttons erzeugen. Um dies jeweils festzulegen, stehen Ihnen mehrere Attribute zur Verfügung, die Sie auf den folgenden Seiten kennenlernen werden. Eingabefelder sind Inline-Elemente. Sie erzeugen also keinen Zeilenumbruch.

Lassen Sie uns nun zunächst das »normale« Eingabefeld genauer betrachten und die Attribute, die wir für dieses Feld verwenden können:

```
<form action="kontakt.php" method="post">
    <input type="text" name="vorname" size="20" maxlength="60" />
</form>
```

Listing 4.52 Ein Formular mit einem Eingabefeld für den Vornamen

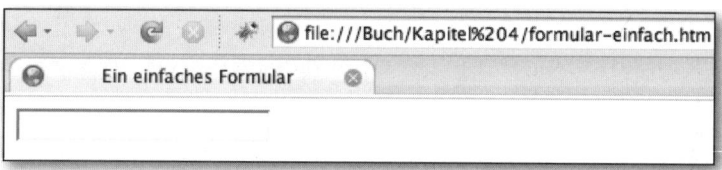

Abbildung 4.36 Ein Eingabefeld mit input

Als Erstes betrachten wir das `type`-Attribut (*type* – Typ). Mit diesem legen wir fest, dass es sich um ein normales Eingabefeld für Text handelt. Dies geschieht durch `type="text"`, was zugleich die Standardeinstellung bei `input`-Elementen ist. Das `name`-Attribut (*name* – Name) gibt dem Eingabefeld eine interne Bezeichnung, die beim Datenversand und später zur Auswertung durch PHP verwendet werden kann oder über die wir das Element mit JavaScript manipulieren können. Mit `size` (*size* – Größe) legen wir die Größe des Elements in Zeichen fest. In unserem Fall sieht man also 20 Zeichen (`size="20"`) im Eingabefeld. `maxlength` legt fest, wie viele Zeichen maximal in das Eingabefeld eingegeben werden können. Dieses Attribut ist besonders hilfreich, wenn nur eine bestimmte Anzahl von Zeichen angegeben werden soll.

Radiobuttons und Checkboxen

Oft möchten Sie in Formularen, dass der Besucher sich zwischen mehreren vorgegebenen Alternativen entscheidet. So wird in Anmeldeformularen häufig nach dem Geschlecht gefragt, wo es zwei einander ausschließende Alternativen gibt, oder nach Hobbys, bei denen der Benutzer eine große Anzahl an gleichzeitig möglichen Alternativen hat. Im ersten Fall können Sie Radiobuttons und im zweiten Checkboxen verwenden. Sie definieren beide mit dem bereits bekannten `input`-Element. Angepasst werden muss jeweils nur das `type`-Attribut. Verzichten können Sie auf `size` und `maxlength`.

```
<form action="kontakt.php" method="post">
    <p>
        Wählen Sie Ihr Geschlecht aus:
    </p>
    <p>
        <input type="radio" name="geschlecht" value="m" />männlich
    </p>
    <p>
        <input type="radio" name="geschlecht" value="w" />weiblich
    </p>
</form>
```

Listing 4.53 Zwei Radiobuttons

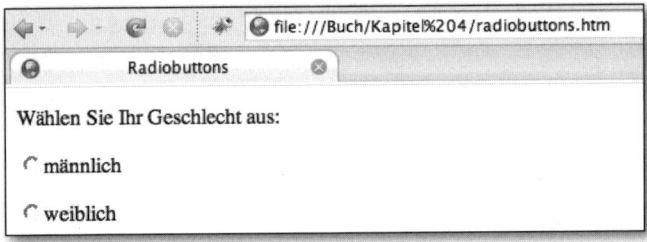

Abbildung 4.37   Das Beispiel im Browser

Dem `type`-Attribut wird in diesem Fall der Wert `"radio"` zugewiesen, und das `name`-Attribut legt fest, welche interne Bezeichnung dem Eingabefeld zugewiesen wird. Neu ist das Attribut `value`, mit dem wir festlegen können, welcher Wert zusammen mit der `name`-Bezeichnung übertragen wird, sobald das Formular abgeschickt wird. In unserem Fall wird mit den Radiobuttons also der internen Bezeichnung `geschlecht` entweder der Wert `m` (für männlich) oder `w` (für weiblich) zugewiesen.

Damit die Radiobuttons untereinander stehen, ist jeder in einem eigenen Absatz (p) angeordnet.

> **value**
>
> Sie können `value` auch verwenden, um in normalen Eingabefeldern einen Text einzutragen. So könnten Sie dem Besucher bei einer Datumsangabe mit dem Vorgabewert »tt.mm.jj« verdeutlichen, in welcher Form er das Datum angeben soll.
>
> ```
> <form action="kontakt.php" method="post">
>    <input type="text" name="geburtstag" size="8" maxlength="8"
>    value="tt.mm.jj" />
> </form>
> ```

Soll ein Radiobutton nach dem Laden der Seite vorselektiert sein, können Sie dies erreichen, indem Sie zusätzlich `checked="checked"` einfügen.

Wählen Sie Ihr Geschlecht aus:

⊙ männlich

Abbildung 4.38 Ein vorselektierter Radiobutton

Checkboxen ähneln stark den Radiobuttons. Der Unterschied liegt aber darin, dass man mehrere Checkboxen auswählen kann, während bei Radiobuttons immer nur ein Element ausgewählt werden kann. Bei Checkboxen, die zusammengehören, müssen Sie darauf achten, dass das `name`-Attribut identisch ist, damit das Formular später korrekt ausgewertet werden kann.

```
<form action="kontakt.php" method="post">
   <p>
      Welche Hobbys haben Sie?
   </p>
   <p>
      <input type="checkbox" name="hobby" value="html" />HTML
   </p>
   <p>
      <input type="checkbox" name="hobby" value="css" />CSS
   </p>
</form>
```

Listing 4.54 Zwei Checkboxen

Um eine Checkbox anzuzeigen, müssen Sie `type="checkbox"` verwenden. Ansonsten werden die Attribute identisch verwendet. Auch hier ergänzen wir hinter dem Element noch ein Wort oder einen kurzen Text, der die jeweilige Checkbox erläutert. Vergessen Sie nicht, dass dem Benutzer sonst nicht klar ist, was er dort ankreuzen kann.

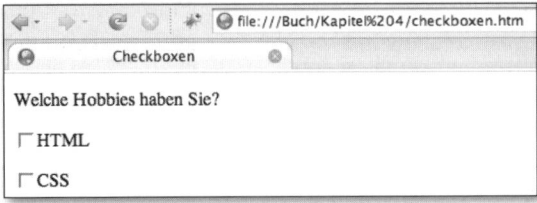

Abbildung 4.39 Zwei Checkboxen

Datei-Upload

Mit `type="file"` erstellen Sie ein Feld für den Datei-Upload. Sie können mit `size` die Größe des Eingabefelds bestimmen und, wie gewohnt, mit `maxlength` die maximale Anzahl der Zeichen für das Eingabefeld. Ein hier neu vorgestelltes Attribut ist `accept` (akzeptieren), mit dem Sie die Dateitypen festlegen können, die Sie akzeptieren wollen. Mit `text/*` beschränken Sie beispielsweise den Upload auf alle Arten von Textdateien. So verhindern Sie, dass ungewünscht Bilder oder gar Videos verschickt werden. Mehrere Angaben trennen Sie einfach mit einem Komma.

```
<form action="kontakt.php" method="post">
   <input type="file" name="upload" size="20" accept="text" />
</form>
```

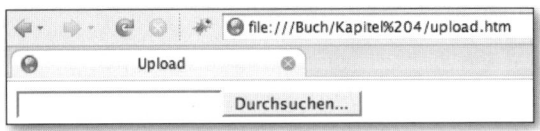

Abbildung 4.40 Hier könnte der Besucher eine Datei hochladen.

> **Bitte beachten Sie**
>
> Um Dateien über ein Formular zu senden, müssen Sie `method="post"` verwenden. Wichtig: Im einleitenden `form`-Tag müssen Sie das Attribut `enctype="multipart/form-data"` setzen, damit die Datei richtig an den Server übertragen wird, sonst funktioniert es nicht.

4.9.3 Auswahllisten

Auswahllisten können als Ersatz sowohl für Checkboxen als auch für Radiobuttons verwendet werden. Der Vorteil ist, dass sie sehr wenig Platz einnehmen. Aber gerade wenn mehrere Optionen ausgewählt werden können, sind sie unübersichtlich.

```
<form action="kontakt.php" method="post">
  <p>
    Welches Thema ist Ihnen schon bekannt?
  </p>
  <p>
    <select name="kenntnisse">
      <option value="html">HTML</option>
      <option value="css">CSS</option>
      <option value="jquery">jQuery</option>
    </select>
  </p>
</form>
```

Listing 4.55   Eine Auswahlliste

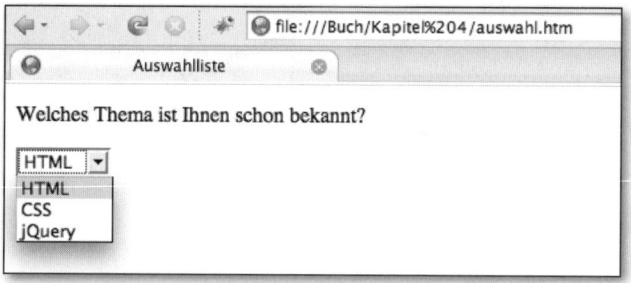

Abbildung 4.41   Eine platzsparende Möglichkeit, den Besucher zwischen den unterschiedlichen Optionen wählen zu lassen: Auswahllisten

Im `select`-Element wird die interne Bezeichnung für die einzelnen Optionen ebenfalls mit `name` festgelegt. In unserem Beispiel werden also die Kenntnisse mit `name="kenntnisse"` erfasst. Mit `size` legen wir im `select`-Element fest, wie viele Einträge gleichzeitig angezeigt werden sollen. Die einzelnen Auswahlmöglichkeiten werden mit `option` definiert. Innerhalb des `option`-Elements wird mit `value` der jeweilige Wert festgelegt.

Wenn Sie möchten, dass ein Besucher mehrere Felder auswählen kann, ergänzen Sie einfach das Attribut `multiple` mit `multiple="multiple"`. Allerdings sollten Sie in diesem Fall gesondert darauf hinweisen, dass eine Mehrfachauswahl möglich ist.

```
<form action="kontakt.php" method="post">
    <p>
        Welche Themen sind Ihnen schon bekannt?
    </p>
    <p>
        <select name="kenntnisse" multiple="multiple">
            <option value="html">HTML</option>
            <option value="css">CSS</option>
            <option value="jquery">jQuery</option>
        </select>
    </p>
</form>
```

Listing 4.56 Eine Auswahlliste mit multiple

4.9.4 Elemente mit <label> gruppieren

Bisher haben wir nur einzelne Möglichkeiten betrachtet, Formularfelder zu erzeugen, aber noch nicht darüber nachgedacht, wie wir diese beschriften können. Wie Sie sich sicherlich denken können, gibt es auch hier ein eigenes HTML-Element: <label> (*label* – Beschriftung).

```
<form ...>
    <p>
        <label for="vorname">Vorname</label>
        <input ... id="vorname" />
    </p>
    ...
</form>
```

Listing 4.57 Eine Beschriftung mit label

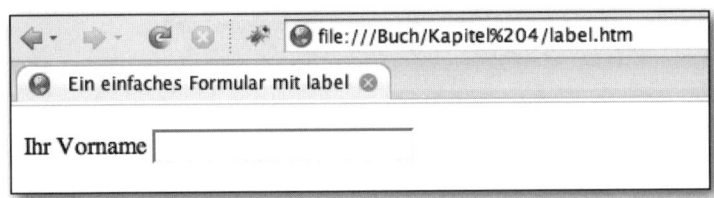

Abbildung 4.42 Mit label können wir jedem Eingabeelement eine Beschriftung zuweisen.

Um label-Element und Eingabefeld zu verknüpfen, muss innerhalb des label-Elements dem for-Attribut die ID des Eingabefelds zugewiesen werden. Dies ist lediglich eine semantische Verknüpfung und hat mit der optischen Darstellung nichts zu tun. Um etwas mehr Struktur in das Formular zu bringen, empfiehlt es sich, die einzelnen Zeilen in einen Absatz zu stellen.

4.9.5 Eingabebereiche

Die Formulare, die Sie bisher kennengelernt haben, sind alle einzeilig. Da es aber sicherlich vorkommt, dass Sie längere Texte über ein Formular versenden möchten und dies auch übersichtlicher gestalten möchten, als es mit einem einfachen input-Element möglich ist, möchte ich Ihnen für Eingabebereiche das textarea-Element vorstellen.

```
<form ...>
    <textarea name="nachricht" cols="60" rows="8"></textarea>
</form>
```

Listing 4.58 Ein Eingabebereich

Zuerst fällt auf, dass das textarea-Element ein schließendes Tag benötigt. Dies liegt daran, dass es für textarea **kein** value-Attribut gibt und wir, wenn wir Text im Eingabebereich darstellen möchten, diesen Text zwischen die beiden Tags schreiben müssen.

Neben dem bekannten name-Attribut gibt es zwei Attribute für das Erscheinungsbild des Eingabebereichs: rows (Zeilen), um die Anzahl der angezeigten Zeilen zu bestimmen, und cols (*columns* – Spalten), um die Anzahl Zeichen festzulegen, die in einer Reihe angezeigt werden.

```
<form ...>
    <textarea name="nachricht" cols="60" rows="8">Schreiben Sie
    mir doch ein paar Zeilen.
    Oder mehr!</textarea>
</form>
```

Listing 4.59 Beispiel für ein textarea-Element mit Inhalt

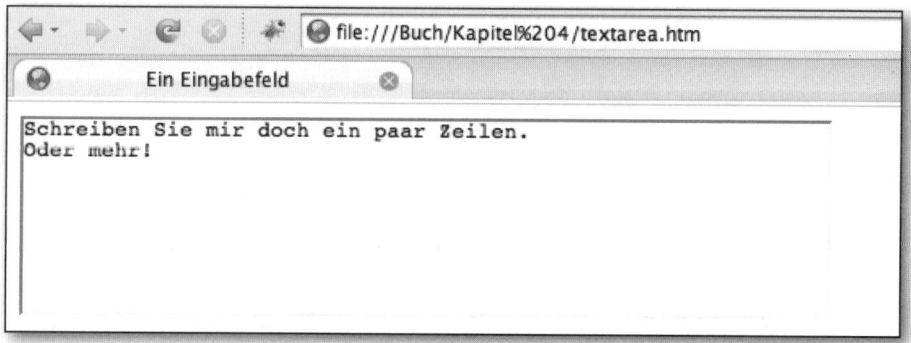

Abbildung 4.43 Ein Eingabefeld, das bereits Text enthält

In Kapitel 2 habe ich Ihnen erklärt, dass in HTML mehrere Leerzeichen und Zeilenumbrüche in einen einzelnen Zeilenumbruch umgewandelt werden. Beim `textarea`-Element sieht dies etwas anders aus: Zeilenumbrüche und Leerzeichen werden im Element übernommen.

4.9.6 Buttons

Natürlich benötigen Sie in Ihrem Formular auch eine Möglichkeit, die Daten abzusenden. Dafür können Sie entweder Buttons verwenden oder eigene Grafiken. Wir verwenden für die Buttons das bereits bekannte `input`-Element. Wenn wir den Button zum Absenden des Formulars benutzen möchten, können wir dies mit `type="submit"` tun. Wenn wir einen Button benötigen, um die Inhalte aus dem Formular zu löschen, ist dies mit `type="reset"` möglich.

Beispiel

```
<form ...>
    <input type="reset" value="Formular löschen" />
    <input type="submit" value="Formular senden" />
</form>
```

Als Alternative zum normalen Send-Button können Sie auch eine Grafik einfügen, indem Sie dem `input`-Element mit dem `type`-Attribut den Wert `image` (`type="image"`) zuweisen und mit dem `src`-Attribut den Pfad zur Grafik (`src="grafik.png"`) angeben. Beachten Sie hier wie bei allen Bildern, dass Sie einen Alternativtext mit dem `alt`-Attribut einfügen (`alt="Alternativtext"`).

```
<input type="image" src="absenden.png" alt="Formular absenden" />
```

Listing 4.60 Die Alternative zu submit: ein grafischer Absende-Button

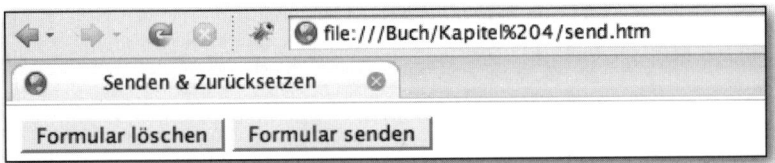

Abbildung 4.44 Formular senden

Das `button`-Element ist die dritte Möglichkeit, einen Button einzufügen. Dieses hat im Gegensatz zu `input` ein schließendes Tag. Wie auch schon bei den anderen Elementen, die Sie in Formularen verwenden können, haben Sie hier die Möglichkeit, `name`, `value` und andere Attribute einzubauen.

```
<button>Ein Button ohne weitere Funktion</button>
```

Werte mit Buttons übertragen

Sie können Buttons aber auch für mehr als das Absenden oder Zurücksetzen Ihres Formulars verwenden. Wenn Sie einem `input`-Element den Typ `button` oder `image` zugewiesen haben, können Sie ihm mit dem `name`- und dem `value`-Attribut auch Werte zuweisen.

```
<input type="button" name="bestellnummer" value="1111" />
```

Listing 4.61 Button, der bei Klick eine Bestellnummer übermittelt

4.9.7   Weitere Möglichkeiten

Für alle Eingabemöglichkeiten in Formularen gibt es noch zwei Möglichkeiten: Sie können erstens ein Feld mit `disabled="disabled"` ausgrauen. Oder wenn Sie nicht möchten, dass ein Benutzer etwas an einem Formular ändert, können Sie dies mit `readonly="readonly"` verhindern.

Mögliche Attribute für <input />

`name` (Name): Weist dem Eingabefeld eine interne Bezeichnung zu, die sowohl zur Auswertung (beispielsweise mit PHP) als auch zur Manipulation mit JavaScript benötigt wird.

`size` (Größe): Legt die Anzeigelänge in Zeichen fest. Wenn wir `size="20"` definieren, werden maximal 20 Zeichen im Eingabefeld angezeigt. Es können aber mehr Zeichen eingegeben werden. Das Eingabefeld ist, wenn wir es nicht mit CSS bearbeiten, so breit wie 20 Zeichen.

`maxlength` (*maximal length* – maximale Länge): Legt fest, wie viele Zeichen maximal eingegeben werden können.

`type` (Typ): Legt fest, um was für ein Eingabefeld es sich handelt. Hier können wir auch zwischen mehreren Varianten wählen. Das normale Eingabefeld wird mit `type="text"` definiert. Andere Varianten (die wir auf den folgenden Seiten genauer betrachten werden) sind: `password`, `checkbox`, `radio`, `submit`, `reset`, `hidden`, `image`, `file` und `button`.

`value` (Wert): Ermöglicht es, einen Wert in das Eingabefeld zu schreiben. So würde mit `value="Max Mustermann"` in dem Eingabefeld »Max Mustermann« stehen.

`checked` (ausgewählt): Wenn Sie einen Radiobutton oder eine Checkbox verwenden, können Sie mit `checked` festlegen, dass dieser bzw. diese bereits ausgewählt ist.

`src` (*source* – Quelle): Wenn `type="image"` ist, können Sie hier den Pfad zum Bild festlegen, das an der Stelle des Buttons angezeigt werden soll.

`alt` (*alternative* – Alternative): Legt wie bei Bildern den Alternativtext fest, falls das Bild nicht angezeigt werden sollte.

`accept` (akzeptieren): Legt bei `type="file"` fest, welche Dateitypen ausgewählt werden können. Die Dateitypen werden mit Komma getrennt angegeben.

4.10 Unsere HTML-Datei – die wichtigsten Elemente in einer Datei

Sie haben nun die wichtigsten und am häufigsten vorkommenden HTML-Elemente kennengelernt. Viele weitere interessante Elemente werde ich Ihnen in der Referenz vorstellen. Da das Prinzip immer das gleiche ist, sollte es kein Problem für Sie sein, mit den dortigen Angaben zu arbeiten. Natürlich finden Sie auch in der Referenz einige Beispiele.

Bevor wir uns aber nun dem Layout zuwenden, brauchen wir eine Grundlage, mit der wir arbeiten können. Dafür ergänzen wir unsere HTML-Datei, die wir zu Beginn dieses Kapitels angelegt haben, um die gängigsten HTML-Elemente. Dies hat den Vorteil, dass wir das Stylesheet mit einer Datei komplett testen können und nicht immer zwischen verschiedenen Seiten wechseln müssen. Betrachten Sie diese Datei am besten als eine Art Grundvorlage für unsere Webseite.

Darstellungsfehler nach einzelnen Schritten

Wenn Sie die Seite Schritt für Schritt erstellen, werden Sie – gerade in diesem Kapitel – immer wieder feststellen, dass es hier und da zu Darstellungsfehlern kommt. So wird beispielsweise das Banner links neben der Navigation hängen.

Lassen Sie sich hiervon nicht verunsichern, sondern folgen Sie weiter den Anweisungen im Buch. Wir entwickeln die Seite von oben nach unten und vermeiden Sprünge zu anderen Stellen.

4.10.1 Der Rahmen

Den Rahmen haben wir bereits oben im Abschnitt über div-Container erstellt. Um später nicht die Übersicht darüber zu verlieren, welcher Container wo endet, empfehle ich Ihnen, jeweils an das Ende des `div`-Containers einen entsprechenden Kommentar zu setzen (im folgenden Beispiel fett markiert). Je umfangreicher die Seite wird, umso mehr erleichtert dies unsere Arbeit.

Um die Seite später zu formatieren, müssen wir natürlich auch unsere CSS-Datei einbinden. Wir nennen diese *style.css* und legen sie im Ordner *css* ab. Sie werden, ähnlich wie bei unserer HTML-Vorlage auch, bei der CSS-Datei sehen, dass ich schon bekannte Formatierungen übernommen habe. Gerade im Abschnitt über `div`-Container finden Sie einige Formatierungen, die jetzt als Grundlage dienen werden.

HTML

```
<!DOCTYPE html PUBLIC "-//W3C//DTD XHTML 1.0 Transitional//EN"
"http://www.w3.org/TR/xhtml1/DTD/xhtml1-transitional.dtd">
<html xmlns="http://www.w3.org/1999/xhtml" dir="ltr" lang="de-DE">
<head profile="http://gmpg.org/xfn/11">
    <title>Webseiten erstellen für Einsteiger</title>
    <meta http-equiv="Content-Type" content="text/html;
    charset=ISO-8859-1" />
    <link rel="stylesheet" href="css/style.css" type="text/css"
    media="screen" />
</head>
<body>
    <div id="navigation">
        <div class="innen"></div>
    </div> <!-- Ende von #navigation -->
    <div id="banner"></div> <!-- Ende von #banner -->
    <div id="wrapper">
        <div id="main"></div> <!-- Ende von #main -->
        <div id="sidebar"></div> <!-- Ende von #sidebar -->
    </div> <!-- Ende von #wrapper -->
    <div id="footer">
        <div></div>
    </div> <!-- Ende von #footer -->
</body>
</html>
```

Listing 4.62 HTML-Rahmen

Code/Kapitel 4/Homepage/1/index.htm   [○]

CSS

```
body {
    background-color:#ffffff; /* weiß */
    color:#000000; /* schwarz */
    font-family:Verdana, Arial, Helvetica, sans-serif;
    text-align:center;
}
* {
    font-size: 12px;
    margin: 0px;
    padding: 0px;
}
#navigation .innen,
#wrapper,
#footer div{
    text-align:left;
    width:950px;
    margin:0px auto;
}
#main,
#sidebar{
    width:475px;
}
#main{
    float:left;
}
#sidebar{
    float:right;
}
#footer{
    clear:both;
}
```

[○] *Code/Kapitel 4/Homepage/1/css/style.css*

4.10.2 Die Navigation

Um die Bedienung Ihrer Webseite zu ermöglichen, müssen Sie dem Benutzer eine Navigationsmöglichkeit anbieten, damit dieser auch mehrere Seiten Ihrer Webseite besuchen kann. Ich möchte Ihnen zeigen, wie Sie mit einer unsortierten Liste (ul) eine Navigation erstellen, die nicht nur gut aussieht und einfach zu bedienen ist, sondern auch standardkonform und barrierefrei ist.

Mit einer unsortierten Liste eine Navigation erstellen

Mit etwas Übung gestalten Sie problemlos eine gut aussehende Navigation mit einer Liste, die standardkonform, barrierefrei und suchmaschinenoptimiert ist. Das Besondere an diesem Beispiel ist, dass Sie den hier verwendeten HTML-Code problemlos für horizontale und vertikale Navigationen verwenden können. Lediglich das Stylesheet ändert sich.

Navigation über eine Ebene

```
<div id="navigation">
    <ul>
        <li class="active">
            <a href="index.htm" title="Zur Startseite">Home</a>
        </li>
        <li>
            <a href="kontakt.htm" title="Nehmen Sie Kontakt auf">
            Kontakt</a>
        </li>
        <li>
            <a href="impressum.htm" title="Impressum und rechtliche
            Hinweise">Impressum</a>
        </li>
    </ul>
</div>
```

Listing 4.63   Eine Navigation, realisiert mit einer unsortierten Liste

Wenn Sie sich diesen Quelltext ansehen, dürften Sie nur bekannte HTML-Tags entdecken. Die Navigation wird in den `div`-Container mit der ID `navigation` eingefügt. Wir brauchen innerhalb der Navigation normalerweise nur eine weitere Klasse: Mit `class="active"` können wir später die momentan ausgewählte Seite hervorheben. So wird dem aktiven Navigationspunkt die Klasse `active` gegeben. Wir verwenden in diesem Beispiel eine Klasse, da es durchaus möglich ist, dass eine Seite weitere Unterpunkte hat. Hier können wir dann auch dem jeweils ausgewählten Unterpunkt die Klasse `active` geben und ihn dank der Vererbung innerhalb von CSS trotzdem individuell gestalten. Dies ist einfacher, als wenn Sie sich für jede Ebene einer Navigation neue Klassen ausdenken.

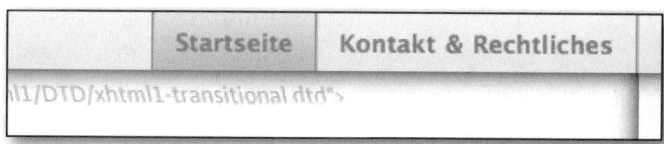

Abbildung 4.45   Ein hervorgehobener Navigationspunkt auf webseiten-buch.de

Diese Navigation können wir nun so – mit einer leichten Modifikation – in unseren Quelltext übernehmen. Da wir innerhalb des `div`-Containers mit der ID `navigation` noch den `div`-Container mit der Klasse `.innen` haben (um die Navigation zu zentrieren, s.o.), fügen wir die unsortierte Liste einfach in diesen `div`-Container ein.

```
...
<div id="navigation">
   <div class="innen">
      <ul>
      ... Liste aus Beispiel
      </ul>
   </div>
</div> <!-- Ende von #navigation -->
...
```

Listing 4.64 Die Liste im div.innen

[**O**] *Code/Kapitel 4/Homepage/2/index.htm*

Gestaltung einer horizontalen Navigation mit CSS

Obwohl Sie die vollständigen Möglichkeiten von CSS erst im nächsten Kapitel kennenlernen werden, möchte ich Ihnen schon jetzt einen ersten Einblick gewähren und die einzelnen Bereiche der Seite grob formatieren.

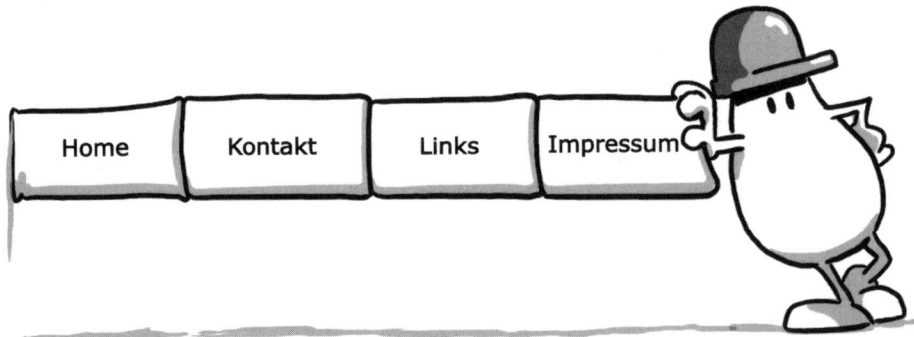

Der Universalselektor (*) hat bereits die Innen- und Außenabstände der Liste entfernt. Die einzelnen Links sollten daher, wenn Sie die Seite im Browser betrachten, nebeneinanderstehen.

| Webseiten erstellen für Einsteiger | Startseite | Über das Buch | Daniel | Jojo | Kontakt & Rechtliches |

Abbildung 4.46 Die fertige Navigation der Seite zum Buch

Da wir in der Navigation die Listenzeichen nicht sehen möchten, entfernen wir diese zunächst mit der Hilfe von `list-style:none`. Um die Navigation rechts auszurichten, müssen wir `float` verwenden. Mit `float:right` wird der ganze Listencontainer nach rechts geschoben, und die restlichen (momentan nicht sichtbaren) Elemente der Seite fließen links daran vorbei.

```
#navigation ul{
    list-style:none;
    float:right;
}
```

Listing 4.65 Die Liste hat keine Listenzeichen mehr und ist nach rechts gerückt.

Nun wenden wir uns den `li`-Elementen zu. Diese möchten wir nebeneinander anordnen, was wir bequem mit `float:left` machen können. Wenn wir das Stylesheet entsprechend ergänzt haben, werden wir feststellen, dass die einzelnen Navigationspunkte sehr nah beieinander stehen. In diesem Beispiel überlassen wir es aber dem Link-Element, entsprechende Abstände einzuführen.

```
#navigation li{
    float:left;
}
```

Listing 4.66 Die einzelnen Listeneinträge (li) werden nebeneinander angeordnet.

Bei den einzelnen Navigationspunkten möchte ich einen besonderen Effekt erzielen: Wenn Sie auf einen normalen Link klicken möchten, geht dies nur, wenn Sie mit Ihrer Maus über dem jeweiligen Text sind. Bei einer Navigation möchten Sie aber sicherlich eher das Gefühl vermitteln, es handele sich um einen Button, auf den man klicken kann. Um diesen Effekt zu erreichen, müssen wir zunächst mit `display` arbeiten. Links sind Inline-Elemente, und daher kann man sie auch nur am Text anklicken. Mit `display:block` machen wir auch aus den Links Blockelemente, die eher an einen Button erinnern. Jeglicher Bereich um den Linktext, den wir durch `padding` erzeugen, wird so auch anklickbar.

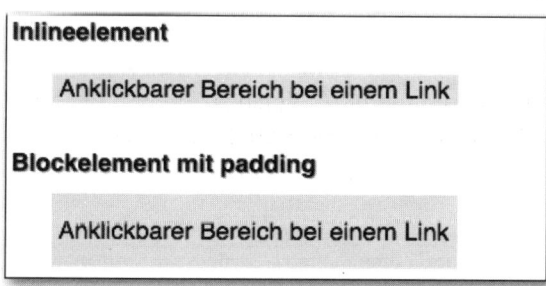

Abbildung 4.47 Vergleich Link als Inline- und Blockelement mit padding

Unsere Navigationspunkte bekommen einen Innenabstand von 8 px nach oben, 12 px nach links und rechts und 6 px nach unten zugewiesen. Wir erreichen dies mit padding:8px 12px 6px.

```
#navigation a{
    display:block;
    padding:8px 12px 6px;
}
```

Listing 4.67 Navigationslinks mit Innenabstand

[○] *Code/Kapitel 4/Homepage/3/index.htm* und *Code /Kapitel 4/Homepage/3/css/style.css*

Abbildung 4.48 Unsere Navigation: Drei Punkte stehen nebeneinander.

Eine Navigation über mehrere Ebenen

Bei umfangreichen Homepages werden Sie wahrscheinlich nicht daran vorbeikommen, Ihre Navigation in mehrere Ebenen zu unterteilen. So könnte man beispielsweise unter dem Navigationspunkt »Aktuelles« noch weitere Navigationspunkte (zum Beispiel für das Archiv) einbinden. Dieses Beispiel zeigt Ihnen, wie Sie die zweite Ebene unter dem aktiven Navigationspunkt einfügen können. Sie können natürlich alternativ die zweite Ebene an einer anderen Stelle einfügen und dafür eines der bereits bekannten Beispiele verwenden.

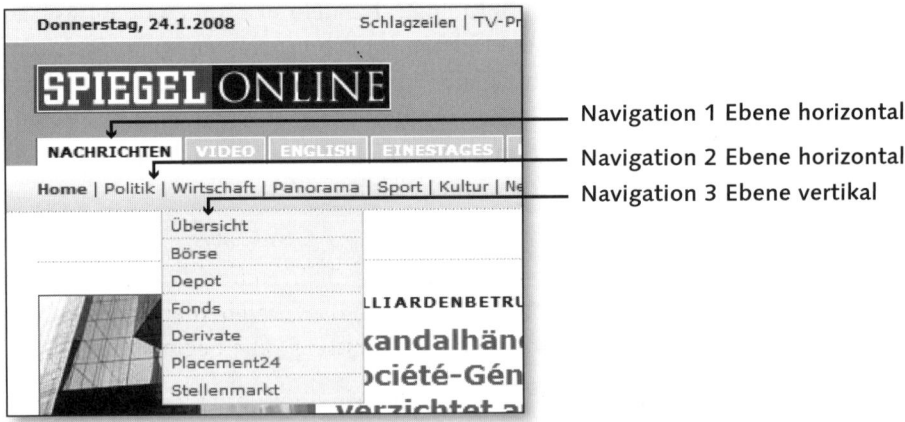

Abbildung 4.49 Beispiel Spiegel Online: Navigation über mehrere Ebenen, die horizontal und vertikal dargestellt werden.

Das Prinzip der Navigation ähnelt dabei sehr stark dem uns bereits bekannten System mit unsortierten Listen. Wir ergänzen nur eine weitere unsortierte Liste bei den Punkten, bei denen wir weitere Unterpunkte haben möchten:

```html
<div id="navigation">
    <ul>
        <li class="active">
            <a href="index.htm" title="Zur Startseite">Home</a>
            <ul>
                <li>
                    <a href="about.htm" title="Über den Autor">Über den
                    Autor</a>
                </li>
                <li class="active">
                    <a href="blog.htm" title="Mein Blog">Blog</a>
                </li>
            </ul>
        </li>
        ...
    </ul>
</div>
```

Listing 4.68   Eine Navigation über zwei Ebenen

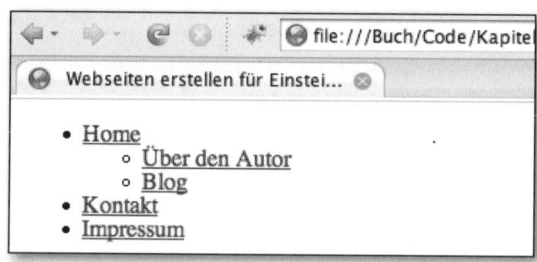

Abbildung 4.50   Navigation über zwei Ebenen ohne CSS

Gestaltung der zweiten Ebene mit CSS

Sie können sich sicherlich denken, dass es hier Möglichkeiten wie Sand am Meer gibt. Ich möchte die zweite Ebene so gestalten, dass sie ebenfalls horizontal ist und unter dem aktiven Navigationspunkt der ersten Ebene beginnt.

Hier kommt uns entgegen, dass durch die Vererbung innerhalb von CSS die Listenelemente in der zweiten Ebene schon teilweise formatiert sind. Die innere unsortierte Liste (ul) unterhalb des aktiven Hauptnavigationspunkts wird durch #navigation ul ebenso angesprochen wie die äußere unsortierte Liste, mit der wir die erste Ebene strukturiert haben.

Abbildung 4.51   Beispiel wer-kennt-wen.de: Die zweite Ebene der Navigation steht unter der ersten.

```
<div id="navigation">
    <ul>
        <li class="active">
            <a href="index.htm" title="Zur Startseite">Home</a>
            <ul>
                <li>
                    <a href="about.htm" title="Über den Autor">Über den Au
                </li>
                <li class="active">
                    <a href="blog.htm" title="Mein Blog">Blog</a>
                </li>
            </ul>

                                        #navigation ul{
                                            list-style:none;
                                            float:right;
                                        }

                                        #navigation li{
                                            float:left;
                                        }
```

Abbildung 4.52   #navigation ul formatiert die erste und die zweite Ebene der Navigation.

Nun brauchen wir zunächst eine Möglichkeit, gezielt die zweite unsortierte Liste mit CSS anzusprechen. Hier haben wir entweder die Möglichkeit, der zweiten Liste eine eigene ID oder Klasse zu geben oder die zweite Liste mit #navigation ul ul (d.h. die unsortierte Liste innerhalb einer unsortierten Liste innerhalb eines Elements mit der ID #navigation) gezielt anzusprechen. Damit wir den Überblick über die Klassen behalten, entscheide ich mich in diesem Fall für die zweite Methode.

Nun wollen wir zunächst erreichen, dass die zweite Ebene unterhalb der ersten Ebene dargestellt wird, und zwar unter dem dazugehörenden aktiven Navigationspunkt. Hierfür verwenden wir die CSS-Eigenschaft position. Diese werde ich Ihnen im nächsten Kapitel genauer vorstellen. Im Moment reicht es, wenn Sie wissen, dass wir mit position:absolute erreichen, dass die zweite Navigationsebene unter der ersten steht.

```
#navigation ul ul{
    position:absolute;
}
```

Eine vertikale Navigation

Bei diesem Beispiel sehen Sie, wie viel Arbeit uns die Trennung von Inhalt und Layout sparen kann. Wir können für die vertikale Navigation einfach den HTML-Code nehmen, den wir auch für die horizontale Navigation verwendet haben. Die Klasse .innen können wir entfernen, können sie aber auch einfach unformatiert lassen.

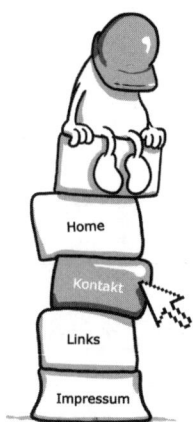

Schauen wir uns zunächst die Navigation über eine Ebene an: Die einzelnen Navigationspunkte sollen untereinander stehen und jeweils die Farbe ändern, wenn wir die Maus über sie führen. Zwischen den einzelnen Punkten fügen wir einen dünnen Rahmen ein, um die Punkte optisch besser voneinander zu trennen.

Der div-Container #navigation soll links vom Inhalt stehen. Dafür verwenden wir float:left. Die Breite legen wir mit width:200px fest. Für das ul-Element müssen wir nur das Listensymbol entfernen (list-style-type:none), beim li-Element reicht uns diesmal eine Anweisung: Mit border-bottom:1px solid white fügen wir den Rahmen unter jedem Navigationspunkt ein.

```
#navigation{
    float:left;
    width:200px;
}
#navigation ul{
    List-style-type:none;
}
#navigation li{
    border-bottom:1px solid white;
}
```

Listing 4.69 Rahmen unter den Navigationspunkten

Bei den Links ändert sich auch nicht viel. Erneut verwenden wir display:block, um den anklickbaren Bereich zu vergrößern. Als Hintergrund wählen wir für dieses Beispiel ein helles Grau (lightgray). Der Hover-Effekt färbt den Hintergrund rot und setzt die Farbe auf Schwarz. Da dies auch die Formatierung für den aktiven Navigationspunkt ist, trennen wir beide Selektoren nur mit einem Komma.

```
#navigation a{
    display:block;
    padding:6px 12px;
    background:lightgray;
}
#navigation a:hover, #navigation li.active a{
    background:red;
    color:black;
}
```

Listing 4.70 Navigationspunkte stylen

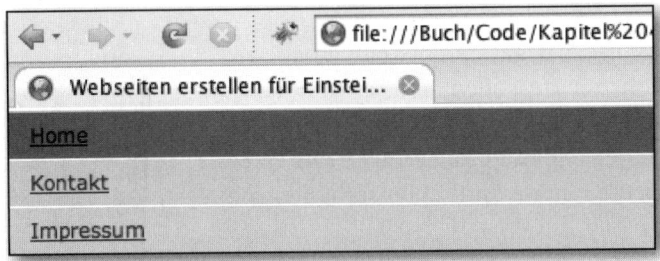

Abbildung 4.53 Eine vertikale Navigation. Noch geht diese über die volle Breite der Seite.

Wenn wir nun eine zweite Navigationsebene einfügen möchten, ist es zunächst erfreulich, dass die Seite weiterhin fast so angezeigt wird, wie wir es von der Navigation über eine Ebene gewohnt sind. Allerdings wollen wir sicherlich, dass sich die zweite Ebene der Navigation von der ersten abhebt.

Zunächst müssen wir ein paar Details an der Darstellung anpassen, da der Selektor #navigation li.active a auch alle unsere Links in der zweiten Ebene rot färbt und somit unklar ist, welcher Navigationspunkt aktiv ist. Hierfür ergänzen wir einen zweiten Selektor unter #navigation a: #navigation li.active li a. Dieser Selektor steuert alle Links an, die in einem Listenelement sind, das nach einem Listenelement mit der Klasse .active im Quellcode steht.

```
#navigation a,
#navigation li.active li a{
    display:block;
    padding:6px 12px;
    background:lightgray;
}
```

Listing 4.71 Verschachtelte Navigationspunkte

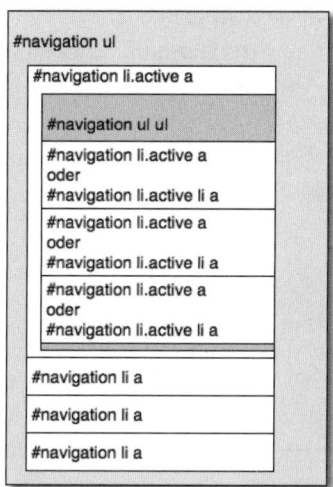

Abbildung 4.54 Schematische Darstellung der Navigation über zwei Ebenen

Unsere zweite Navigationsebene soll sich durch leicht eingerückte Navigations-punkte abheben. Diesen Effekt erreichen wir einfach, indem wir allen Elementen mit dem Selektor #navigation li.active li a über padding einen anderen In-nenabstand zuweisen:

```
#navigation li.active li a{
    padding:6px 0px 6px 24px;
}
```

Nun müssen wir nur noch den Hover-Effekt und den Effekt für die Klasse .active einfügen (neue Selektoren sind im Folgenden fett markiert).

```
#navigation a:hover,
#navigation li.active li a:hover,
#navigation li.active a,
#navigation li.active li.active a{
    background:red;
    color:black;
}
```

Listing 4.72   :hover und .active formatiern

4.10.3   Der Titel der Seite

Für den Titel der Seite verwenden wir unsere wichtigste Überschrift, die h1. In unserem Beispiel habe ich mich entschieden, diese links neben die Navigation zu setzen. So erhält die Überschrift nicht nur syntaktisch eine hohe Bedeutung, son-dern fällt dem Besucher auch sehr früh ins Auge. Wir ergänzen den Titel ebenfalls um einen Link zur Startseite. Dies hat den Hintergrund, dass viele Besucher es gewohnt sind, zur Startseite zu kommen, wenn sie auf den Titel der Seite klicken.

```
...
<div id="navigation">
    <div class="innen">
        <h1><a href="/index.htm" title="Zurück zur Startseite">
        Webseiten erstellen für Einsteiger</a></h1>
        <ul>
            ...
        </ul>
    </div>
</div> <!-- Ende von #navigation -->
...
```

Listing 4.73 Der Titel wird vor der Navigation eingefügt.

Abbildung 4.55 Das Beispiel im Browser. Noch ist der Titel nicht mit CSS formatiert worden.

Damit die Überschrift die Position hat, die wir haben möchten, verwenden wir erneut float. Da die Navigation mit float:right schon positioniert ist, müssen wir an dieser nichts verändern, und es reicht, der h1 mit CSS die Eigenschaft float:left zu geben. Da wir nur eine h1 in unserem Quelltext verwenden, müssen wir auch keinen zusätzlichen Selektor ergänzen.

Da die Überschrift nicht wie ein Link unterstrichen sein soll, entfernen wir mit text-decoration:none diese Eigenschaft.

```
h1{
    float:left;
}
h1 a{
    text-decoration:none;
}
```

Listing 4.74 Keine Unterstreichung bitte!

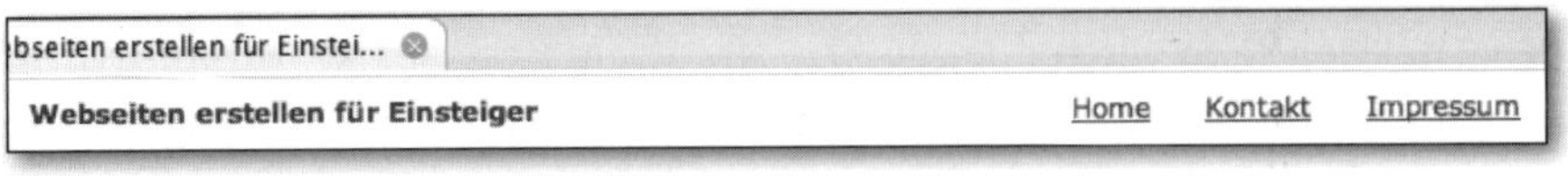

Abbildung 4.56 Titel und Navigation sind auf einer Höhe.

4.10.4 Das Banner

Unser Banner wird lediglich aus einer Hintergrundgrafik bestehen. Wie man dieses genau einfügt, werde ich Ihnen im folgenden Kapitel erklären. An der HTML-Datei müssen wir an dieser Stelle nichts ändern, und auch die Änderungen an der CSS-Datei sind minimal. Wichtig ist nur, dass wir den `div`-Container für das Banner dazu verwenden, die `floats`, die durch die Navigation und die `h1`-Überschrift erzeugt wurden, an dieser Stelle zu beenden. Ansonsten würde nämlich der Inhalt der Seite zwischen der Navigation und der Überschrift beginnen.

Beispiel

Ergänzen Sie im `div`-Container #banner einfach ein wenig Text, und sehen Sie sich das Resultat im Browser an, wenn #banner nicht die Eigenschaft `clear:both` hat.

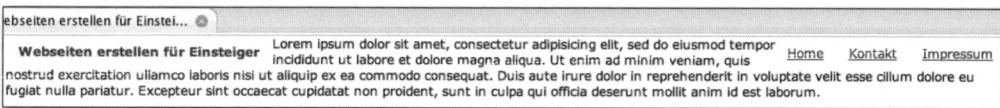

Abbildung 4.57 Der Text, den wir in #banner eingefügt haben, »fließt« zwischen die beiden anderen Bereiche.

Wir verwenden die Eigenschaft `clear:both`, um dies zu verhindern. Diese Eigenschaft beendet jeden zuvor begonnenen Textumfluss.

```
#banner {
    clear:both;
}
```

Listing 4.75 Textumfluss verhindern

4.10.5 Die Infoboxen

Zwischen dem Bannern und den aktuellen Nachrichten der Seite werden wir vier Boxen einfügen, die weitere Informationen zum Buch beinhalten. Diese werden wir in Kapitel 6 mit einem jQuery-Effekt aufwerten, was uns aber bei der Erstellung des HTML-Codes nicht interessieren soll. Beachten müssen wir lediglich bei der Gestaltung mit CSS, dass wir einen Rahmen um die Box ziehen möchten, der einen zusätzlichen Abstand zum Inhalt hat. Da wir jeder Box eine Hintergrundfarbe zuweisen möchten, haben wir hier das Problem, dass wir ein zusätzliches HTML-Element benötigen, um den Abstand zwischen Rahmen und Inhalt herzustellen.

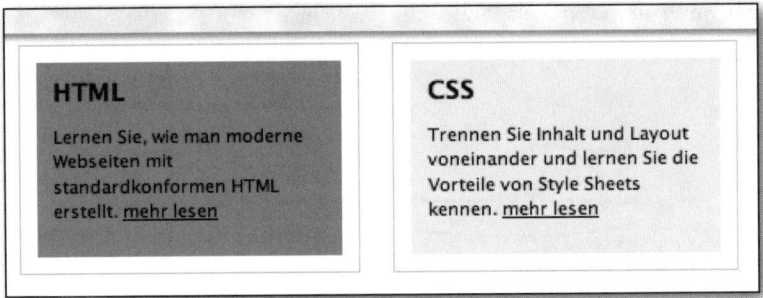

Abbildung 4.58 Zwei der vier »fertigen« Boxen auf der Homepage

Wir verwenden für die Boxen eine unsortierte Liste. Damit wir den Abstand zwischen Rand und Inhalt einfügen können, fügen wir in jedes Listenelement einen div-Container ein. Um die Boxen in unterschiedlichen Farben zu gestalten, geben wir jedem dieser div-Container noch eine eigene Klasse.

```
...
<div id="banner"></div>
<ul id="boxen">
    <li>
        <div class="html">
            ... <!-- Inhalt der Box -->
        </div> <!-- Ende von div.html -->
    </li>
    ... <!-- drei weitere Boxen -->
</ul>
...
```

Listing 4.76 Infoboxen

.red oder .error?

Auch wenn eine hundertprozentige Trennung von Inhalt und Layout nicht immer möglich ist (wir fügen die div-Container nur ein, um die Seite später so gestalten zu können, wie wir es gerne hätten), sollten wir es trotzdem immer vermeiden, nur in den Dimensionen unseres Layouts zu denken. Unser Ziel muss es sein, dass sich mit unserem HTML-Code jedes Layout umsetzen lässt.

Dazu gehört auch, dass wir die Klassen so benennen, dass sie mit dem Inhalt zu tun haben und nicht mit einer gewünschten Farbe oder Schriftart. Eine Klasse, die wir verwenden, um Elemente mit Fehlerinformationen zu formatieren, sollte daher nicht `.red` heißen, weil wir dort rote Farbe verwenden. Sie sollte besser `.error` heißen. Bei einem Redesign müssen wir dann nicht mit einer Klasse `.red` arbeiten, die womöglich eine vollkommen andere Farbe zugewiesen bekommt, sondern wir formatieren mit `.error` einfach nur die Fehlermeldung. Für Dritte ist der Code bei ungünstigen Klassenbezeichnungen nur noch schwer verständlich.

Schlecht

```
.red{
   color:red;
}
```

Besser

```
.error{
   color:red;
}
```

In unserem Beispiel orientieren wir uns daher bei der Bezeichnung an dem Inhalt der Boxen.

Der Inhalt der Boxen soll aus einer h2-Überschrift und zwei Absätzen bestehen. Hier werden wir in Kapitel 6 später noch zwei Ergänzungen vornehmen, aber für die normale Gestaltung der Seite müssen wir an dieser Stelle keine weiteren Details beachten.

```
...
<div class="html">
   <h2>HTML</h2>
   <p>
      Lernen Sie, wie man moderne Webseiten mit standardkonformem
      HTML erstellt.
   </p>
   <p>
      In diesem Buch werden Ihnen die HTML-Grundlagen vermittelt.
      Sie lernen, wie Sie Ihre Inhalte mit validem HTML
      strukturieren...
   </p>
</div> <!-- Ende von div.html -->
...
```

Listing 4.77 Die »HTML-Box« wird um eine Überschrift und zwei Absätze ergänzt.

Gestaltung mit CSS

Betrachten wir zunächst das ul-Element mit der ID boxen: Wir möchten, dass die Infoboxen einen Abstand von 20 px zum Rand der Webseite haben, also nur 910 px breit sind. Hier reicht uns, wenn wir nur den linken Abstand der Boxen betrachten und diesen mit margin-left einfügen. Natürlich entfernen wir ebenfalls das Listenzeichen mit list-style:none und das padding, das wir für Listen definiert haben.

```
ul#boxen{
    padding:0px;
    margin-left:20px;
    list-style:none;
}
```

Listing 4.78 Keine Aufzählungszeichen, keine Abstand

Komplizierter wird es bei den einzelnen Infoboxen, die wir im Stylesheet über #boxen li gestalten. Daher heben wir uns hier die Feinarbeit für das folgende Kapitel auf und geben den Boxen nur ein paar Eigenschaften, damit sie nebeneinander stehen: Mit float:left sorgen wir erneut dafür, dass die Elemente nebeneinanderstehen. Jedem Element weisen wir eine Breite von 200 px und einen Abstand nach rechts von 20 px zu. So haben alle Boxen einen Abstand von 20 px nach rechts und links. Den Abstand der ersten Box nach links haben wir übrigens schon in ul#boxen eingefügt mit margin-left:20px.

```
#boxen li{
    width:200px;
    float:left;
    margin-right:20px;
}
```

Listing 4.79 Abstand und Breite festlegen

			Home Kontakt Impressum
Webseiten erstellen für Einsteiger			
HTML	**CSS**	**jQuery**	**Suchmaschinen**
Lernen Sie, wie man moderne Webseiten mit standardkonformen HTML erstellt. In diesem Buch werden Ihnen die HTML Grundlagen vermittelt. Sie lernen, wie Sie Ihre Inhalte mit validem HTML strukturieren und so nicht nur die Gestaltung mit Style Sheets vereinfachen sondern gleichzeitig die Seite für Suchmaschinen optimieren und auch barrierefrei gestalten.	Trennen Sie Inhalt und Layout voneinander und lernen Sie die Vorteile von Style Sheets kennen. Mit CSS können Sie jedes beliebige HTML so gestalten und dort positionieren wie Sie es haben möchten. In diesem Buch lernen Sie die notwendigen Techniken kennen um Ihre HTML Seite ansprechend zu gestalten.	Mit wenigen Zeilen Code können Sie Ihre Webseite um professionelle Animationen ergänzen. Mit jQuery können Sie Ihre Seite um einige nützliche Animationen ergänzen. Geben Sie Ihrem Besucher die Möglichkeit Inhalte ein- oder auszublenden oder ohne Ladezeit ein Bild vergrössert anzuzeigen.	Was bringt die beste Webseite, wenn man sie nicht findet? In diesem Buch lernen Sie wie Sie dies ändern. Neben den positiven Nebeneffekten von standardkonformen HTML lernen Sie in diesem Buch wie Sie es Suchmaschinen einfach machen Ihre Seite zu scannen und wie Sie es so schaffen besser bei Google & Co gefunden zu werden.

Abbildung 4.59 Langsam nimmt unsere Seite Gestalt an: Die Boxen sind nun unter dem Titel und der Navigation.

4.10.6 Der Inhaltsbereich

Für unsere Vorlage werden wir drei Bereiche erstellen, die wir auf einigen der Seiten gebrauchen können: einen Musterartikel für unsere aktuellen Informationen, einen normalen Text mit Zitaten und Texthervorhebungen, damit wir diese später an unser Layout anpassen können, und ein Formular. Diese Vorlagen fügen wir in den `div`-Container `#main` ein. Darüber hinaus haben wir bereits eine Vorlage für eine Tabelle. Im nächsten Kapitel werden wir diese ebenfalls mit CSS gestalten.

Der Gedanke hinter diesem Vorgehen ist, dass wir so mit nur einer HTML-Datei alle Formatierungen testen können, die wir im Stylesheet vornehmen. Gleichzeitig dient uns diese HTML-Datei als Vorlage für alle weiteren Seiten.

Ein Artikel

Die Artikel auf unserer Seite sollen aus einer Überschrift, weiteren Informationen zum Artikel und dem Artikel selbst bestehen. Auf der Startseite werden wir später nur den aktuellen Artikel in vollem Umfang zeigen, und von den anderen Artikeln wollen wir nur die Überschrift zeigen. Bei diesen Artikeln soll der Benutzer dann mit einem Klick auf die Überschrift den vollständigen Artikel ohne Ladezeit dargestellt bekommen. Diesen Effekt werden wir mit jQuery in Kapitel 6 einfügen.

```
...
<div class="post">
    <h2><a href="link/zum/artikel.htm"
    title="Link zum Artikel Ein Artikel">Ein Artikel</a>
    </h2>
    <p class="postinfo">
        Max Mustermann am 01.01.2008
    </p>
    <div class="entry">
        <p>
            Lorem ipsum dolor sit amet, consectetur adipisicing elit,
            sed do eiusmod tempor incididunt ut labore et dolore
            magna aliqua...
        </p>
    </div> <!-- Ende von .entry -->
</div><!-- Ende von .post -->
...
```

Listing 4.80 Ein Artikel in HTML

Im Stylesheet interessiert uns zunächst der `div`-Container `.post`. Da wir sicherlich in einzelnen Beiträgen mit Bildern arbeiten, die wir mit `float` positionieren, müssen wir zunächst sicherstellen, dass unsere Seite geordnet bleibt und einzelne Artikel nicht mit `float` in einen anderen Artikel »fließen«. Wir geben dafür dem `div`-Container `.post` die Eigenschaft `clear:both`. Um etwas Abstand zwischen die Beiträge zu bringen und diese besser zu trennen, fügen wir am Ende jedes Beitrags mit `margin` einen Abstand nach unten und einen dünnen Rahmen (`border-bottom`) ein.

```
.post{
  clear:both;
  margin-bottom:24px;
  border-bottom:1px solid black;
}
```
Listing 4.81   Die Klasse .post

Der `h2`-Überschrift im Artikel geben wir eine größere Schriftart. Damit diese nicht zu dominant wirkt, wird sie nur in normaler Schriftbreite (`font-weight:normal`) dargestellt. Wir unterstreichen die Überschrift mit einem grünen Rahmen (`border-bottom:1px solid green`). Da unsere Überschriften gleichzeitig Links sind, entfernen wir noch die normale von Links bekannte Unterstreichung (`text-decoration:none`).

```
.post h2{
    font-size:16px;
    font-weight:normal;
    border-bottom:1px solid green;
}
.post h2 a{
    text-decoration:none;
}
```
Listing 4.82   Schriftgröße anpassen und Unterstreichung entfernen

Unter der Überschrift sollen das Datum des Artikels und der Autor stehen. Dieser Absatz soll einfach fett dargestellt werden, wofür wir `font-weight:bold` verwenden. Um den Absatz noch etwas abzuheben, verändern wir ebenfalls den Außenabstand (`margin`).

```
.postinfo{
    font-weight:bold;
    margin:5px 0px;
}
```
Listing 4.83   Abstände und Schriftschnitt festlegen

Wenden wir uns nun noch den weiteren Beiträgen zu. Zur Erinnerung: Auf der Startseite soll unter dem ersten Artikel anstelle der anderen Artikel zunächst nur die Überschrift stehen. Wenn man auf diese klickt, wird der vollständige Artikel mit jQuery angezeigt.

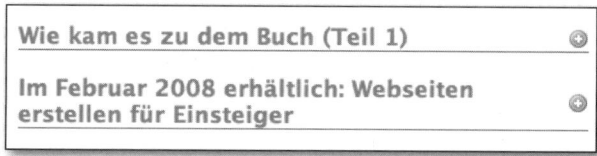

Abbildung 4.60   Zwei Artikel, die mit jQuery ausgeblendet wurden, auf webseiten-buch.de

Nun muss die Seite allerdings auch ohne JavaScript bzw. jQuery funktionieren, und die Besucher, die kein JavaScript aktiviert haben, sollen sofort den vollständigen Artikel lesen können. Daher werden wir zunächst den vollständigen Artikel einfügen und diesen später (in Kapitel 6) über jQuery teilweise unsichtbar machen.

Da die weiteren Texte nicht so wichtig sind wie der aktuellste, bekommen sie auch eine Überschrift mit einer niedrigeren Priorität. Die Beiträge werden wieder in einen `div`-Container mit der Klasse `.post` geschrieben, aber diese Klasse wird um eine zweite Klasse `.small` ergänzt. Der Absatz mit der Klasse `.postinfo` wird in die Klasse `.entry` geschrieben, was ebenfalls mit der späteren Verwendung von jQuery zusammenhängt. Ansonsten sind die beiden Artikel im HTML identisch.

```
...
<div class="post small">
   <h3><a href="link/zum/artikel.htm" title="Link zum Artikel
   Ein kleiner Artikel">Ein kleiner Artikel</a></h3>
   <div class="entry">
      <p class="postinfo">
         ...
      </p>
      ...
   </div> <!-- Ende von .entry -->
</div><!-- Ende von .post.small -->
...
```

Listing 4.84   Die älteren Artikel

Die CSS-Formatierungen für diese Artikelsorte heben wir uns für die beiden kommenden Kapitel auf.

Ein Text mit Zitaten und Texthervorhebungen

Sehr wichtig für die Gestaltung unserer Seite ist, dass alle Textbausteine zusammenpassen und ein einheitliches Bild erzeugen. Hier ist es sehr hilfreich, wenn Sie einen Blindtext wie das schon vorgestellte »Lorem Ipsum« nehmen und mit einigen HTML-Elementen gestalten.

Sie sollten in jedem Fall folgende Elemente immer berücksichtigen: Überschriften (h1–h6), Links (a), Hervorhebungen (strong, em), Listen (ul, ol, dl) und Zitate (blockquote, q) mit Quellen (cite).

```
<h2>Eine h2-Überschrift</h2>
<ol>
    <li>eine</li>
    <li>sortierte</li>
    <li>Liste</li>
</ol>
<h3>Eine h3-Überschrift</h3>
<p>
    Lorem ipsum <strong>dolor sit amet</strong>, consectetur
    <q>adipisicing elit</q>, sed do eiusmod <a href="#"
    title="ein Link">tempor incididunt ut labore
    </a> et <em>dolore magna
    </em> aliqua.
</p>
<h4>Eine h4-Überschrift</h4>
<ul>
    <li>eine</li>
    <li>unsortierte</li>
    <li>Liste</li>
</ul>
<h5>Eine h5-Überschrift</h5>
<blockquote>
    Hier steht ein Zitat mit Quelle
    <cite><a href="#" title="Quelle">Quelle</a></cite>
</blockquote>
<h6>Eine h6-Überschrift</h6>
<dl>
    <dt>Definitionsliste</dt>
    <dd>Eine Liste, die einen Begriff und seine Definition enthält
    </dd>
</dl>
```

Listing 4.85 Texthervorhebungen

Was in diesem Beispielcode noch fehlt, sind Bilder. Normalerweise werden Bilder entweder links oder rechts im Text mit `float` positioniert. Da wir auch in anderen Bereichen der Webseite Elemente links oder rechts mit `float` positionieren möchten, erstellen wir hierfür zwei Klassen: `.left` und `.right`.

```
.left{
    float:left;
}
.right{
    float:right;
}
```

Listing 4.86 Linke und rechte Klassen

Wenn wir nun ein Bild in einen Text einfügen möchten, geben wir ihm die Klasse `.left` oder `.right`, je nachdem, wie wir das Bild positionieren möchten. Hier wird uns aber auffallen, dass die Bilder eng am Text sind und dass dies nicht nur die Lesbarkeit verringert, sondern vor allem schlecht aussieht. Daher geben wir mit `margin` unseren Bildern noch einen Außenabstand.

```
img.left{
    margin:10px 10px 10px 0px;
}
img.right{
    margin:10px 0px 10px 10px;
}
```

Listing 4.87 Bei diesen beiden Formatierungen setzen wir den Abstand zum Text auf 10 px.

Ein Formular mit HTML gestalten

Auf der Seite zum Buch werden Sie bei jedem Artikel die Möglichkeit bekommen, einen Kommentar zu hinterlassen. Dafür benötigen wir natürlich ein Kontaktformular, in dem die Besucher ihren Namen, ihre E-Mail-Adresse und die URL zu ihrer Webseite (ich möchte ja sehen, was sie mit dem Wissen aus diesem Buch so erstellen) hinterlassen. Wie bereits erwähnt wurde, überlassen wir die Verarbeitung der Formulardaten einer PHP-Datei. Wir sehen uns also nur die Gestaltung des Formulars an.

Das `form`-Element bekommt drei Attribute zugewiesen:

▶ `action`, um den Pfad zu der PHP-Datei anzugeben, die das Formular verarbeitet,

▶ `method`, um die Art der Übertragung der Formulardaten festzulegen,

▶ und eine ID, damit wir das Formular gestalten können.

```
...
<form action="verarbeitung.php" method="post" id="commentform">
    ...
</form>
...
```

Listing 4.88   Das form-Element

Die Eingabefelder (input) für Name, E-Mail-Adresse und URL und der Spam-schutz sind sehr ähnlich aufgebaut. Zunächst werden diese Eingabefelder in einem Absatz (p) zusammengefasst. Die Beschriftung der Eingabefelder realisie-ren wir mit label. Wichtig ist hier das for-Attribut, in dem wir den Bezug zum input-Element herstellen, indem wir dort die ID des input-Elements angeben.

Innerhalb von input verwenden wir die Attribute name, id, value, size und tab-index.

```
<p>
    <label for="author">Name </label>
    <input name="author" id="author" value="" size="30"
    tabindex="1" type="text"/>*
</p>
<p>
    <label for="email">eMail<small>(wird nicht veröffentlicht)
    </small></label>
    <input name="email" id="email" value="" size="30" tabindex="2"
    type="text"/>*
</p>

<p>
    <label for="url">Webseite</label>
    <input name="url" id="url" value="" size="30" tabindex="3"
    type="text"/>*
</p>
<h3>Schutz vor Spam</h3>
<p>
    <label for="mcspvalue"> Summe von 10 + 9 ?</label>
    <input name="mcspvalue" id="mcspvalue" value="" size="30"
    tabindex="4" type="text"/>
</p>
```

Listing 4.89   Labels und Inputs

Beim Spamschutz wird natürlich nicht immer die Summe von 10 und 9 berech-net. Wir benötigen dieses Feld aber später, da der Besucher unserer Seite dieses

Feld ausfüllen muss, damit der Sende-Button (`input type="submit"`) sichtbar wird. Dies realisieren wir mit jQuery.

Die Sternchen hinter den Eingabefeldern sollen den Benutzer später darauf hinweisen, dass es sich um Pflichtfelder handelt, die ausgefüllt werden müssen. Den entsprechenden Hinweis setzen wir unter das Textfeld (`textarea`).

Dem `textarea`-Element weisen wir neben `name`, `id` und `tabindex` noch die Attribute `cols` (Spalten) und `rows` (Reihen) zu, um die Größe festzulegen.

```
<p>
    <textarea name="comment" id="comment" cols="50" rows="10"
    tabindex="5"></textarea>
</p>
<p>
    Mit einem * markierte Felder sind Pflichtfelder und müssen
    ausgefüllt werden.
</p>
```

Listing 4.90 Spalten und Reihen angeben

---

tabindex

Mit `tabindex` habe ich in diesem Beispiel ein Attribut verwendet, das Sie wahrscheinlich noch nicht kennen. In Kapitel 8 wende ich mich dem Thema Barrierefreiheit und damit auch dem Attribut `tabindex` zu.

Damit wir das Formular absenden können, fehlt uns nur noch der Sende-Button (`type="submit"`). Dieser bekommt `value="senden"` zugewiesen, damit auf dem Button »senden« steht. Über die ID werden wir den Button später mit CSS formatieren, und mit jQuery werden wir den Ein- und Ausblendeffekt einbauen.

```
<p>
    <input name="submit" id="submit" tabindex="6" value="senden"
    type="submit" />
</p>
...
```

Listing 4.91 Wichtig: der Sende-Button

Das Formular werden wir vollständig im folgenden Kapitel gestalten. Vorerst sollte es auch so verwendbar sein.

Sie finden es auf der CD zum Buch unter Code/Kapitel 4/ Homepage/8/index.htm. **[●]**

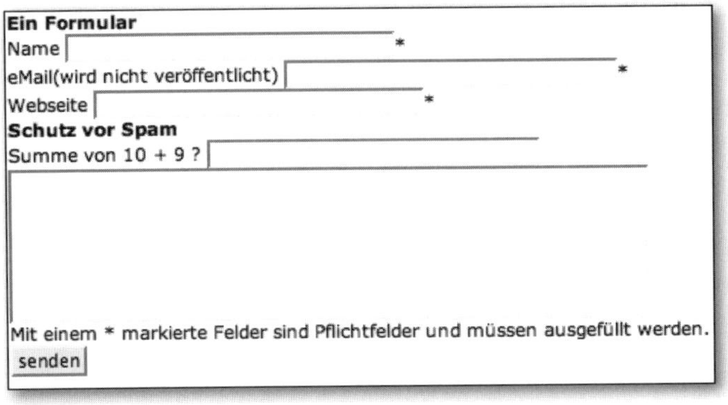

Abbildung 4.61 Noch fehlt hier die Gestaltung mit CSS.

4.10.7 Die Seitenleiste

Die Seitenleiste hat in unserer Seite die Aufgabe, weiterführende Informationen zu beinhalten. So gibt es auf der Seite zum Buch beispielsweise das Inhaltsverzeichnis oder aber auch einen Text des Verlags über das Buch. Innerhalb der Seitenleiste soll es zwei Arten von Inhalten geben: Inhalte über die volle Breite und Inhalte über die halbe Breite der Seitenleiste. Dafür erstellen wir zwei Klassen: .voll und .halb, die wir entsprechend einfügen.

```
...
<div id="sidebar">
    <div class="voll">
        <h3>Text über volle Seitenleiste</h3>
        <p>
            Lorem ipsum dolor sit amet, consectetur adipisicing elit,
            sed do eiusmod tempor incididunt ut labore et dolore
            magna aliqua.
        </p>
    </div>
    <div class="halb left">
        <h3>Text links</h3>
        <p>
            Ein kurzer Text...
        </p>
    </div>
    <div class="halb right">
        <h3>Text rechts</h3>
        <p>
            Ein kurzer Text
        </p>
    </div>
```

```
<div class="voll">
    <h3>Eine unsortierte Liste mit Links</h3>
    <ul>
        <li>Listeneintrag</li>
        <li><a href="#" title="ein Link">Listeneintrag + Link</a>
</li>
    </ul>
  </div>
</div>
```

Listing 4.92   Unsere Seitenleiste mit Beispielinhalten

Code/Kapitel 4/Homepage/9/index.htm   **[o]**

Was wir in die div-Container schreiben, spielt vorerst keine Rolle. In diesem Beispiel finden Sie Listen und einfachen Text. Die CSS-Formatierungen sind auch
überschaubar:

```
.voll{
    clear:both;
    width:100%;
}
.halb{
    width:210px;
}
```

Listing 4.93   Formate für die Seitenleiste

Nun wollen wir natürlich auch, dass die Bereiche, die nur die Hälfte der Seitenleiste einnehmen, nebeneinanderstehen. Hier können wir die Eigenschaften
zweier bereits erstellter Klassen nutzen: .left und .right.

Damit das auch gut aussieht, müssen wir für .halb.left noch zwei Dinge festlegen: Jeder div-Container mit den Klassen .halb und .left beendet jeglichen
Textumfluss und hat einen Abstand nach rechts von 20 px. So stellen wir sicher,
dass die Boxen schön nebeneinanderstehen und es sich nicht negativ auswirkt,
wenn sie unterschiedliche Höhen haben. Der Abstand nach rechts soll die Lesbarkeit erhöhen und bewirkt, dass die Boxen nicht optisch aneinander»kleben«.

```
.halb.left{
    clear:both;
    margin-right:20px;
}
```

Listing 4.94   Boxen mit Abstand versehen

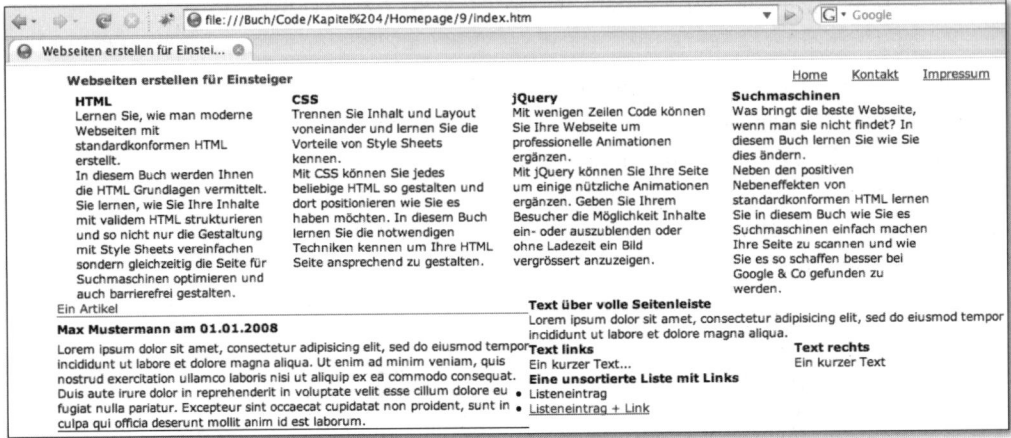

Abbildung 4.62   Die Seite zum Buch zum momentanen Zeitpunkt

Die Listen (ul) in der Seitenleiste sollen einfach gehalten sein. Wir entfernen zunächst padding und list-style-type in der unsortierten Liste. Die einzelnen Listenelemente (li) bekommen einen hellgrauen Rahmen unter dem Inhalt (border-bottom) und ein wenig padding nach oben und unten, damit die Inhalte nicht zu eng beieinander stehen.

```
#sidebar ul{
    list-style-type:none;
    padding:0px;
}
#sidebar ul li{
    border-bottom:1px solid #lightgray;
    padding:2px 0px;
}
```

Listing 4.95   Die Inhalte optisch trennen

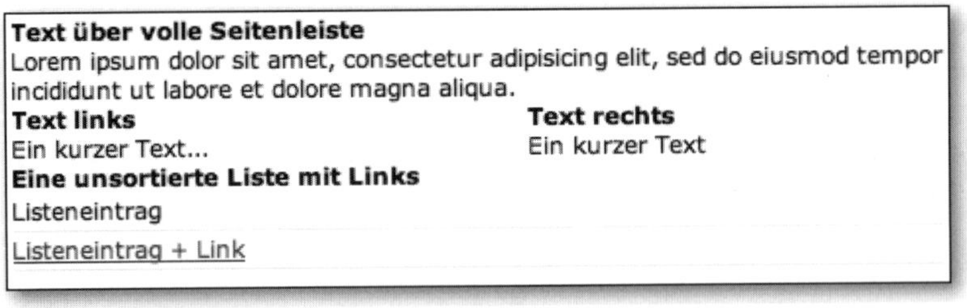

Text über volle Seitenleiste
Lorem ipsum dolor sit amet, consectetur adipisicing elit, sed do eiusmod tempor incididunt ut labore et dolore magna aliqua.
Text links   **Text rechts**
Ein kurzer Text...   Ein kurzer Text
Eine unsortierte Liste mit Links
Listeneintrag
Listeneintrag + Link

Abbildung 4.63   Die Seitenleiste mit formatierten unsortierten Listen

4.10.8 Der Fußbereich: weitere Informationen übersichtlich gegliedert

Für den Fußbereich der Seite werden wir erneut Listen verwenden. Diese haben einige Vorteile, die wir natürlich nutzen möchten. So können wir mit einer Liste einen semantischen Zusammenhang darstellen. Bei einer Navigation gehören alle Navigationspunkte zusammen. Bei den Boxen unter dem Banner ist dies ähnlich, und auch hier im Fußbereich sind weiterführende Informationen für den Besucher untergebracht.

Wir fügen eine unsortierte Liste (ul) mit der ID #moredata ein. Für jede der Boxen im Fußbereich fügen wir ein Listenelement (li) ein, in dem die jeweiligen Inhalte der Box stehen werden.

```
<ul id="moredata">
   <li>
      <h2>Überschrift 1</h2>
      <ul>
         <li><a href="#" title="ein Link">Listeneintrag +
         Link</a></li>
         ...
      </ul>
   </li>

   <li>
      <h2>Überschrift 2</h2>
      <ul>
         <li><a href="#" title="ein Link">Listeneintrag +
         Link</a></li>
         ...
      </ul>
   </li>
   ...
</ul>
```

Listing 4.96 Der Fußbereich unserer Seite in HTML

[o] *Code/Kapitel 4/Homepage/10/index.htm* und *Code/Kapitel 4/Homepage/10/css/style.css*

Die Liste mit der ID `#moredata` bekommt ähnliche Formatierungen wie die Boxen weiter oben auf der Seite. Wir könnten nun bequem die beiden IDs gemeinsam formatieren und ähnlich wie bei der vertikalen Navigation später nur die Eigenschaften überschreiben, die sich unterscheiden. In diesem Fall würde ich aber davon abraten, da wir sonst Gefahr laufen, den Überblick über unser Stylesheet zu verlieren. Es macht hier Sinn, die Reihenfolge einzuhalten, die auch im Quellcode verwendet wird.

Zunächst entfernen wir die Listensymbole und fügen einen Innenabstand von links (`padding-left`) ein, um die Boxen anzuordnen. Mit einem Außenabstand nach unten (`margin-bottom`) sorgen wir dafür, dass die Seite nicht so an den Rand gedrückt wird.

```css
#moredata{
    list-style-type:none;
    padding-left:20px;
    margin-bottom:20px;
}
```
Listing 4.97 Die Formate für die Liste

Die einzelnen Listenelemente bekommen zunächst nur eine Breite (`width`) von 230 px. Diese werden wir später noch ändern, aber es geht uns hier zunächst nur um die Anordnung der Elemente. Damit die Listenelemente nebeneinanderstehen, verwenden wir `float`.

```css
#moredata li{
    width:230px;
    float:left;
}
```
Listing 4.98 Die Listenpunkte

Als Nächstes überschreiben wir einige zuvor festgelegte Formatierungen für die Listen in den einzelnen Listenelementen von `#moredata`. Diese Listenelemente (in den Listenelementen von `#moredata`) sollen zunächst untereinanderstehen, was wir mit `float:none` festlegen, und keine fixe Breite haben (`width:auto`).

```css
#moredata li ul{
    list-style-type:none;
}
```

```
#moredata li li{
    width:auto;
    float:none;
}
```

Listing 4.99   Die verschachtelten Listen

Überschrift 1	Überschrift 2	Überschrift 3	Überschrift 4
Listeneintrag + Link	Listeneintrag + Link	Listeneintrag + Link	Listeneintrag + Link
Listeneintrag + Link	Listeneintrag + Link	Listeneintrag + Link	Listeneintrag + Link
Listeneintrag + Link	Listeneintrag + Link	Listeneintrag + Link	Listeneintrag + Link
Listeneintrag + Link	Listeneintrag + Link	Listeneintrag + Link	Listeneintrag + Link

Abbildung 4.64   Die Liste im Fußbereich wurde ähnlich formatiert wie die Boxen weiter oben auf der Seite.

4.11   Was haben wir erreicht?

Auch wenn wir die Seite noch an vielen Ecken mit CSS und später noch mit jQuery optimieren werden, kann man erkennen, in welche Richtung sich die Seite entwickelt. Im nächsten Kapitel wenden wir uns dem Stylesheet zu und verschönern unsere Seite. Nach den Grundlagen und der Vertiefung zum Thema HTML sollten Sie jetzt in der Lage sein, HTML-Dateien zu erstellen. Hilfreich wird

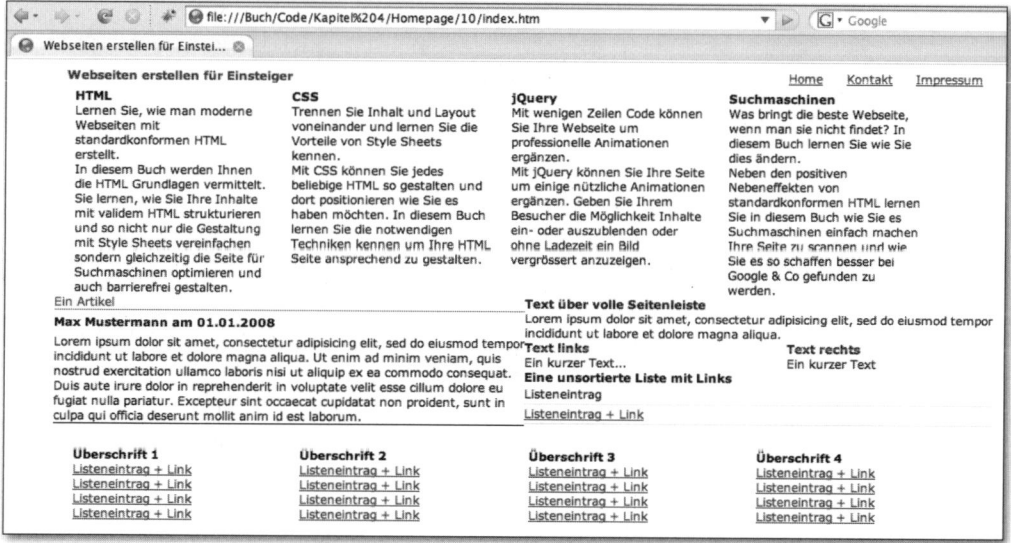

Abbildung 4.65   So sollte Ihre Seite am Ende des Kapitels aussehen.

hier sicherlich die Referenz (Kapitel 9) dieses Buches sein. Dort finden Sie einen Überblick über alle wichtigen HTML-Tags und ihren Einsatz.

[o] *Alle Dateien zu diesem Kapitel finden Sie auf der CD zum Buch unter Code/Kapitel 4.*

Mit CSS gestalten wir unsere Webseite nach unseren Wünschen. Jedes Element kann an jeder Position auf der Webseite stehen – in der Form und mit der Farbe, wie wir es uns vorstellen.

5   Webseiten mit CSS gestalten

Nachdem Sie jetzt die Möglichkeiten kennen, die HTML Ihnen bietet, und eine Beispielseite erstellt haben, vertiefen Sie in diesem Kapitel Ihre CSS-Kenntnisse. Dabei möchte ich Ihnen zunächst die CSS-Eigenschaften vorstellen und sie danach am Beispiel unserer Seite gleich in die Praxis umsetzen. Ebenso wie für die HTML-Elemente finden Sie am Ende des Buches auch einen Referenzteil mit den CSS-Eigenschaften.

5.1   Einheiten, Farben und Hintergrundwissen

Bevor wir loslegen und unsere HTML-Seite gestalten, müssen wir uns ein paar Dinge genauer ansehen. Wichtig sind hier zunächst die möglichen Maßeinheiten. Wir haben eine sehr große Auswahl an relativen und absoluten Einheiten, und wir müssen immer im Hinterkopf behalten, was genau wir erreichen möchten.

Bei den Farbangaben haben wir zunächst die englischen Bezeichnungen der gängigen Farben. Sie werden aber schnell merken, dass diese begrenzte Anzahl an Farben nicht ausreicht, um eine Webseite zu gestalten. Auch hier gibt es viele unterschiedliche Möglichkeiten, weitere Farben zu benennen.

5.1.1   Einheiten

Bei den Einheiten haben wir die Wahl zwischen relativen und absoluten Angaben, wenn wir mit CSS arbeiten. Dabei ist es gerade bei der Textgestaltung nützlich, mit relativen Angaben zu arbeiten, um die Seite auch barrierefrei zu halten. So können wir relativ einfach – weiter unten werde ich Ihnen erklären, wie das genau geht – sicherstellen, dass das Schriftbild auch bei einer vergrößerten Darstellung der Seite identisch bleibt.

Zahlen

Bevor wir uns mit den Maßeinheiten beschäftigen, müssen wir natürlich wissen, welche Zahlen wir zur Verfügung haben und wie wir reelle Zahlen als Wert angeben.

Beim Zahlenbereich gibt es keine Grenze. Bei reellen Zahlen verwenden wir einen Punkt statt einem Komma. Wir können natürlich auch mit Vorzeichen arbeiten.

Relative Angaben

Die am weitesten verbreitete relative Maßeinheit sind Pixel (px). Ein Pixel ist dabei ein Pixel auf dem Bildschirm des Benutzers. Lange Zeit war es üblich, eine Webseite nicht breiter als 800 Pixel zu machen, da die meisten Bildschirme eine Auflösung von 800 x 600 Pixel hatten. Inzwischen ist dem nicht mehr so. Momentan ist eine auf 1024 x 768 Pixel optimierte Webseite die sicherste Lösung. Beachten Sie dabei, dass Sie Ihre Webseite nicht genau 1024 Pixel breit werden lassen, da auf der rechten Seite in der Regel noch der Scrollbalken steht. Ziehen Sie für diesen 25 Pixel ab, und Sie sind auf der sicheren Seite. Die Seite zum Buch ist 950 Pixel breit.

Gerade bei Texten wird die Schriftgröße *em* verwendet. Dabei entspricht 1 em der Schriftgröße des Elternelements. Wenn Sie also in einem Absatz die Schriftgröße 1,5-mal so groß haben möchten wie in dem umschließenden HTML-Element, müssen Sie die Schriftgröße auf 1.5 em setzen.

Wichtig ist dabei zu wissen, dass die eingestellte Standardschriftgröße in allen gängigen Browsern 16 Pixel beträgt. Im Praxisteil dieses Kapitels werde ich Ihnen zeigen, wie Sie mit *em* ein ansehnliches Schriftbild erzeugen können.

Der Vollständigkeit halber möchte ich noch eine dritte mögliche Maßeinheit erwähnen, die ich selbst aber fast nie benutze: *ex* orientiert sich an der Schriftgröße eines kleinen *x*. Diese Einheit macht sicherlich Sinn, wenn Sie die Größe der Webseite an der Schriftgröße orientieren möchten, wobei hier natürlich auch *em* in Frage kommt.

Absolute Angaben

Wenn Sie sich mit Menschen unterhalten, die sich wenig mit Webseiten beschäftigen, werden Sie oft Aussagen wie »Machen Sie das mal 2 cm breiter« hören. Nun bietet CSS durchaus die Möglichkeit, diesem Wunsch gerecht zu werden, und trotzdem möchte ich Ihnen nicht raten, mit Werten wie Millimeter oder Zentimeter zu arbeiten, da diese lediglich im Druck nützlich sind. Im Drucklayout dürfen Sie diese Einheiten also gern benutzen.

Die eben angesprochenen Zentimeter und Millimeter werden, wie Sie es gewohnt sind, mit *cm* und *mm* angegeben. Das aus dem englischen Sprachraum stammende Inch (1 Inch = 2,54 cm) geben Sie mit *in* an.

Gerade im Druckbereich wird die Schriftgröße in *Points* (1 Point = 1/72 Inch) angegeben. Die Abkürzung für diese Maßeinheit ist *pt*. Daneben wird die Einheit *Pica* (1 Pica = 12 Points) verwendet, die mit *pc* abgekürzt wird.

5.1.2 Prozentuale Angaben

Eine sehr verbreitete Möglichkeit, Werte in CSS anzugeben, ist die prozentuale Angabe. Sie können also beispielsweise mit `width:50%` ein Element halb so breit wie das Elternelement darstellen lassen.

5.1.3 Farbangaben

Ihr Monitor arbeitet mit drei Farben: Rot, Grün und Blau. Die Farbangaben, die wir in HTML machen, basieren daher auf diesen drei Farben und verwenden das RGB-Farbmodell. Bei diesem Farbmodell können Sie für jede der drei Farben einen dezimalen Wert von 0 bis 255 angeben.

```
color: rgb(255,0,0);
```
Listing 5.1 Rot

```
color: rgb(0,0,0);
```
Listing 5.2 Schwarz

```
color: rgb(255,255,255);
```
Listing 5.3 Weiß

Neben dieser Schreibweise gibt es noch zwei weitere. Sie können die Angaben für die einzelnen Farben auch in Prozent machen. 100% entspricht dabei dem Wert von 255. Die verbreitetste Variante ist aber die hexadezimale Notation.

Bei der hexadezimalen Schreibweise wird jede der drei Farben durch eine zweistellige Hexadezimalzahl dargestellt, wobei die ersten beiden Ziffern für den Rotanteil, die nächsten beiden für den Grün- und die letzten zwei schließlich für den Blauanteil zuständig sind. Schematisch also:

```
#RRGGBB
```

Eine Hexadezimalziffer kann einen Wert von 0 bis 16 darstellen. Hierfür werden die Ziffern 0 bis 9 und die Buchstaben A (für 10) bis F (für 16) verwendet. Vor der Farbangabe steht in diesem Fall nicht `rgb()`, sondern ein #.

```
color: #FF0000;
```
Listing 5.4 Rot

```
color:#000000;
```
Listing 5.5 Schwarz

```
color:#FFFFFF;
```
Listing 5.6 Weiß

Sie können diese Schreibweise auch abkürzen, wenn jede Farbkomponente durch zwei identische Ziffern angegeben wird.

```
color:#F00   /* statt #FF0000 */
```
Listing 5.7 Rot

```
color: #F90   /* statt #FF9900 */
```
Listing 5.8 Orange

```
color:#FFF   /* statt #FFFFFF */
```
Listing 5.9 Weiß

Falsch:

```
color:#F3A0 /* enthält eine Ziffer zu viel */
```

Listing 5.10   Das kann Folgendes sein: #FF33A0 (Rosa), #F3AA00 (Orange), …

Farbnamen

Anstelle der hexadezimalen Notation können Sie einige Farben auch über ihren englischsprachigen Farbnamen festlegen. Schwarz wird in diesem Fall statt mit #000000 (oder #000) oder rgb(0,0,0) einfach mit black bezeichnet. Beachten Sie, dass es zum Teil mehrere Namen für den gleichen Farbwert gibt.

CSS-Farbname	Übersetzung	hexadezimal	funktional
black	schwarz	#000000 oder #000	rgb(0,0,0)
gray/grey	grau	#808080	rgb(128,128,128)
silver	silber	#c0c0c0	rgb(192,192,192)
white	weiß	#ffffff oder #fff	rgb(255,255,255)
purple	violett	#800080	rgb(128,0,128)
fuchsia/magenta	fuchsia / pink	#ff00ff oder #f0f	rgb(255,0,255)
maroon	kastanienbraun	#800000	rgb(128,0,0)
red	rot	#ff0000 oder #f00	rgb(255,0,0)
olive	olivgrün	#808000	rgb(128,128,0)
yellow	gelb	#ffff00 oder #ff0	rgb(255,255,0)
green	grün	#008000	rgb(0,128,0)
lime	limonengelb	#00ff00 oder #0f0	rgb(0,255,0)
navy	navyblau	#000080	rgb(0,0,128)
blue	blau	#0000ff oder #00f	rgb(0,0,255)
teal	blau-grün	#008080	rgb(0,128,128)
aqua	aquamarin	#00ffff oder #0ff	rgb(0,255,255)
orange	orange	#ffa500	rgb(255,165,0)

Tabelle 5.1   Die Namen der Standardfarben und ihre Farbwerte

Eine umfangreiche Farbsammlung finden Sie im Internet unter *http://www.farb-tabelle.de/de/farbtabelle.htm*.

5.1.4   Das Box-Modell

Fangen wir mit einer kleinen Aufgabe an. Nehmen wir an, wir hätten ein HTML-Element mit id="box", dem wir über CSS folgende Eigenschaften geben:

► einen Außenabstand von 10 Pixel (`margin:10px`)

► einen Rahmen, der 2 Pixel breit ist (`border-width:2px`)

► einen Innenabstand von 5 Pixel (`padding:5px`)

Abschließend definieren wir die Breite des Elements mit 400 Pixel (`width:400px`). Wie breit ist nun unser HTML-Element?

Ich denke, da ich schon so nachfrage, werden Sie nicht annehmen, dass das Element wirklich 400 Pixel breit ist. In der Tat benötigt dieses Element in der Breite sogar 434 Pixel. Die Darstellungsbreite eines Elements entspricht der Summe von Außenabstand, Rahmen, Innenabstand und der über CSS festgelegten Breite des Elements (die also eigentlich eine »Innenbreite« ist). Leider muss ich auch hier die Einschränkung machen, dass dies nicht alle Browser wie geplant umsetzen und der Internet Explorer 6 hier erneut aus der Reihe tanzt. Die CSS-Regel für das Element sieht also so aus:

```
#box {
    width:400px;
    margin:10px;
    padding:5px;
    border:1px solid black;
}
```

Listing 5.11 Eine Box in CSS

Abbildung 1.1 verdeutlicht das Box-Modell und spart sicherlich viele Worte:

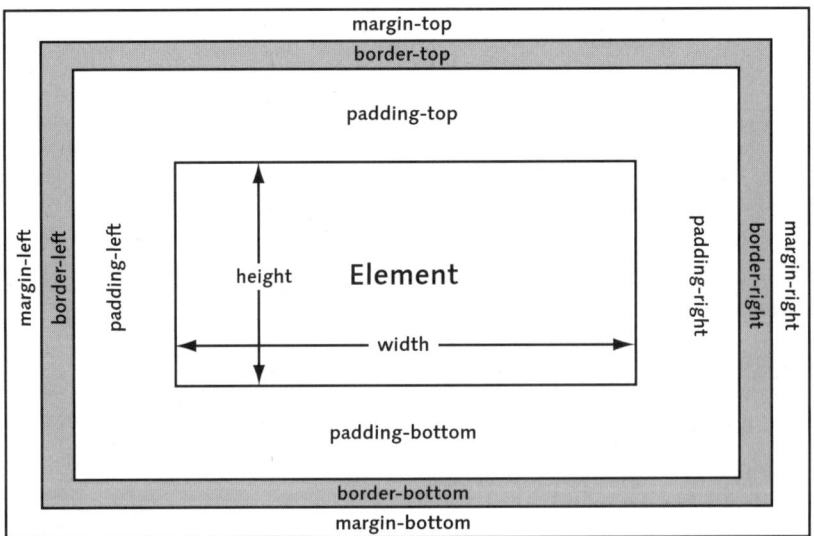

Abbildung 5.1 Das »Box-Modell«

Das Box-Modell im Internet Explorer bis zur Version 6

Wie Sie Abbildung 1.1 entnehmen können, berechnet sich die gesamte Darstellungsbreite eines Elements wie folgt:

gesamte Breite = linker Außenabstand + linke Rahmenbreite + linker Innenabstand + Breite des Inhalts + rechter Innenabstand + rechte Rahmenbreite + rechter Außenabstand

Analog wird auch die Darstellungshöhe eines Elements berechnet:

gesamte Höhe = oberer Außenabstand + obere Rahmenbreite + oberer Innenabstand + Höhe des Inhalts + unterer Innenabstand + untere Rahmenbreite + unterer Außenabstand

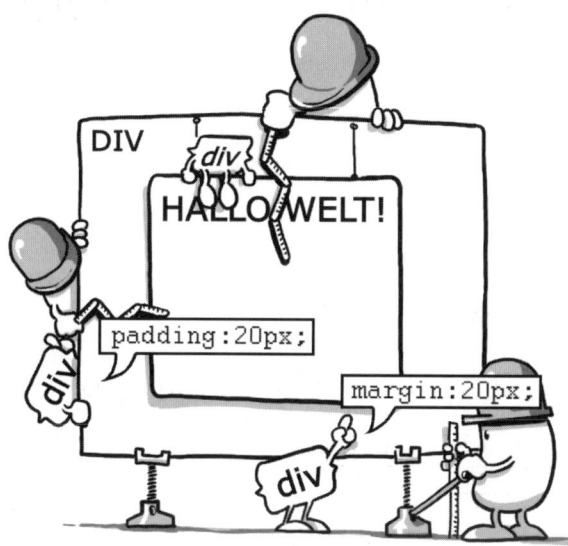

Der Internet Explorer bis einschließlich der Version 6 interpretiert das aber etwas anders. Er ignoriert bei der Berechnung der Breite die Rahmenbreite und den Innenabstand. Bei ihm verringert sich die verfügbare Innenbreite daher um eben diese Werte. In unserem Beispiel macht das also einen Unterschied von 12 Pixel, was bei der Webseitengestaltung sehr viel sein kann.

Umgehen können wir diese Abweichung auf zwei Wegen:

▸ Wir verzichten auf den Innenabstand und den Rahmen, wenn es möglich ist, und gruppieren die Elemente so, dass der Fehler nicht auffällt (das ist übrigens oft leichter, als es sich anhört).

▸ Wir verwenden CSS-Hacks, die Sie in Kapitel 8, »Der letzte Schliff«, kennenlernen werden.

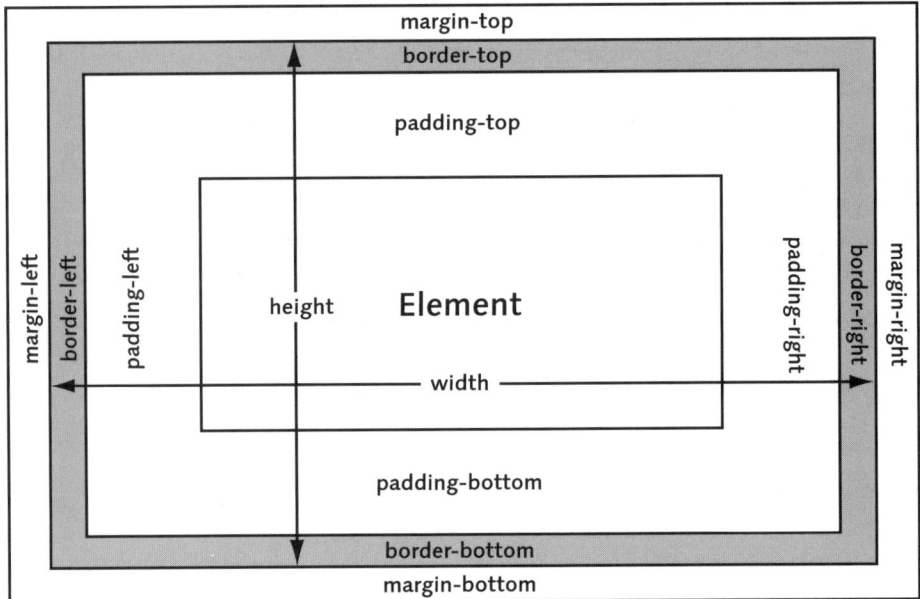

Abbildung 5.2 Das »Box Modell« im Internet Explorer bis zur Version 6

5.1.5 Aufbau des Stylesheets

Beim Aufbau des Stylesheets sollten Sie versuchen, eine Systematik zu entwickeln und viel mit Kommentaren zu arbeiten. Ein Stylesheet wird schnell sehr umfangreich. Wenn Sie es später verändern wollen, bekommen Sie unter Umständen Probleme, sofern Sie nicht auf einen logischen Aufbau geachtet haben.

Ich empfehle Ihnen, folgende »Kategorien« zu verwenden und mit Kommentaren in den Quellcode einzutragen: Grundeinstellungen, Hilfsklassen, Layout und Inhalte.

```
/* Grundeinstellungen */
/* Hilfsklassen */
/* Layout */
/* Inhalte */
```

In die Kategorie Grundeinstellungen können Sie die Formatierungen schreiben, die Sie für body und den Universalselektor vorsehen. Bei den Hilfsklassen handelt es sich um Klassen, die Sie an vielen Stellen des Codes verwenden möchten. Die Formatierungen für die div-Container, die das Layout festlegen, heißen dementsprechend Layout. Unter Inhalte kommen dann die CSS-Anweisungen, die die Inhalte wie Texte, Überschriften oder auch Formulare beinhalten.

Wenn Sie innerhalb des Layouts arbeiten und Style-Regeln aufstellen, die beispielsweise die Navigation betreffen, so können Sie dies ebenfalls mit einem
Kommentar wie `/* Navigation */` deutlich machen. Der Vorteil bei der Verwendung von Kommentaren besteht auch darin, dass Sie auf diese Weise mit der
Suchfunktion Ihres Editors schneller die Stelle finden, die Sie editieren möchten.

5.1.6 CSS-Eigenschaften mit mehreren Werten

Die CSS-Eigenschaften für den Rahmen (`border`), den Außen- (`margin`) und den
Innenabstand (`padding`) können mehr als einen Wert zugewiesen bekommen. Sie
können so mit einer Eigenschaft jeweils die obere, rechte, untere und linke Seite
formatieren. Dabei haben Sie folgende Optionen:

▸ **ein Wert**
Ein Wert gilt für alle vier Seiten des Elements.

▸ **zwei Werte**
Der erste Wert gilt für die obere und die untere Seite, der zweite Wert für die
linke und die rechte Seite.

▸ **drei Werte**
Der erste Wert gilt für die obere Seite, der zweite Wert für die linke und die
rechte Seite und der dritte Wert für die untere Seite.

▸ **vier Werte**
Mit vier Werten formatieren Sie alle vier Seiten mit eigenen Werten in der
Reihenfolge oben, rechts, unten, links.

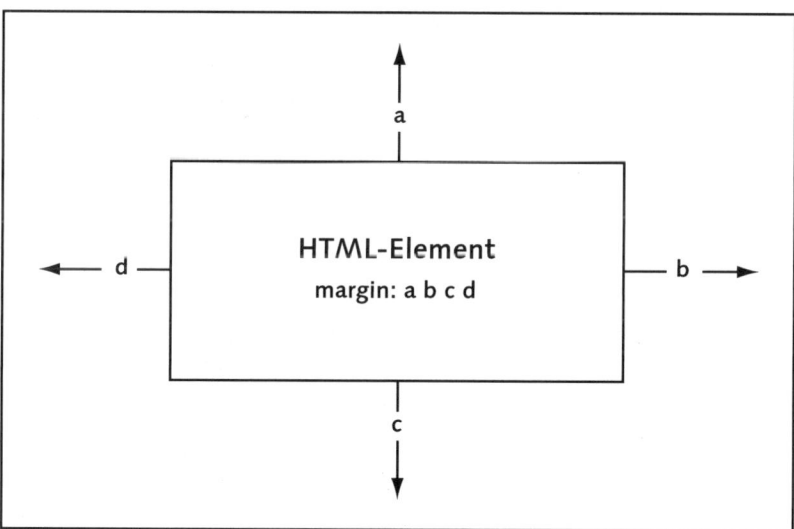

Abbildung 5.3 Visualisierung von margin

Beispiel

```
p{
    margin:10px 5px 20px 3px;
}
```

Listing 5.12 Außenabstand für den Absatz

5.2 Überblick über die Möglichkeiten mit CSS

Sie haben in diesem Buch schon öfter von den Möglichkeiten gelesen, die CSS uns bietet. Das Besondere ist in meinen Augen, dass wir wirklich jedes HTML-Element beliebig gestalten können. Dabei ist es auch egal, ob es sich um ein Block- oder Inline-Element handelt, denn wie wir schon bei der Navigation gesehen haben, wandeln wir auch Inline- in Blockelemente um und umgekehrt.

Auf den folgenden Seiten möchte ich mit Ihnen gemeinsam die Seite zum Buch gestalten. Ich werde dabei nur am Rande auf Darstellungsfehler in verschiedenen Browsern eingehen. Wenn Sie eine Seite selbst entwickeln, empfiehlt es sich, diese zunächst für einen einzigen Zielbrowser fertigzustellen und im Anschluss erst eventuell erforderliche Anpassungen für weitere Browser vorzunehmen. Zu den Anpassungen lesen Sie mehr in Kapitel 8.

5.3 Schrift und Textbild

Allein eine ansprechende Gestaltung des Schriftbilds kann eine Webseite bereits aufwerten. Hier gibt es viele Möglichkeiten, aber auch einige Fallstricke, auf die Sie unbedingt achten sollten. Zunächst ist die Wahl der Schriftart sehr wichtig. Sie müssen im Hinterkopf behalten, dass jemand eine Schrift auf Ihrer Webseite nur dann richtig dargestellt bekommt, wenn diese Schrift auch auf seinem Rechner installiert ist.

Wenn Sie also beispielsweise auf Ihrem Windows Vista gern die Schriftart *Calibri* nutzen, dann möchten Sie diese vielleicht auch als Schriftart für Ihre Webseite verwenden. In diesem Fall müssen Sie aber akzeptieren, dass Besucher mit Windows XP, Linux oder Mac OS X Ihre Webseite nicht so dargestellt bekommen, wie Sie es sich wünschen, sondern mit einer Ersatzschrift, die der jeweilige Browser auswählt.

Aber natürlich gibt es auch hier eine Möglichkeit: Sie können mit CSS mehrere Schriften für eine Webseite definieren und so eine oder mehrere Alternativschriften festlegen, von denen hoffentlich eine verfügbar ist.

5.3.1 Schrift

font-family

Mit `font-family` legen Sie die Schriftart(en) fest. Achten Sie hier auf die korrekte Schreibweise der Schriftbezeichnung, sonst versteht der Zielbrowser nicht, was Sie wollen. Schriftennamen, die aus mehreren Wörtern bestehen, müssen Sie obendrein in Anführungszeichen setzen. Achten Sie darauf, dass immer zumindest eine weit verbreitete Schriftart verwendet wird, auf die im Notfall zurückgegriffen werden kann.

```
font-family:"Lucida Grande", "Lucida Sans Unicode", Verdana, Arial,
sans-serif;
```

In diesem Beispiel definieren wir die gleiche Schrift zweimal, denn Lucida Grande und Lucida Sans Unicode sind identische Schriftarten mit unterschiedlichen Namen: Während die Schrift in Mac OS X Lucida Grande heißt, wird sie in Windows Lucida Sans Unicode genannt.

Verdana und Arial sind eigentlich auf allen PCs vorhanden. »sans-serif« ist eine generische Schriftart und steht für eine (beliebige) serifenlose Schrift. Dieser Eintrag ist unsere Garantie dafür, dass jeder Benutzer unsere Webseite vernünftig dargestellt bekommt. Falls keine der vorher festgelegten Schriften auf dem System des Besuchers installiert ist, wird immerhin eine serifenlose Schrift verwendet, damit die Darstellung noch halbwegs ähnlich aussieht.

> **Anführungszeichen innerhalb des style-Attributs**
>
> Wenn Sie CSS über das `style`-Attribut einbinden, müssen Sie darauf achten, dass Sie (u.a. innerhalb von `font-family`) andere Anführungszeichen verwenden als für das Attribut.
> ```
> style="font-family:'Lucida Grande', 'Lucida Sans Unicode',
> Verdana, Arial, sans-serif;"
> ```

Generische Schriftarten

Eine generische Schriftartangabe ist im Prinzip eine Schriftbeschreibung, die den Browser auffordert, eine Schriftart mit bestimmten Eigenschaften – in unserem Beispiel serifenlos (sans-serif) – anzuzeigen.

Neben sans-serif gibt es noch vier weitere generische Schriftarten. Verwenden Sie einen passenden Eintrag immer am Ende von font-family, um die richtige Darstellung Ihrer Webseite sicherzustellen:

- ► serif – mit Serifen
- ► sans-serif – ohne Serifen
- ► cursive – Schreibschrift
- ► fantasy – eine ungewöhnliche Schriftart oder Zierschrift
- ► monospace – nichtproportionale Zeichenbreiten (Schreibmaschinenschrift)

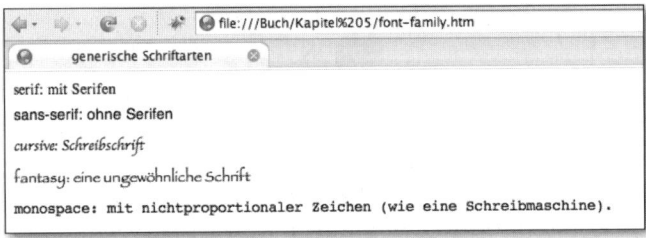

Abbildung 5.4 Generische Schriften im Vergleich

font-size

Wie der Name schon erahnen lässt, legen wir hier die Schriftgröße fest. Sie werden in diesem Buch noch einige weitere Größeneinheiten kennenlernen, die Sie ebenfalls für Schrift verwenden können. Um es am Anfang nicht zu kompliziert werden zu lassen, verwenden wir die schon bekannten Pixel (px). Ansonsten gibt es nicht viel bei der Schriftgröße zu beachten. Achten Sie aber auf die Lesbarkeit Ihrer Seite. Sicherlich mag eine Seite mit besonders kleiner Schrift attraktiv aussehen, aber es bringt wenig, wenn jeder Besucher die Schriftgröße verändern muss, damit er die Texte auf der Seite entziffern kann.

```
font-size:12px;
```

Nicht wie in Word

Verwechseln Sie bitte nicht die Schriftgröße in Textverarbeitungsprogrammen mit der Schriftgröße auf Webseiten. 12 Pixel bedeutet, dass die Schrift 12 Pixel groß ist. In Textverarbeitungsprogrammen wie Word wird nicht Pixel als Größeneinheit verwendet, sondern *Point*.

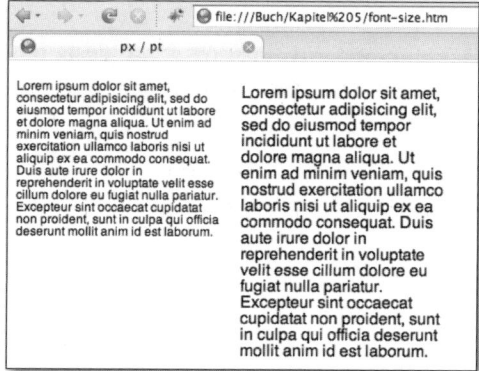

Abbildung 5.5   Links: 12 Pixel, rechts: 12 Point

font-style

Die Eigenschaft font-style ermöglicht es, den Text kursiv oder schräg darzustellen. Sie können hier zwischen normal, italic und oblique wählen. Mit normal wird die Schrift normal dargestellt. Dies ist dann notwendig, wenn der restliche Text schräg oder kursiv dargestellt wird und Sie einen Teil des Textes normal schreiben möchten. Mit italic wird der Text kursiv, und mit oblique wird er angeschrägt, also künstlich kursiv dargestellt. Dies braucht man eigentlich nur, wenn für eine Schrift kein echter Kursivschnitt vorliegt. Normalerweise wird der Browser in beiden Fällen eine kursive Darstellung verwenden. Wundern Sie sich, wenn Sie die Eigenschaften testen, also nicht, wenn Sie zwischen oblique und italic keinen oder fast keinen Unterschied erkennen können.

HTML

```
<p class="einleitung">
   Der Text ist teilweise kursiv <span>und teilweise normal.</span>
</p>
```

CSS

```
.einleitung{
   font-style:italic;
}
.einleitung span{
   font-style:normal;
}
```

Listing 5.13   Hier sehen Sie eine mögliche Verwendung von font-style:normal. Der Absatz wird komplett kursiv dargestellt. Nur innerhalb des span-Elements wird normale Schrift verwendet.

font-variant

Gerade Überschriften können Sie mit `font-variant` ansprechend gestalten. `font-variant:small-caps` betont Großbuchstaben und stellt normale Kleinbuchstaben ebenfalls mit Großbuchstaben dar. `font-variant:normal` wandelt den Text wieder in die ursprüngliche Darstellung um.

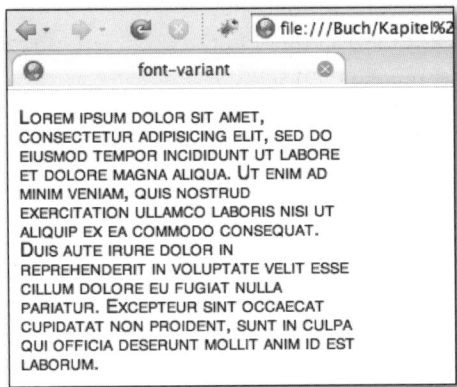

Abbildung 5.6 Text, der mit font-variant:small-caps formatiert wurde

font-weight

Neben der kursiven bzw. schrägen Darstellung von Text wird auch häufig eine fette Darstellung benötigt. Dies ist mittels `font-weight:bold` möglich. Auch hier erhält man den normalen Text mit dem Wert `normal`.

font

Mit der Sammeleigenschaft `font` haben wir die »eierlegende Wollmilchsau« der Schriftgestaltung mit CSS vor uns. Sie können mit ihrer Hilfe alle zuvor vorgestellten Eigenschaften theoretisch in einer Anweisung zusammenfassen. Trotzdem ist die Verwendung nicht die Regel, da die Reihenfolge der Werte innerhalb von `font` eine große Rolle spielt und es daher leicht unübersichtlich wird.

Theoretischer Aufbau

```
font: font-style font-variant font-weight font-size/line-height
font-family;
```

Beispiel

```
font: normal normal normal 12px/18px Verdana,Arial,sans-serif;
```

In unserem Beispiel wird unser Text also weder schräg noch fett oder mit veränderten Buchstaben angezeigt. Wir weisen ihm die Schriftgröße 12 px zu und setzen die Zeilenhöhe (`line-height`) auf 18 px. Verwendet wird die Schriftart Verdana. Alternativen für diese sind Arial und eine generische serifenlose Schrift. Die Eigenschaft `line-height` stelle ich Ihnen später noch vor.

Eigenschaften, die nicht verändert werden sollen, können Sie hier auch problemlos weglassen. Achten Sie aber trotzdem auf die richtige Reihenfolge. Das obige Beispiel könnten Sie also kürzer auch folgendermaßen schreiben:

```
font: 12px/18px Verdana,Arial,sans-serif;
```

5.3.2 Text

Nach den verschiedenen Möglichkeiten, die Schrift zu formatieren, gehen wir eine Ebene höher und betrachten komplette Texte. Zur Formatierung ganzer Texte gibt es noch mehr Eigenschaften, die in der Praxis aber selten verwendet werden. Da ich Ihnen hier nur einen Überblick über die wichtigsten Möglichkeiten geben möchte, verweise ich an dieser Stelle erneut auf die Referenz am Ende des Buchs.

color

Sicherlich wollen Sie nicht nur schwarzen Text verwenden, sondern auch die Textfarbe variieren können. Mit `color` ist dies über CSS möglich.

line-height

Mit `line-height`, das etwas weiter oben schon erwähnt wurde, legen Sie die Zeilenhöhe fest. Dies können Sie entweder innerhalb von `font` tun oder indem Sie `line-height` separat definieren. Sie sollten hier darauf achten, dass die Zeilenhöhe immer mindestens so groß wie die Schrift ist. Wenn Sie die Zeilenhöhe auf die 1,5fache Schriftgröße setzen, sollte der Text gut lesbar sein.

```
font: 12px/18px Verdana, Arial, sans-serif;
```

oder:

```
font-size:12px;
line-height:18px;
font-family: Verdana, Arial, sans-serif;
```

Listing 5.14 Lange (unten) und kurz (oben) Schreibweise für font-Eigenschaften

text-align

Die Textausrichtung kennen Sie aus Textverarbeitungsprogrammen wie Word. Auch hier stehen die Möglichkeiten, die CSS uns bietet, einem Textverarbeitungsprogramm in fast nichts nach. Sie haben die Möglichkeit, den Text linksbündig (`left`), rechtsbündig (`right`) oder zentriert (`center`) darzustellen. Mit `text-align:justify` ist auch Blocksatz möglich. Generell gibt es aber einen großen Unterschied: Texte werden innerhalb von Webseiten nicht automatisch getrennt. So kann theoretisch ein einzelnes Wort ein komplettes Layout kaputt machen, wenn es breiter ist als das umschließende HTML-Element.

text-decoration

Sie kennen die typische Unterstreichung von Links. Diese können wir natürlich auch mit CSS festlegen. `text-decoration` ist allerdings nicht nur auf Links beschränkt. Aber gerade in diesem Zusammenhang ist es wichtig, dass Sie an den Besucher Ihrer Webseite denken. Unterstreichen Sie also keinen normalen Text, denn Sie verleiten damit den Besucher schnell zur fälschlichen Annahme, es würde sich bei diesem Text um einen Link handeln.

Sie haben bei `text-decoration` die Wahl zwischen keiner Hervorhebung (`none`), einer Unterstreichung (`underline`), einer Linie über dem Text (`overline`), durchgestrichenem Text (`line-through`) und blinkendem Text (`blink`). Sie können auch mehrere Werte kombinieren und beispielsweise einem Element `text-decoration:overline underline` als CSS-Eigenschaft zuweisen. Die Eigenschaft `text-decoration:blink` funktioniert nicht im Internet Explorer.

```
a:hover{
    text-decoration:none
}
```

Listing 5.15 Wenn Sie mit der Maus über einen Link fahren, verschwindet die Unterstreichung.

text-transform

Die Eigenschaft `text-transform` ähnelt auf den ersten Blick `font-variant`, dient aber anderen Gestaltungsmöglichkeiten. Sie können mit `text-transform` den Text in Großbuchstaben (`uppercase`) oder Kleinbuchstaben (`lowercase`) oder mit großgeschriebenem Anfangsbuchstaben (`capitalize`) darstellen.

5.3.3 Listen

Listen gehören zum häufig verwendeten Handwerkszeug, gerade wenn wir standardkonforme und barrierefreie Webseiten erstellen möchten. Um diese Listen aber auch optisch an unsere Wünsche anzupassen, müssen wir häufig zumindest das Aufzählungszeichen vor jedem Listeneintrag entfernen oder verändern.

list-style-position

Bei dieser CSS-Eigenschaft haben Sie die Wahl, wo Sie das Aufzählungszeichen platzieren möchten. Während Sie es mit `list-style-postion:inside` so weit einrücken, dass der Listeneintrag und das Aufzählungszeichen linksbündig abschließen, wird es mit `list-style-position:outside` links neben dem Listeneintrag platziert.

list-style-type

Mit `list-style-type` können Sie die Art der Aufzählungszeichen festlegen. Sie haben hier folgende Optionen (siehe auch Abschnitt 4.6.4):

- `none` – kein Aufzählungszeichen
- `circle` – Kreis, nur Rahmen
- `square` – Quadrat
- `disc` – gefüllter Kreis
- `decimal` – Dezimalzahlen (1., 2., 3., ...)
- `lower-roman` – kleine römische Zahlen (i., ii., iii., ...)
- `upper-roman` – große römische Zahlen (I., II., III., ...)
- `decimal-leading-zero` – Dezimalzahlen mit führender Null (01., 02., 03., ...)
- `lower-greek` – kleine griechische Nummerierung (α, β, γ, ...)
- `lower-latin` – kleine ASCII-Zeichen (a., b., c., ...)
- `upper-latin` – große ASCII-Zeichen (A., B., C., ...)
- `armenian` – armenische Nummerierung
- `georgian` – georgische Nummerierung

Besonders häufig und gerade bei der Erstellung einer Navigation wird `list-style-type:none` verwendet, um die Aufzählungszeichen zu entfernen. Sie können übrigens mit der passenden CSS-Eigenschaft aus einer unsortierten Liste eine sortierte machen und umgekehrt.

```
ul{
    list-style-type:decimal;
}
ol{
    list-style-type:disc;
}
```

Listing 5.16 Per CSS von der ungeordneten zur geordneten Liste und umgekehrt

list-style-image

Wenn Ihnen die Möglichkeiten von `list-style-type` nicht ausreichen, können Sie auch eine eigene Grafik als Aufzählungszeichen einbinden. Mit `list-style-image:url(pfad/zur/datei)` können Sie ein beliebiges Bild auswählen.

list-style

Mit `list-style` existiert eine Möglichkeit, die bekannten CSS-Eigenschaften auch für Listen in einer einzigen Anweisung zu kombinieren. Achten Sie hier auf die Reihenfolge: `list-style-image` steht als erste Angabe, dann folgt `list-style-position` und zuletzt `list-style-type`.

```
list-style: outside circle;
```

5.4 Rahmen und Abstände

Bei der Umsetzung des Layouts Ihrer Seite werden Sie wahrscheinlich nicht daran vorbeikommen, mit Rahmen, Außen- und Innenabständen zu arbeiten, um die Seite übersichtlicher zu gestalten. Dabei ist es sehr hilfreich, dass es zwischen diesen drei CSS-Eigenschaften viele Gemeinsamkeiten gibt und dass sich gerade beim Außen- und Innenabstand nur der Name der CSS-Eigenschaft unterscheidet.

Etwas kompliziert ist hingegen die Kombination dieser Eigenschaften. Hier muss man sich erst mit dem weiter oben bereits erwähnten Box-Modell vertraut machen und besonders einige Eigenarten des immer noch stark verbreiteten Internet Explorers 6 berücksichtigen. Sie werden noch häufiger erleben, dass Sie gerade für diesen Browser einige Umwege gehen müssen, obwohl die standardkonforme Umsetzung oft viel logischer wäre.

5.4.1 Rahmen

Die CSS-Eigenschaften für Rahmen sehen auf den ersten Blick komplex aus, sind aber sehr einfach zu erlernen. Betrachten wir zunächst die Möglichkeiten, die wir haben, um einen vollständigen Rahmen um ein Element zu setzen. Hierfür gibt es vier Eigenschaften:

- `border-color`
- `border-width`
- `border-style`
- `border`

border-color

Diese CSS-Eigenschaft legt die Rahmenfarbe fest. Sie können hier auf einen der bereits vorgestellten Farbnamen zurückgreifen oder eine der anderen möglichen Farbangaben wählen, die ich Ihnen schon weiter oben in diesem Kapitel vorgestellt habe.

Es ist auch möglich, hier mehrere Werte anzugeben, um die vier Seiten des Rahmens unterschiedlich zu färben.

border-width

Bei der Rahmenbreite, die wir mit `border-width` festlegen, haben wir die Wahl zwischen einer Angabe in Pixel (oder einer anderen Größeneinheit, s.o.) oder der Angabe `thin` (dünn), `medium` (mittel) oder `thick` (dick). Auch hier können Sie mehrere Werte für die verschiedenen Seiten verwenden.

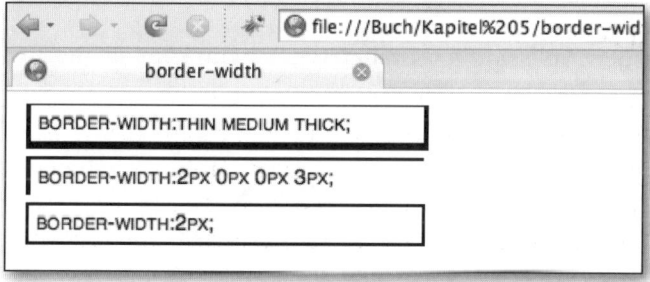

Abbildung 5.7 Beispiele für den Einsatz von border-width

border-style

Wenn wir einen Rahmen um ein Objekt setzen möchten, sind wir bei der Rahmendarstellung nicht auf eine durchgezogene Linie festgelegt. Mit der CSS-Eigenschaft `border-style` können wir zwischen acht unterschiedlichen Rahmenarten wählen (zuzüglich der Möglichkeit, mit `border-style:none` keinen Rahmen anzuzeigen).

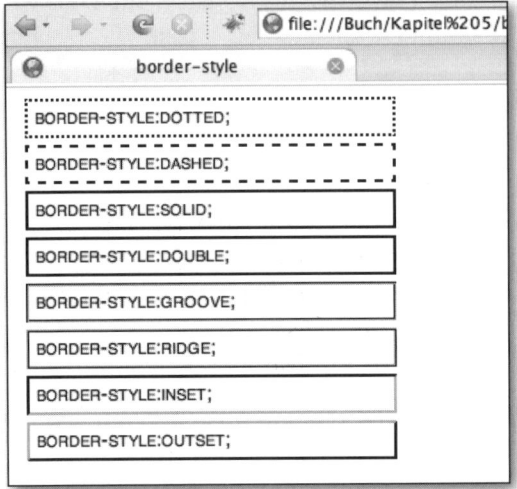

Abbildung 5.8 Die Möglichkeiten, mit border-style den Rahmen zu gestalten

Ein Rahmen kann nur angezeigt werden, wenn ebenfalls die Rahmenart und -breite definiert sind. Der Initialwert für die Rahmenbreite ist `medium`. Der `border-style` ist standardmäßig mit `none` definiert. Die Rahmenfarbe (`border-color`) ist nicht transparent. Daher müssen Sie zumindest den `border-style` festlegen, damit der Rahmen angezeigt wird.

border

Wenn Sie ein HTML-Element vollständig umrahmen möchten, können Sie auch auf die oben vorgestellten CSS-Eigenschaften verzichten und stattdessen die Sammeleigenschaft `border` verwenden.

Mit border kombinieren Sie die bisher vorgestellten CSS-Eigenschaften. Sie müssen border dabei drei Werte zuweisen: die Breite des Rahmens, die Rahmenart und die Rahmenfarbe. Achten Sie dabei auch darauf, dass Sie die Werte in dieser Reihenfolge angeben:

```
border:1px solid black;
border:2px dotted black;
```

Rahmen nur für einzelne Seiten definieren

Sie können auch gezielt nur einzelne Ränder eines HTML-Elements über CSS gestalten. Hierfür gibt es für jede der vier Seiten jeweils vier CSS-Eigenschaften (für die Farbe, für die Breite, für die Rahmenart sowie eine Eigenschaft, um die drei anderen zu kombinieren). Für die obere Seite sind dies border-top-color, border-top-width, border-top-style und border-top. Die anderen Eigenschaften sind analog aufgebaut. Statt top verwenden Sie dann left (links), right (rechts) oder bottom (unten). Im Referenzteil (Kapitel 9) stelle ich Ihnen diese Eigenschaften alle noch einmal vor.

5.4.2 Außenabstände

Wie Sie in Kapitel 3 und 4 schon erfahren haben, können Sie mit margin den Außenabstand eines HTML-Elements definieren. Dabei können Sie margin bis zu vier Werte zuweisen, um den Außenabstand in alle Richtungen festzulegen.

Ebenso wie bei den Rahmen gibt es auch bei den Außenabständen CSS-Eigenschaften für alle vier Richtungen: margin-top (oben), margin-right (rechts), margin-bottom (unten) und margin-left (links).

```
margin-top:1px;
margin-right:2px;
margin-bottom:3px;
margin-left:4px;
```

Das entspricht:

```
margin:1px 2px 3px 4px;
```

Listing 5.17 Die Außenabstände in Kurz- und Langschrift

5.4.3 Innenabstände

Die Innenabstände werden mit padding definiert. Dabei gibt es die gleichen Möglichkeiten wie bei margin. Sie können also padding ebenfalls vier Werte in der bekannten Reihenfolge zuweisen oder nur den Innenabstand für eine Richtung definieren (padding-top, padding-right, padding-bottom und padding-left).

5.5   Hintergrundbilder und -farbe

Viele kompliziert wirkende Designs lassen sich mit einer geschickten Positionierung von Hintergrundbildern vergleichsweise einfach realisieren. Dabei ist es wichtig, dass man die Trennung von Inhalt und Layout nicht nur auf den Inhalt bezieht, sondern auch beim Layout bedenkt, dass man hier flexibel vorgehen kann. So werden wir bei der Umsetzung des Layouts für die Seite zum Buch beispielsweise einen Teil der Bannergrafik schon in der Navigation als Hintergrundgrafik einfügen.

background-color

Natürlich können wir mit CSS auch jedem Element eine Hintergrundfarbe zuweisen. Wir benutzen hierfür die CSS-Eigenschaft `background-color`.

background-image

Wenn Sie einem HTML-Element ein Hintergrundbild geben möchten, können Sie dies mit `background-image` erreichen. Beschränken Sie dies nicht nur auf das `body`-Element (dieses bekommt sehr häufig ein Hintergrundbild, da es die ganze Seite betrifft), denn gerade mit dem geschickten Einsatz von Hintergrundbildern können Sie Ihr Layout aufwerten. Ein Bild binden Sie mit `background-image:url(url/zum/bild);` ein. Falls Sie kein Hintergrundbild angezeigt bekommen möchten, verwenden Sie `background-image:none`.

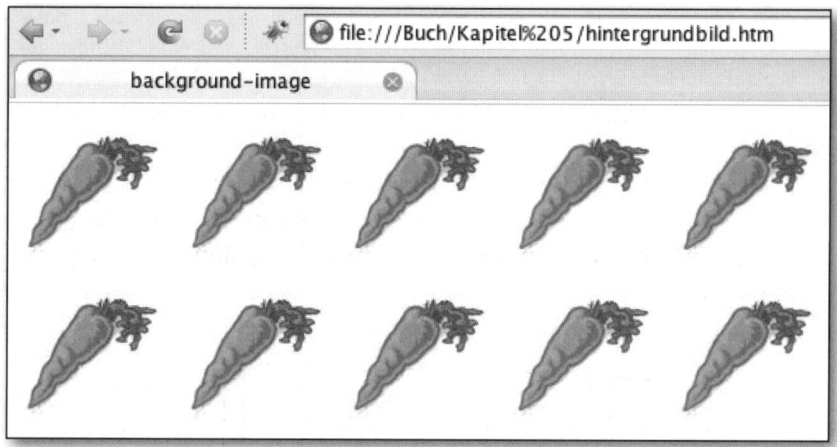

Abbildung 5.9   Ein Hintergrundbild, das mit background-image eingefügt wurde

background-attachment

Mit background-attachment können Sie festlegen, wie sich das Hintergrundbild verhält, wenn Sie auf der Seite scrollen. Normalerweise ist die Eigenschaft background-attachment:scroll diejenige, die das Hintergrundbild mit dem Inhalt wandern lässt. Wenn Sie den Hintergrund aber nicht mitscrollen lassen möchten, verwenden Sie background-attachment:fixed.

background-repeat

Standardmäßig wird eine Hintergrundgrafik in einem HTML-Element immer wieder sowohl nach rechts als auch nach unten wiederholt, bis der Hintergrundbereich komplett gefüllt ist. Dies bezeichnet man als »Kachelung«.

Natürlich können Sie auch dieses Verhalten mit CSS verändern, indem Sie mit background-repeat das Bild nur einmal (no-repeat) anzeigen lassen bzw. eine Kachelung nur nach rechts (repeat-x) oder nur nach unten (repeat-y) zulassen.

Abbildung 5.10   background-repeat:repeat-x;

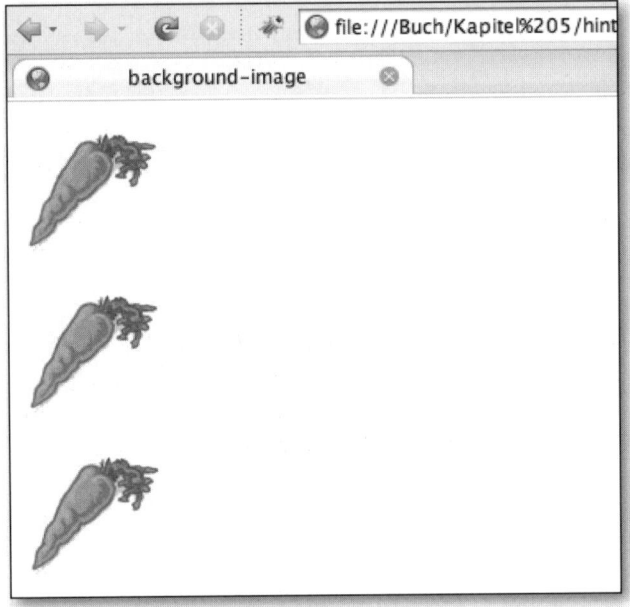

Abbildung 5.11 background-repeat:repeat-y;

background-position

Wenn Sie einem HTML-Element ein Hintergrundbild zuweisen, können Sie auch die Position dieses Bildes bestimmen. Ganz einfach ist dies mit den Werten top, left, right, center und bottom. Wenn Sie in einem HTML-Element mit background-position:bottom das Hintergrundbild positionieren, beginnt dieses am unteren Ende des Elements.

Entsprechend funktioniert dies natürlich auch mit den anderen Werten.

Sehr interessant ist auch die Möglichkeit, Hintergrundbilder mit Längen- und Prozentangaben zu positionieren. Mit zwei Werten, von denen der erste für den horizontalen und der zweite für den vertikalen Abstand zur oberen linken Ecke steht, können Sie Ihr Bild beliebig platzieren. Hier sind auch negative Werte möglich, wobei das Hintergrundbild nur innerhalb des HTML-Elements angezeigt wird. Ein entsprechendes Beispiel stelle ich Ihnen später in diesem Kapitel bei der Gestaltung des Formulars vor.

background

Wie bei den CSS-Eigenschaften für den Rahmen gibt es mit background auch eine CSS-Eigenschaft, die die Eigenschaften für Hintergrundbilder in einer einzelnen CSS-Anweisung kombiniert.

Theoretischer Aufbau

```
background: background-color background-image backgroundattachment
background-position background-repeat
```

Beispiel

```
background:#fff url(hintergrund.gif) right repeat-y
```

5.5.1 Positionieren

Mit den auf den folgenden Seiten vorgestellten CSS-Eigenschaften können Sie beeindruckende Effekte erzeugen. Sie werden sehen, dass Sie jedes HTML-Element überall auf der Seite platzieren können. Damit meine ich nicht nur neben-, sondern auch übereinander. Sie können Elemente auch nur teilweise oder gar nicht einblenden.

position

Diese CSS-Eigenschaft platziert HTML-Elemente an einer von Ihnen festgelegten Position. Sie können mit `position` zunächst bestimmen, wie Sie das Element positionieren möchten: Mit `position:relative` verschieben Sie das Element von seiner normalen Position aus, `position:absolute` weist dem Element eine beliebige Position auf dem Bildschirm zu, und `position:fixed` fixiert das Element an einer Stelle.

Die eigentliche Positionierung des Elements erfolgt über vier andere CSS-Eigenschaften: `top`, `right`, `bottom` und `left`.

Beispiele

```
<p>
    Ein normaler Absatz.
</p>
<p id="info">
    Ein über position verschobener Absatz.
</p>
<p>
    Ein weiterer normaler Absatz.
</p>
```

Listing 5.18 HTML-Code für die drei folgenden Beispiele

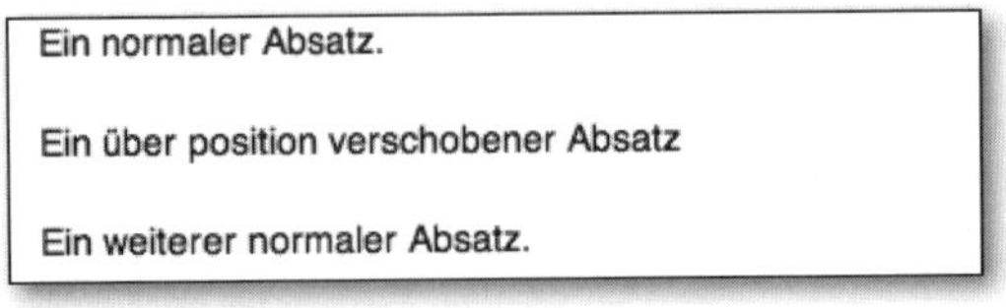

```
Ein normaler Absatz.

Ein über position verschobener Absatz

Ein weiterer normaler Absatz.
```

Abbildung 5.12   Ansicht ohne position

```
#info{
    position:relative;
    top:20px;
    left:20px;
}
```

Listing 5.19   CSS – mit position:relative;

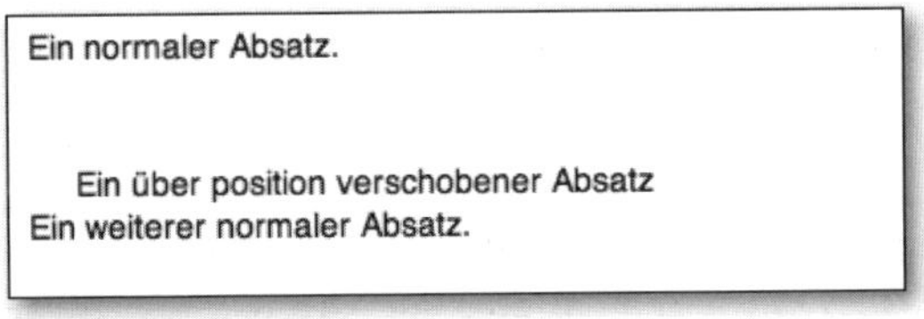

```
Ein normaler Absatz.


    Ein über position verschobener Absatz
Ein weiterer normaler Absatz.
```

Abbildung 5.13   position:relative;

```
#info{
    position:absolute;
    top:20px;
    left:20px;
}
```

Listing 5.20   CSS – mit position:absolute;

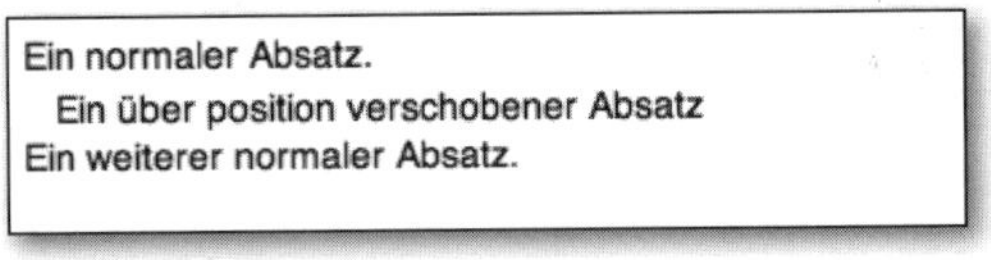

```
Ein normaler Absatz.
    Ein über position verschobener Absatz
Ein weiterer normaler Absatz.
```

Abbildung 5.14   position:absolute;

```
#info{
    position:fixed;
    top:20px;
    left:20px;
}
```

Listing 5.21   CSS – mit position:fixed;

> Ein normaler Absatz.
>   Ein über position verschobener Absatz
> Ein weiterer normaler Absatz.

Abbildung 5.15 position:fixed; ist in diesem Beispiel identisch mit position: absolute;.

Beachten Sie, dass der Internet Explorer 6 `position:fixed` nicht richtig darstellt.

Normalerweise sollte `position:fixed` immer an der gleichen Position im Bild bleiben. Beim Internet Explorer 6 wird `position:fixed` aber genauso wie `position:absolute` behandelt.

display

Mit CSS können Sie nicht nur die Farbe und die Position von HTML-Elementen verändern, sondern auch das Block- und Inline-Verhalten. So können Sie mit `display:inline` aus einem Block- ein Inline-Element und mit `display:block` aus einem Inline- ein Blockelement machen. Sie können Elemente auch mit `display:none` komplett ausblenden. Hier gibt es auch als Alternative die CSS-Eigenschaft `visibility`, die ich Ihnen etwas später in diesem Kapitel vorstellen möchte. Darüber hinaus gibt es noch weitere Möglichkeiten, die ich Ihnen nur in der Referenz vorstelle, da viele im Internet Explorer 6 nicht richtig funktionieren. Die moderneren Browser wie auch der aktuelle Internet Explorer 7 haben mit diesen Eigenschaften weniger Probleme.

```
<p>
    Ein Absatz mit teilweise <strong>fett</strong> geschriebenem Text
</p>
p strong{
    display:block;
}
```

Listing 5.22 Blockelement missbraucht

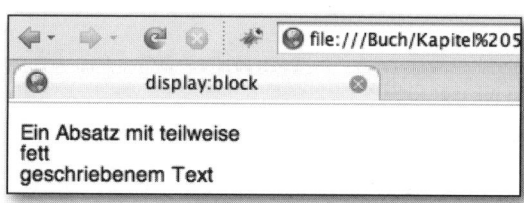

Abbildung 5.16 Mit display:block machen wir aus dem Inline-Element strong ein Blockelement.

Sie können Elemente ausblenden, indem Sie `display:none` verwenden. Diese Inhalte werden dann allerdings auch von Screenreadern und manchen Suchmaschinen wie Google nicht mehr erkannt. Wenn Sie Inhalte ausblenden wollen (die aber zum Beispiel zusätzliche Informationen für blinde User enthalten, die die Seite von einem Screenreader vorgelesen bekommen), können Sie alternativ folgenden Code verwenden:

```
<p id="barrierefrei">
    Dieser Absatz soll in der normalen Darstellung nicht sichtbar
    sein. Er wird aber von Screenreadern vorgelesen.
</p>
```
Listing 5.23 Ein Absatz mit der ID »barrierefrei«

```
p#barrierefrei{
    position:absolute;
    margin-left:-10000px;
}
```
Listing 5.24 Mit CSS bekommt der Absatz einen negativen linken Außenabstand und wird somit aus dem Blickfeld des Besuchers verschoben.

float

Mit `float` können Sie ein HTML-Element so formatieren, dass die folgenden HTML-Elemente um dieses herumfließen. So können Sie in Artikeln ein Bild links oder rechts platzieren und den Text um das Bild herumfließen lassen.

```
<img src="bild.jpg" alt="ein Bild zum Artikel" />
<p>
    Lorem ipsum dolor sit amet, consectetur adipisicing elit, ...
</p>
```
Listing 5.25 Ein Text mit Bild

```
img{
    float:right;
    margin:0px 0px 10px 10px;
}
```
Listing 5.26 Das Bild wird mit float rechts im Text platziert. Mit margin wird der Abstand zum Text erhöht.

Sie haben die Wahl zwischen `float:left` und `float:right`. Damit nur ein bestimmter Teil Ihrer Webseite um das mit `float` formatierte HTML-Element wandert, benötigen Sie eine weitere CSS-Eigenschaft, die `float` außer Kraft setzt: Mit `clear` können Sie diesen Effekt erreichen. Dabei hebt `clear:left float:left` auf, `clear:right` hebt `float:right` auf, und `clear:both` hebt beide auf. Sie können natürlich auch ein mit `clear` formatiertes HTML-Element zusätzlich mit `float` formatieren, damit die folgenden Elemente um dieses herumfließen.

```
<img src="bild.jpg" alt="ein Bild zum Artikel" class="left"/>
<p>
    ...
</p>
<img src="bild.jpg" alt="ein Bild zum Artikel" class="right"/>
<p>
    ...
</p>
```

Listing 5.27 Zwei Bilder und zwei Absätze

```
.left{
    clear:both;
    float:left;
}
.right{
    clear:both;
    float:right;
}
```

Listing 5.28 Beide Klassen beenden mit clear:both das Umfließen und lassen folgende Elemente um sich fließen.

Abbildung 5.17 Mit float und clear werden die Absätze und die Bilder positioniert.

Höhe und Breite

Wie bereits erwähnt wurde, können Sie mit `height` (Höhe) und `width` (Breite) die Größe Ihres HTML-Elements festlegen. Sie können darüber hinaus auch die maximale Höhe (`max-height`) und Breite (`max-width`) und die Mindesthöhe (`min-height`) und -breite (`min-width`) festlegen. Der Internet Explorer 6 unterstützt hier nur `width` und `heigth`.

Zur besseren Darstellung

Damit Sie den Unterschied zwischen den einzelnen Beispielen besser sehen können, habe ich folgende Formatierungen zusätzlich eingefügt:

```
p{
    border:1px solid black;
    padding:5px;
}
```

```
<p class="min">
    Ein Satz.
</p>
<p class="min">
    Ein etwas längerer Satz.
</p>
p.min{
    min-width:150px;
}
```

Listing 5.29 Ein Beispiel mit min-width

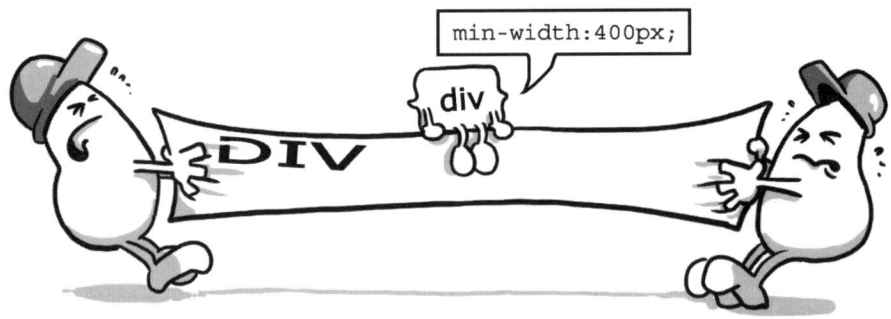

```
<p class="max">
    Ein Satz.
</p>
<p class="max">
    Ein um einige Wörter längerer Satz.
</p>
```

```
p.max{
    max-width:150px;
}
```

Listing 5.30 Ein Beispiel mit max-width

```
<p class="normal">
    Ein Satz
</p>
<p class="normal">
    Ein um einige Wörter längerer Satz.
</p>
p.normal{
    width:150px;
}
```

Listing 5.31 Ein Beispiel mit width

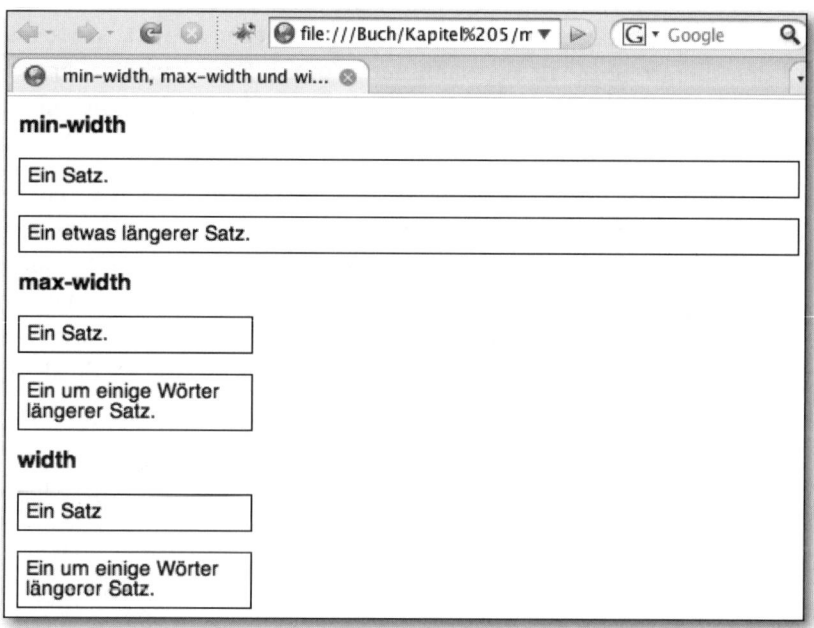

Abbildung 5.18 Die CSS-Eigenschaften min-width, max-width und width im Vergleich

z-index

Wenn Sie HTML-Elemente mit `position` platzieren, möchten Sie sicherlich auch Einfluss darauf nehmen, welches Element von welchen Elementen überlagert wird, wenn mehrere Elemente an der gleichen Stelle stehen. Generell gilt, dass die Elemente, die später im Quelltext vorkommen, die Elemente überlagern, die vorher im Quelltext stehen. Sie können mit z-index den Elementen eine eigene «Ebene» zuweisen. Ein Element mit einem höheren z-index überlagert ein Element mit einem niedrigeren Wert.

Ursprünglich liegen alle Elemente auf der Ebene 0 (z-index:0). Ein Element mit z-index:1 würde, wenn es mit position entsprechend formatiert wird, über den anderen Elementen stehen, da es quasi in der Ebene 1 liegt.

overflow

Gerade bei großen Webseiten kommt es oft vor, dass neu eingestellte Inhalte mehr Platz benötigen, als für sie im Layout vorgesehen ist. So kann es vorkommen, dass jemand ein zu großes Bild einfügt, das das Layout durcheinanderbringt, oder dass Spalten durch sehr lange Wörter breiter werden. Für diesen Fall können Sie mit CSS das Verhalten des Elements festlegen, in dem die Inhalte stehen. Normal ist die Eigenschaft overflow:visible. Dies vergrößert das entsprechende Element, bis die Inhalte hineinpassen. Dies kann allerdings Ihr restliches Layout beeinflussen oder sogar zerstören. Wenn Sie hingegen overflow:hidden setzen, wird der übergroße Inhalt abgeschnitten. Vorteil: Das Element bleibt so groß, wie Sie es gerne hätten. Nachteil: Die Inhalte sind für den Besucher nicht mehr vollständig lesbar.

Eine gute Alternative bietet hier overflow:scroll: Der Inhalt wird zwar ebenfalls abgeschnitten, aber das HTML-Element erhält an der linken und unteren Seite einen Scrollbalken, mit dem man sich den restlichen Inhalt durch Scrollen anzeigen lassen kann. Die vierte Möglichkeit bietet overflow:auto, mit der Sie es dem Browser überlassen, wie er den Inhalt darstellt. In der Regel entspricht dies overflow:scroll, allerdings werden bei overflow:auto die Scrollbalken nur dann eingefügt, wenn sie auch benötigt werden.

HTML

```
<p>
    Lorem ipsum dolor sit amet, …
</p>
```

CSS

```
p{
    width:100px;
    height:100px;
    overflow:visible;
}
```

Listing 5.32 Der komplette Absatz ist sichtbar.

```
p{
    width:100px;
    height:100px;
    overflow:hidden;
}
```

Listing 5.33 Nur der mit width und height definierte Bereich ist sichtbar.

```
p{
    width:100px;
    height:100px;
    overflow:scroll;
}
```

Listing 5.34 Nur der mit width und height definierte Bereich ist sichtbar. Mit einem
Scrollbalken kann aber auch der restliche Inhalt angezeigt werden.

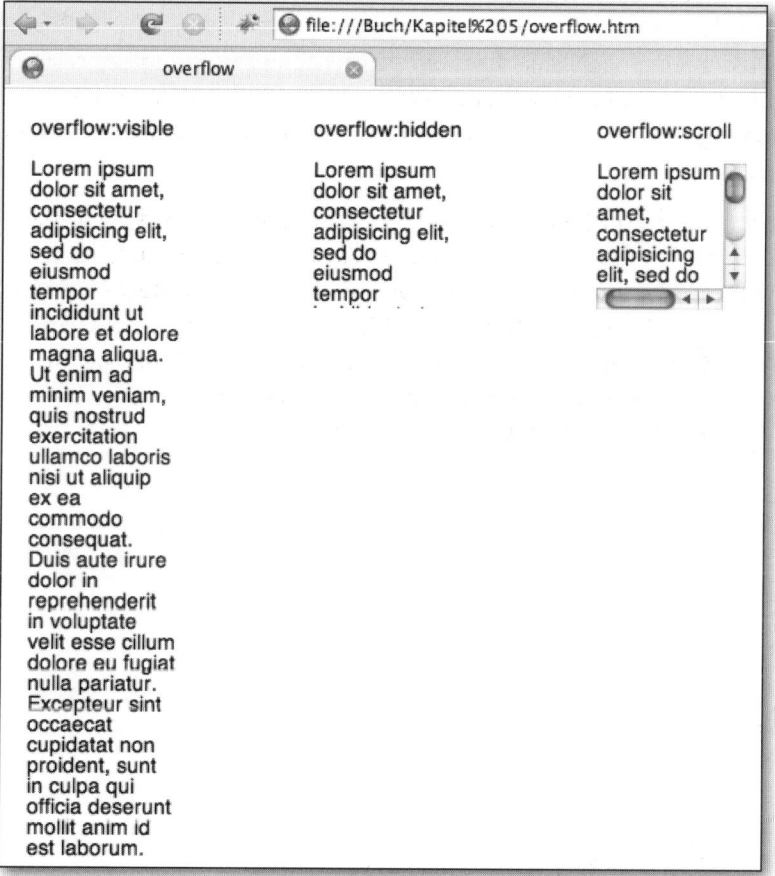

Abbildung 5.19 Die Möglichkeiten, die overflow uns bietet, im Vergleich

visibility

Wenn Sie Elemente ausblenden möchten, können Sie statt `display:none` auch `visibility:hidden` verwenden. In Tabellen können Sie ganze Reihen oder einzelne Tabellenzellen mit `visibility:collapse` ausblenden, um den anderen Elementen mehr Platz zu schaffen.

clip

Mit `clip` können Sie nur einen Teil eines Elements anzeigen. So könnten Sie beispielsweise nur einen Ausschnitt eines Bildes anzeigen. Sie bestimmen diesen Bereich mit `clip:rect(wert1 wert2 wert3 wert4)`. Dabei wird mit dem ersten Wert der Abstand nach oben von der oberen Seite aus definiert und mit dem dritten Wert der Abstand nach oben von der unteren Seite aus. Der zweite Wert legt den  Abstand der linken Seite nach links fest und der vierte den Abstand der rechten Seite des sichtbaren Bereichs nach links. Deutlicher wird dies durch den Screenshot aus Abbildung 5.20.

Abbildung 5.20 Ein Beispiel für clip

5.5.2 Automatische Inhalte

Mit `content` können Sie über CSS Inhalte einfügen. Dabei müssen Sie beachten, dass es keine Inhalte sein sollten, die für den Inhalt der Seite wichtig sind. Schließlich wollen Sie sicherlich, dass jeder alle wichtigen Inhalte Ihrer Seite lesen kann. Erneut ist es der Internet Explorer, der diese CSS-Eigenschaft nicht unterstützt. Aufgrund seiner weiten Verbreitung würden Sie wahrscheinlich viele Besucher ausschließen, wenn Sie content für wichtige Inhalte verwenden.

Die CSS-Eigenschaft content arbeitet mit zwei Pseudoelementen zusammen, damit Sie besser festlegen können, wo der Inhalt erscheinen soll. Mit :before erscheinen die Inhalte vor dem Element, und mit :after erscheinen sie hinter dem Element.

```
<p>
    Ein Absatz in HTML
</p>
p:after{
    content:"der mit CSS weitere Inhalte bekommt.";
}
p:before{
    content:"CSS in action: ";
}
```

Listing 5.35 Mit CSS wird der Absatz um weiteren Text ergänzt.

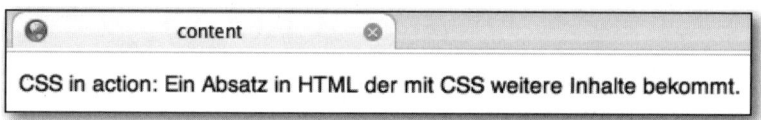

Abbildung 5.21 Der Inhalt des Absatzes wird mit content ergänzt.

5.5.3 Pseudoelemente und -klassen

Pseudoelemente und -klassen bieten einige interessante Möglichkeiten, die leider größtenteils erst im aktuellen Internet Explorer 7 und in den anderen modernen Browsern vollständig und korrekt umgesetzt werden. Während :after und :before benötigt werden, um die CSS-Eigenschaft content zu verwenden, gibt es mit :first-letter und :first-line zwei Pseudoelemente, mit denen wir den Text eines Elements formatieren können. Mit :first-letter können wir den ersten Buchstaben eines HTML-Elements verändern, mit first-line dagegen die komplette erste Zeile.

HTML

```
<p>
    Der erste Buchstabe wird großer dargestellt als die folgenden
    Buchstaben.
</p>
```

CSS

```
p:first-letter{
    font-size:1.5em;
}
```

HTML

```
<p>
    Die erste Zeile wird in fetter Schrift dargestellt. Alle
    folgenden Zeilen erscheinen in normaler Schrift.
</p>
```

CSS

```
p:first-line{
    font-weight:bold;
}
```

Listing 5.36   first-letter und first-line

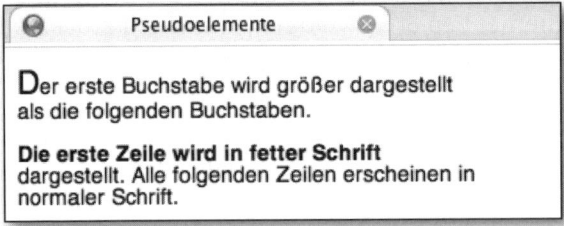

Abbildung 5.22   Zwei Beispiele zu Pseudoelementen

Die Pseudoklassen werden Sie vor allem für die Animation von Links auf Ihrer Webseite brauchen können. Mit CSS können Sie hier zwischen fünf unterschiedlichen Zuständen unterscheiden: `a:link`, `a:visited`, `a:hover`, `a:active` und `a:focus`.

a:link

Mit `:link` sprechen wir zunächst nur die Elemente an, die auch Links sind. Da die fünf hier vorgestellten Pseudoklassen momentan nur zusammen mit dem a-Element (Links) funktionieren, ist es auf den ersten Blick sicherlich überflüssig. Allerdings sollten Sie bedenken, dass wir zwischen mehreren Zuständen unterscheiden und daher hier gründlich arbeiten sollten, um Fehler in der Darstellung zu vermeiden.

a:visited

Wenn Sie einen Link auf einer Seite verwendet haben, kann dieser mit `a:visited` formatiert werden. So können sich Besucher besser auf der Seite orientieren und klicken nicht mehrfach versehentlich auf den gleichen Link.

a:hover

Ein Hover-Effekt ist das, was passiert, wenn Sie mit Ihrer Maus über einen Link fahren, ohne zu klicken. Oft wird so nur die Unterstreichung des Links entfernt (`text-decoration:none`), aber Sie könnten auch Hintergrundgrafiken mit `a:hover` austauschen.

a:active

Auf vielen Seiten wird auf die Möglichkeit verzichtet, `a:active` zu verwenden, was daran liegt, dass dieses Element den entsprechenden Link nur in dem Moment formatiert, in dem der Benutzer mit der Maus auf den Link klickt.

a:focus

Ebenso wie `a:active` ist auch `a:focus` eher selten in Stylesheets zu finden. Denn diese Formatierung ist noch etwas seltener in Verwendung: `a:focus` formatiert den Link, wenn jemand diesen mit der Tastatur ausgewählt hat. Sie können dies also testen, wenn Sie mit der ⇥-Taste über Ihre Seite navigieren. Sicherlich wird Ihnen dann auch auffallen, dass eine Formatierung der fokussierten Links die Benutzung Ihrer Seite mit der Tastatur unglaublich erleichtert.

:link   :hover   :active   :visited

Wenn Sie Ihre Links mit den hier vorgestellten Pseudoklassen formatieren möchten, müssen Sie die richtige Reihenfolge der Formatierungen beachten, um zu vermeiden, dass sich zwei oder mehrere Eigenschaften überschreiben:

1. `:link`
2. `:visited`
3. `:hover`
4. `:active`
5. `:focus`

5.6 In der Praxis: Gestaltung unserer Webseite

Nachdem wir uns einen Überblick über die Möglichkeiten verschafft haben, die CSS uns bietet, wollen wir unsere neuen Kenntnisse in der Praxis umsetzen. Unsere HTML-Datei, mit der wir arbeiten, finden Sie auf der CD unter *Code/Kapitel 5/index.htm*. Die CSS-Dateien finden Sie in anderen Verzeichnissen, die ich Ihnen im jeweiligen Abschnitt nennen werde.

5.6.1 Grundformatierungen

Jeder Browser hat, wie erwähnt, ein eigenes Stylesheet mit Formatierungen, die wir größtenteils nicht übernehmen möchten. Mit dem Universalselektor (*) legen wir daher zunächst die Innen- und Außenabstände neu fest.

Wir setzen alle Außen- und Innenabstände auf 0, damit wir diese später für alle Elemente selbst definieren können.

```
*{
    margin:0px;
    padding:0px;
}
```

Listing 5.37 Alle Abstände auf 0

Wenn Sie lieber nur bei bestimmten HTML-Elementen die Abstände auf 0 setzen möchten, können Sie auch diese gezielt ansprechen.

```
body,div,dl,dt,dd,ul,ol,li,h1,h2,h3,h4,h5,h6,pre,form,fieldset,p,
blockquote,th,td {
    margin:0px;
    padding:0px;
}
```

Listing 5.38 Gezielt HTML-Elemente auswählen

Auch in das `body`-Element schreiben wir eine CSS-Eigenschaft: Der Hintergrund soll in einem hellen Grau dargestellt werden. Wir verwenden hier den Farbwert `#fefefe`.

```
body{
    background:#fefefe;
}
```

Code/Kapitel 5/1 Grundformatierungen/style.css

[○]

5.6.2 Das Schriftbild

Als Nächstes brauchen wir eine Schriftart für unsere Webseite. Auf der Seite zum Buch habe ich mich für die Lucida Grande (bzw. Lucida Sans unter Windows) entschieden. Alternativschriften sollen Verdana, Arial und die generische Schriftart sans-serif sein.

Ein Trend, der sich mehr und mehr im Internet durchsetzt, sind große und gut lesbare Schriften. In unserem Beispiel werde ich 14 px als Schriftgröße wählen, eine Anpassung des folgenden Beispiels auf eine andere Schriftgröße ist aber problemlos möglich.

Ein zweiter Punkt, den wir bei der Realisierung unseres Schriftbilds beachten sollten, ist die Verwendung von relativen Angaben, um unser Schriftbild auch dann noch zu erhalten, wenn der Benutzer die Seite vergrößert darstellt.

Um die Texte gut lesbar zu gestalten, verwenden wir hier zusätzlich die CSS-Eigenschaft `line-height`. Wir wollen so eine Zeilenhöhe definieren, die 1,5-mal so groß ist wie die Schrift.

In Teilen unserer Webseite wollen wir Schrift aber auch kleiner oder größer darstellen. Dafür setzen wir die Schriftgröße zunächst auf 10 Pixel. Die vordefinierte Schriftgröße in den meisten Browsern beträgt 16 Pixel. Nun ist es so, dass wir in den meisten Browsern mit `font-size:10px` die Schriftgröße einfach auf 10 Pixel setzen können und die Browser dann weiterhin auch die Schriftvergrößerung unterstützen. Einen Strich durch unsere Rechnung macht hier nur der Internet Explorer 6: Dieser Browser benötigt eine relative Angabe, damit später auch in ihm die Schrift vergrößert werden kann.

```
body {
    font-size: 62,5%;
}
html>body {
    font-size: 10px;
}
```

```
p {
    line-height 1.5em;
}
```

Listing 5.39 Der IE 6 bekommt für das Schriftbild spezielle Angaben

Was haben wir gemacht?

Zunächst haben wir die Schriftgröße für alle Browser auf 62,5% (62,5% von 16 sind 10) gesetzt. Dies würde so ausreichen, denn diese Variante funktioniert im Internet Explorer 6 und auch in allen modernen Browsern. Sie hat aber einen Nachteil: Wenn ein Benutzer die Schriftgröße auf einen höheren Wert als 16 Pixel eingestellt hat, verändert sich das Schriftbild der Seite entsprechend. Für Benutzer des Internet Explorers 6, die dies tun, können wir hier nichts tun. Anders sieht es bei Benutzern der anderen, modernen Browser aus. Diesen weisen wir über html>body – einen Selektor, den der Internet Explorer 6 nicht unterstützt – die Schriftgröße 10 Pixel zu. Abschließend weisen wir den Absätzen noch eine Zeilenhöhe von 1.5 em (1,5fache Schriftgröße) zu.

Auch ein Selektor: >

Mit > können Sie ein Element formatieren, das genau eine Ebene unter einem anderen Element steht.

```
<ul class="bestellungen">
    <li>Computer <!-- wird rot und fett geschrieben -->
        <ul>
            <li>Apple ...</li> <!-- wird schwarz -->
            ...
        </ul>
    </li>
    ...
</ul>
ul.bestellungen li{
    color:#000000; /* schwarz */
}
ul.bestellungen>li{
    color:#ff0000; /* rot */
    font-weight:bold;
}
```

In dem Beispiel werden mit ul.bestellungen li zunächst alle Listenelemente innerhalb der unsortierten Liste mit der Klasse .bestellungen formatiert. ul.bestellungen>li gilt nur für die Listenelemente, die direkt in ul.bestellungen sind, und nicht für die in der zweiten Liste.

Dieser Selektor funktioniert in allen aktuellen Browsern. Leider funktioniert er nicht im verbreiteten Internet Explorer 6.

Bisher haben wir die Schriftgröße nur auf 10 Pixel gesetzt und haben somit noch eine relativ kleine Schrift auf unserer Webseite. Dies bringt aber den Vorteil mit sich, dass sich die Definition der Schriftgröße nun wesentlich vereinfacht hat: Während wir vorher, um die Schriftgröße in em anzugeben, immer von 1 em = 16 Pixel ausgehen mussten, ist 1 em nun 10 Pixel groß. Entsprechend einfach ist es jetzt, einem Element eine Schriftgröße von 14 Pixel zu geben, indem wir einfach 1.4 em angeben.

Innerhalb der meisten Browser wird der Abstand zwischen zwei Absätzen mit 1 em definiert, was in unserem Fall 10 px wären (später, je nach Formatierung natürlich 14). Diese Formatierung würde sicherlich einige Unruhe in den Text bringen, und somit sollten wir diese wie die Zeilenhöhe auf 1.5 em setzen:

```
p {
    font-size:1em;
    line-height:1.5em;
    margin-top: 1.5em;
    margin-bottom: 1.5em;
}
```

Listing 5.40 Abstand zwischen Absätzen wie Zeilenhöhe

Unsere Schriftart setzen wir auf Lucida Grande mit den Alternativschriften Lucida Sans, Verdana, Arial und der generischen Schriftart sans-serif. Mit font fassen wir diese Eigenschaften zusammen:

```
body {
    background:#fefefe;
    font:62,5% "Lucida Grande", "Lucida Sans", Verdana, Arial,
    sans-serif;
}
```

Listing 5.41 Schriftart festlegen

[O]

Code/Kapitel 5/2 Schriftbild/style.css

> **Weniger Arbeit dank Internet Explorer 7, Firefox 3, Opera & Co.**
>
> Die aktuellen Versionen der meisten modernen Browser (hier hinkt momentan nur der aktuelle Safari von Apple hinterher) vergrößern mit ihrer Zoomfunktion die komplette Webseite und nicht »nur« den Text. Dies erleichtert uns bei der Erstellung der Seite natürlich grundsätzlich die Arbeit.
>
> Da wir unsere Webseite aber so erstellen, dass diese in allen Browsern funktioniert, achten wir darauf, dass die Vergrößerung der Seite in jedem Browser möglich ist.

5.6.3 Formatierung der HTML-Elemente

Bevor wir uns dem Layout detailliert zuwenden, formatieren wir zunächst einige HTML-Elemente, die wir vor allem im Text benötigen werden. Den Anfang machen hier die Links (a). Wir müssen uns Gedanken darüber machen, wie die einzelnen Zustände eines Links aussehen sollen und sich unterscheiden sollen. Die Links bekommen zunächst einen Grünton als Farbe zugewiesen. Farbwert ist hier #69977b.

```
a {
    color:#69977b;
}
```

Bei den Zuständen der Links unterscheiden wir zwischen schon besuchten Links (:visited), an deren Ende wir ein kleines Icon einfügen werden. Der normale Link (:link) wird in Grün und mit Unterstreichung (text-decoration) dargestellt. Die fokussierten (:focus) und aktiven Links (:active) formatieren wir gemeinsam und weisen beiden ein blasses Ocker als Hintergrundfarbe zu. Wenn Sie mit der Maus über den Link fahren, soll dieser in Ocker gefärbt werden.

Genauer ansehen werden wir uns den schon besuchten Link. Wie erwähnt soll rechts neben dem Link ein kleines Icon stehen. Dieses Bild fügen wir mit der CSS-Eigenschaft background ein: Zunächst geben wir den Pfad zum Bild mit url(img/accept.png) (*accept.png* im Ordner *img*) an, dann legen wir mit right die Position des Hintergrundbildes fest und verhindern mit no-repeat, dass das Bild wiederholt wird.

Wenn Sie dies so ausprobieren, werden Sie sehen, dass unser Icon im Link steht, was wir natürlich nicht wollen. Mit padding-right fügen wir rechts etwas Platz ein und setzen so das Icon neben den Text.

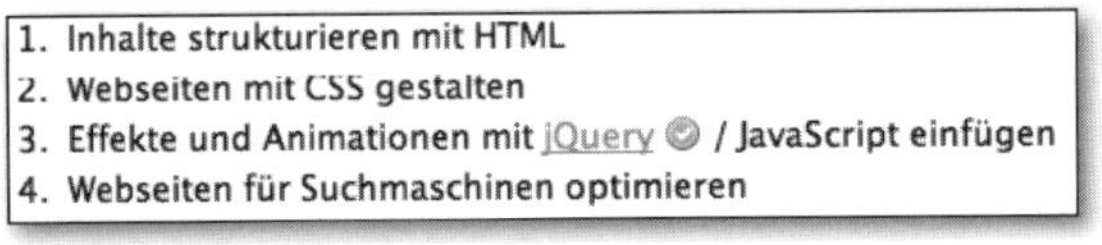

```
1. Inhalte strukturieren mit HTML
2. Webseiten mit CSS gestalten
3. Effekte und Animationen mit jQuery ⊘ / JavaScript einfügen
4. Webseiten für Suchmaschinen optimieren
```

Abbildung 5.23 Ein bereits besuchter Link

```
a:visited {
    padding-right:20px;
    background:url(img/accept.png) right no-repeat;
}
a,
a:link {
    color:#69977b;
}
```

```
a:focus, a:active {
    background:#fcebce;
}
a:hover {
    color:#F6BD5E;
}
```

Listing 5.42 Links mit Pseudoklassen formatieren

Da wir auf der Seite auch Bereiche haben, in denen wir andere Formatierungen für die Links wählen wollen, sollten wir an diesen Stellen die Formatierungen gegebenenfalls überschreiben. So werden wir beispielsweise bei den Überschriften, die einen Link beinhalten, den Innenabstand für a:visited und das Hintergrundbild entfernen.

```
h1 a:visited, h2 a:visited, h3 a:visited, h4 a:visited,
h5 a:visited, h6 a:visited {
    background:transparent;
    padding-right:0px;
}
```

Listing 5.43 Links in Überschriften ohne Hintergrund

Unsere Überschriften werden in Braun (#B6623D) dargestellt. Die einzige Ausnahme sollen Überschriften sein, die auch einen Link enthalten. Hier überschreibt die für Links definierte Farbe aber auch die Überschriftenfarbe. Wenn Sie möchten, dass Überschriften immer in einer Farbe dargestellt werden, müssen Sie die Elemente entsprechend formatieren (h1 a, h2 a, ...).

```
h1,h2,h3,h4,h5,h6 {
    color:#B6623D;
}
```

Listing 5.44 Den Überschriften eine Farbe geben

Nachdem wir die Eigenschaften aller Überschriften festgelegt haben, wenden wir uns den einzelnen Überschriften zu. Die h1-Überschrift ist die einzige, die nur einmal auf der Seite vorkommen darf. Daher müssen wir hier nicht mit Vererbung arbeiten, wenn wir diese formatieren möchten.

Damit die Überschrift später richtig positioniert ist, geben wir ihr einen Außenabstand (margin) von 8 px nach oben und von 6 px nach unten. Mit float:left stellen wir sicher, dass der Inhalt links positioniert wird. Die Schriftgröße (font-size) setzen wir auf 1.4 em (14 Pixel).

```
h1 {
    margin:8px 0px 6px;
    float:left;
    font-size:1.4em;
}
```

Listing 5.45   1.4 em für Überschrift 1

Der Titel der Seite ist mit der Startseite verlinkt. Trotzdem soll er sich nicht wie ein Link verhalten. Dies erreichen wir, indem wir die Linkfarbe in der Überschrift ebenfalls in Braun darstellen und die Unterstreichung entfernen (text-decoration:none).

```
h1 a, h1 a:link, h1 a:hover{
    color:#B6623D;
    text-decoration:none;
}
```

Listing 5.46   Die h1-links formatieren

Nun wenden wir uns den restlichen Überschriften zu. Diese sollen sich durch die Schriftgröße (font-size) unterscheiden. Bei den Überschriften h4–h6 soll die Schriftgröße der Größe von normalem Text entsprechen. Die h5 und die h6 sollen nicht fett (font-weight:normal) dargestellt werden. Um die h5 von der h6 unterscheiden zu können, wird die h5 kursiv (font-style:italic) dargestellt.

```
h2 {
    font-size:1.8em;
}
h3 {
    font-size:1.3em;
}
h4,h5,h6 {
    font-size:1em;
}
h5,h6 {
    font-weight:normal;
}
h5 {
    font-style:italic;
}
```

Listing 5.47   Die Überschriften h2–h6

Wenn Sie in HTML ein Bild ohne das border-Attribut erstellen, wird um selbiges ein blauer Rahmen angezeigt, wenn Sie es verlinken. Um diesen Rahmen zu entfernen und sich im HTML-Code die Schreibarbeit zu sparen, entfernen wir den Rahmen mit CSS (border:0px). Wenn Sie später um ein Bild einen Rahmen anzeigen möchten, können Sie dies über CSS ebenfalls formatieren.

```
img {
    border:0px;
}
```

Als Nächstes betrachten wir die Listen. Diese haben die gleiche Zeilenhöhe (line-height) und den gleichen Außenabstand wie Absätze (p). Um die Listensymbole (li) einzurücken, ergänzen wir diese um einen Innenabstand von links (padding-left). Bei den Definitionslisten fügen wir den linken Innenabstand nur für die Definitionsbeschreibung (dd) ein.

```
ul,ol,dd {
    padding-left:2em;
    line-height:1.5em;
    margin:1.5em 0em;
}
```

Listing 5.48 CSS für Listen

Die HTML-Elemente form, input, select und textarea sehen wir uns später genauer an. Zunächst richten wir unseren Blick auf Zitate (blockquote). Diese sollen kursiv und in einem hellen Grau dargestellt werden. Damit sie sich besser vom Text abheben, fügen wir einen Innenabstand von links (padding-left) ein. Das cite-Element, in dem die Quelle steht, wandeln wir in ein Blockelement um (display:block) und stellen es in fetter Schrift dar (font-weight:bold).

```
blockquote{
    font-style:italic;
    color:909090;
    padding-left:20px;
}
cite{
    font-weight:bold;
    display:block;
}
```

Listing 5.49 Zitate sollen so formatiert werden

Code/Kapitel 5/3 HTML Elemente/style.css   **[●]**

5.6.4 Hilfsklassen

Im HTML-Kapitel haben wir schon zwei Klassen kennengelernt, die uns als Hilfsklassen dienen: `.left` und `.right`. Eine dritte Hilfsklasse, die nützlich sein kann, ist `.hidden`. Mit ihr können wir Inhalte ausblenden. Ebenso bekannt sind schon die speziellen Formatierungen für Bilder mit den Klassen `.left` und `.right`.

```
/* Hilfsklassen */
.left{
    float:left;
}
.right{
    float:right;
}
.hidden{
    display:none;
}
img.left{
    margin:10px 10px 10px 0px;
}
img.right{
    margin:10px 0px 10px 10px;
}
```

Listing 5.50 Bilder in .left- und .right-Klassen

[O] *Code/Kapitel 5/4 Hilfsklassen/style.css*

5.6.5 Navigation

Wenden wir uns nun dem Layout zu. Hier werden wir in der gleichen Reihenfolge vorgehen wie im HTML-Kapitel. Wir betrachten daher auch zunächst die Navigation. Der `div`-Container `#navigation` soll über die volle Breite der Seite gehen und das Hintergrundbild (`background`) enthalten. Da die Schriftgröße (`font-size`) auf Elemente innerhalb von `#navigation` vererbt wird, legen wir diese ebenfalls in diesem Element mit 1.4 em fest.

```
...
/* Layout */
#navigation {
    font-size:1.4em;
    background:#fff url(img/nav-bg.gif) bottom repeat-x;
}
...
```

Listing 5.51 Die Navigation

Da gerade die CSS-Eigenschaft `background` am Anfang noch kompliziert ist, schiebe ich an dieser Stelle noch eine Erläuterung ein: `background:#fff url(img/nav-bg.gif) bottom repeat-x` gibt dem Element mit der ID `#navigation` eine weiße Hintergrundfarbe (`#fff`), weist ihm als Hintergrundbild die Datei *nav-bg.gif* zu, die im Ordner *img* liegt, und richtet dieses Bild am unteren Rand des Elements (`bottom`) aus. Das Bild wird nur entlang der X-Achse (also horizontal) wiederholt (`repeat-x`).

Innerhalb des `div`-Containers `#navigation` befindet sich ein weiterer `div`-Container mit der Klasse `.innen`. Diese möchten wir in der Mitte der Seite zentrieren (`margin:0px auto`) und 950 px breit darstellen (`width:950px`). Eine Besonderheit bei diesem `div`-Container ist, dass das Hintergrundbild (`background`) einen Teil der Bannergrafik enthält. Der Grund hierfür ist, dass die Navigationsleiste, die den Hintergrund für unsere Navigation darstellt, einen leichten Schatten hat. Dieser Schatten soll, rein optisch, auch über der Bannergrafik liegen, um das Gefühl zu vermitteln, dass die Navigationsleiste dreidimensional ist und einen Schatten auf das Banner wirft. Damit diese Grafik auch vollständig angezeigt wird, fügen wir nach unten einen Innenabstand von 15 px ein (`padding-bottom:15px`).

---

overflow:hidden

Eine besondere Rolle im Layout spielt `overflow:hidden`. Ursprünglich ist dieses dafür verantwortlich, Inhalte »abzuschneiden«, die größer als das Element sind, in dem sie stehen. Ein anderer netter Nebeneffekt von `overflow:hidden` ist aber, dass es dafür sorgt, dass ein Hintergrundbild richtig wiederholt wird.

Wenn Sie `overflow:hidden` nicht verwenden und in einem `div`-Container mit Hintergrundbild (oder -farbe) weitere `div`-Container mit Inhalten haben, die mit `float` positioniert werden, wird das Hintergrundbild nicht richtig wiederholt. Diesen Effekt hebt `overflow:hidden` auf.

HTML

```
<div class="test">
    <div class="left">
        <p>
            Lorem Ipsum ...
        </p>
    </div>
    <div class="right">
        <p>
            Lorem Ipsum ...
        </p>
    </div>
</div>
```

CSS

```
.test{
    color:#fff;
    background:#000;
}
```

Wenn Sie die Klasse .test so verwenden, werden Sie in diesem Beispiel nichts sehen, da die Schrift weiß ist und der schwarze Hintergrund nicht wiederholt wird. Wenn Sie .test um overflow:hidden ergänzen, wird die Seite wie erwartet dargestellt.

```
#navigation .innen{
    width:950px;
    margin:0px auto;
    padding-bottom:15px;
    background:url(img/nav-innen.gif) bottom no-repeat;
    overflow:hidden;
}
```

Listing 5.52 Die Klasse .innen innerhalb der Navigation

Sehen wir uns nun die Liste genauer an. Da wir für die unsortierten Listen bereits den Innenabstand (padding) und den Außenabstand (margin) mit dem Universalselektor * definiert haben, müssen wir diese Eigenschaften zunächst überschreiben. Wir setzen margin auf 0 und fügen lediglich einen Innenabstand nach rechts (padding) für die Trennlinie ein, die wir später mit background einfügen werden.

```
#navigation ul{
    padding:0px 2px 0px 0px; /* Innenabstand rechts 2px, sonst 0px */
    margin:0px;
    ...
}
```

Listing 5.53 Die ul ...

Die Listensymbole entfernen wir (list-style-type), und damit die Navigation rechts auf der Seite steht, verwenden wir erneut float.

```
#navigation ul{
    padding:0px 2px 0px 0px; /* Innenabstand rechts 2px, sonst 0px */
    margin:0px;
    float:right;
    list-style-type:none;
    background:url(img/trenner.gif) right repeat-y;
}
```

Listing 5.54 ... wird formatiert

Die Listenelemente (li) bekommen zwei Eigenschaften: Mit float:left werden sie nebeneinandergestellt, und damit sie auch optisch getrennt werden, bekommt jedes der Elemente die Grafik *trenner.gif* als Hintergrundbild. Diese wird links positioniert und nur entlang der Y-Achse (nach unten) wiederholt.

```
#navigation li, #navigation li.active{
    float:left;
    background:url(img/trenner.gif) left repeat-y;
}
```

Listing 5.55 Die Listenelemente mit Hintergrund

Somit sorgen die Listenelemente (auch das aktive mit .active) also dafür, dass die einzelnen Navigationspunkte einen Rand von 2 px haben. Den abschließenden Rand auf der rechten Seite fügen wir über die unsortierte Liste mit dem Hintergrundbild (background) und dem Innenabstand nach rechts ein, damit keine Inhalte über dem Bild stehen.

Der vollständige Code

```
#navigation ul{
    padding:0px 2px 0px 0px;
    /* Innenabstand rechts 2px, sonst 0px */
    margin:0px;
    float:right;
    list-style-type:none;
    background:url(img/trenner.gif) right repeat-y;
}
#navigation li,
#navigation li.active{
    float:left;
    background:url(img/trenner.gif) left repeat-y;
}
```

Listing 5.56 Im Zusammenhang

Abbildung 5.24 Unsere Navigation zum jetzigen Zeitpunkt

Die Links in der Liste wandeln wir zunächst in Blockelemente um. Danach entfernen wir die Unterstreichung mit text-decoration, stellen die Links in fetter Schrift dar und fügen erneut Werte für margin und padding ein.

Beim Außenabstand (`margin`) reicht uns ein Abstand von 2 px nach links, damit der Link nicht die Hintergrundgrafik des Listenelements verdeckt. Den Innenabstand setzen wir oben auf 8 px, links und rechts auf 12 px und unten auf 6 px (`padding:8px 12px 6px;`). So erreichen wir, dass die Elemente sich ansehnlich in das Gesamtbild einfügen.

```
#navigation li a{
    display:block;
    text-decoration:none;
    font-weight:bold;
    margin:0px 0px 0px 2px; /* für Rand von li*/
    padding:8px 12px 6px;
    ...
}
```

Listing 5.57 Den Listenpunkten einen Rand zuweisen

Damit wir die Eigenschaften von `a:visited` komplett überschreiben, setzen wir das Hintergrundbild mit `background:transparent` auf transparent. Bei aktiven Navigationspunkten und beim Hover-Effekt (`:hover`) ändern wir die Hintergrundgrafik und setzen die Farbe auf Grün, womit wir die Formatierungen von `a:hover` überschreiben.

```
#navigation li a{
    display:block;
    text-decoration:none;
    font-weight:bold;
    margin:0px 0px 0px 2px; /* für Rand von li*/
    padding:8px 12px 6px;
    background:transparent;
}
#navigation .active a, #navigation li a:hover{
    background:url(img/nav-active.gif) bottom repeat-x;
}
```

Listing 5.58 Der Hover-Effekt für die links

Abbildung 5.25 Unsere Navigation

5.6.6 Der Titel

Die notwendigen Formatierungen für den Titel haben wir schon weiter oben vorgenommen. Sie können beim Titel übrigens sehr gut den Effekt von Vererbung betrachten: Der Titel (h1) steht in dem `div`-Container `#navigation`, der eine Schriftgröße von 1.4 em zugewiesen bekommen hat. Der Titel hat dadurch ebenfalls eine Schriftgröße von 1.4 em zugewiesen bekommen. Da sich die Schriftgröße vererbt, ist die Schriftgröße der Überschrift nicht 14 px (10 px * 1.4), sondern 19.6 px (10 px * 1.4 * 1.4).

5.6.7 Banner

In unserem `div`-Container `#banner` befindet sich lediglich die Hintergrundgrafik mit dem Banner. Dementsprechend einfach ist hier auch die Formatierung: Wir legen die Breite auf 950 px fest, zentrieren den Inhalt mit `margin` und weisen dem `div`-Container das Hintergrundbild mit `background` zu. Da keine Inhalte in dem `div`-Container sind, weisen wir ihm mit `height` eine fixe Höhe von 350 px zu.

```
#banner{
   width:950px;
   margin:0px auto;
   background:#fff url(img/banner.jpg) no-repeat;
   height:350px;
}
```

Listing 5.59 Das Banner

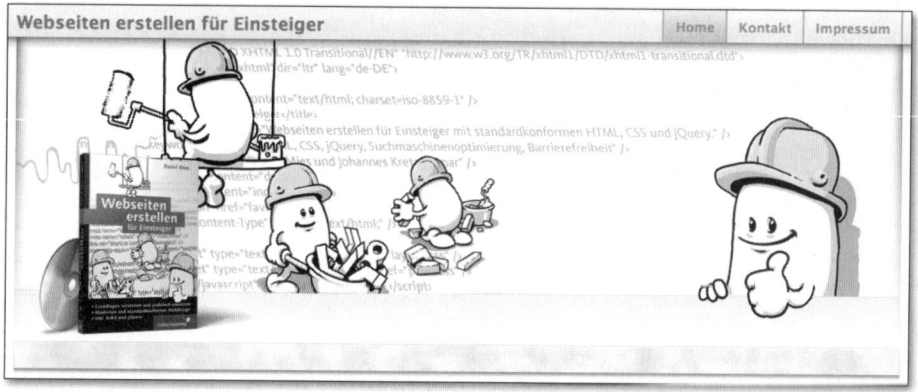

Abbildung 5.26 Langsam nimmt die Seite Form an: Titel, Navigation und Banner sind bereits fertig.

5.6.8 Der Inhaltsbereich

Je weiter wir im Stylesheet kommen, desto klarer werden die Ideen hinter der Webseitengestaltung mit CSS. Sie werden sehen, dass sich viele Dinge sehr einfach mit CSS gestalten lassen und die Zusammenarbeit mit HTML ebenso flexibel ist. Dementsprechend einfach ist der `#wrapper` aufgebaut. Er gleicht dem Banner so sehr, dass Sie beide optimalerweise zusammenfassen und nur die Unterschiede separat schreiben.

```
#banner,
#wrapper{
    background:#fff;
    width:950px;
    margin:0px auto;
}
#banner{
    background:#fff url(img/banner.jpg) no-repeat;
    height:350px;
}
#wrapper{
    overflow:hidden;
}
```

Listing 5.60 #banner und #wrapper haben die Hintergrundfarbe, die Breite und die Zentrierung über margin gemeinsam.

Bei den Infoboxen (#boxen), die wir mit einer unsortierten Liste gestaltet haben, setzen wir zunächst die Schriftgröße auf 1.1 em (11 px), entfernen das Listensymbol (list-style-type) und sorgen dafür, dass die Boxen einen Abstand zu den folgenden Elementen (#main und #sidebar) haben. Mit margin-bottom setzen wir diesen Abstand auf 20 px, und mit overflow:hidden stellen wir sicher, dass #boxen auch die folgenden mit float angeordneten Listenelemente umschließt.

```
#boxen{
    font-size:1.1em;
    list-style-type:none;
    overflow:hidden;
    margin-bottom:20px;
    ...
}
```

Listing 5.61 Overflow: hidden nicht vergessen

Da die einzelnen Boxen einen Abstand von 20 px nach rechts haben, müssen wir, damit die Boxen symmetrisch angeordnet werden, schon in #boxen einen linken Außenabstand (margin-left) von 20 px einbauen. Da wir für unsortierte Listen (ul) generell padding-left:2em (= 20 px) festgelegt haben, müssen wir dieses an dieser Stelle natürlich wieder mit padding:0px entfernen. Die Eigenschaften margin-left und margin-bottom fassen wir mit margin zusammen (margin:0px 0px 20px 20px).

```
#boxen{
    font-size:1.1em;
    list-style-type:none;
    overflow:hidden;
    padding:0px;
    margin:0px 0px 20px 20px;
    ...
}
```

Listing 5.62 Die Boxen definieren

Mit `position:relative` legen wir zunächst fest, dass die Boxen relativ positioniert sind, was rein optisch keinen Unterschied macht. Durch `z-index:10` bewirken wir, dass die Boxen im Firefox, wenn sie vergrößert werden, auf einer höheren Ebene als die folgenden Inhalte stehen. Der Grund hierfür ist, dass alle anderen Browser den folgenden Inhalt nach unten schieben, wenn man diesen Effekt mit jQuery nutzt. Der Firefox macht dies nicht konsequent, und so gibt es beispielsweise auf *webseiten-buch.de* Probleme mit der Suchmaske: Diese wandert rein optisch zwar mit nach unten, das eigentliche Eingabefeld bleibt aber auf seiner Position. Es ist also dem Benutzer nicht möglich, dieses Formular zu verwenden, wenn die Boxen entsprechend vergrößert werden.

```
#boxen{
    font-size:1.1em;
    list-style-type:none;
    overflow:hidden;
    padding:0px;
    margin:0px 0px 20px 20px;
    position:relative;
    z-index:10;
}
```

Listing 5.63 Die Ebene höher legen

Unsere Informationsboxen sollen einen grauen Rahmen (`border:1px solid #ccc`) haben und dann, nach 10 px Abstand, farbig hinterlegt sein. Da `margin` nach außen geht und `padding` die Hintergrundfarbe (`background-color`) übernimmt, müssen wir hier mit einem zweiten Element arbeiten. `#boxen li` ist also zunächst nur für den Rahmen und den Innenabstand (`padding`) zuständig. Da die Boxen nebeneinanderstehen, müssen wir natürlich wieder mit `float:left` arbeiten, und damit die Boxen gleichmäßig verteilt sind, geben wir jeder Box einen Außenabstand nach rechts von 20 px.

```
#boxen li{
    width:188px;
```

```
    float:left;
    padding:10px;
    margin-right:20px;
    border:1px solid #ccc;
}
```

Listing 5.64 Rand und float für die Listenelemente

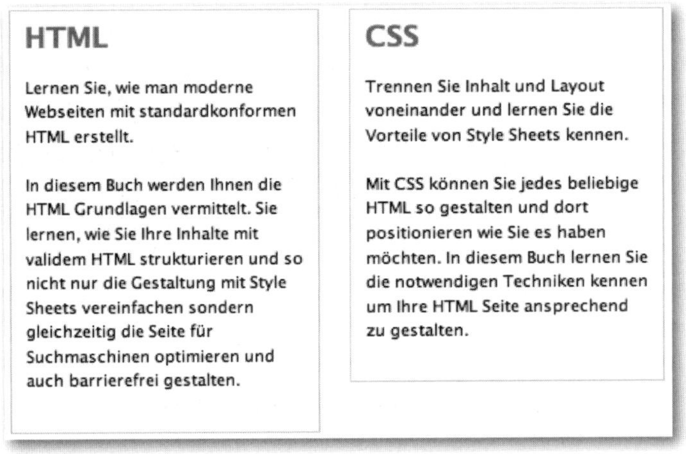

HTML

Lernen Sie, wie man moderne Webseiten mit standardkonformen HTML erstellt.

In diesem Buch werden Ihnen die HTML Grundlagen vermittelt. Sie lernen, wie Sie Ihre Inhalte mit validem HTML strukturieren und so nicht nur die Gestaltung mit Style Sheets vereinfachen sondern gleichzeitig die Seite für Suchmaschinen optimieren und auch barrierefrei gestalten.

CSS

Trennen Sie Inhalt und Layout voneinander und lernen Sie die Vorteile von Style Sheets kennen.

Mit CSS können Sie jedes beliebige HTML so gestalten und dort positionieren wie Sie es haben möchten. In diesem Buch lernen Sie die notwendigen Techniken kennen um Ihre HTML Seite ansprechend zu gestalten.

Abbildung 5.27 Zwei Boxen nebeneinander

Der div-Container innerhalb des Listenelements bekommt zunächst nur einen Innenabstand (padding) von 10 px und die Eigenschaft overflow:hidden. Wir benötigen overflow:hidden später für den jQuery-Effekt. Die Hintergrundfarbe in den Boxen regeln wir mit einer Klasse. Wir vergeben den Klassennamen entsprechend des Inhalts und weisen die Farbe mit background zu.

```
#boxen li div{
    padding:10px;
    overflow:hidden;
}
.html{background:#69977b;}
.css{background:#fef1ba;}
.jquery{background:#f6bd5e;}
.seo{background:#b6623d;}
```

Listing 5.65 Wenn Sie einer Klasse wie in diesem Fall nur eine Eigenschaft zuweisen, können Sie dies auch in eine Zeile schreiben.

Nun weisen wir den Links und den Überschriften in den Boxen noch eine Farbe (color:#000 = Schwarz) und eine Schriftgröße zu. Das sind im Vergleich zu den anderen Formatierungen sicherlich Kleinigkeiten.

```
#boxen a{color:#000;}
#boxen h2{
    font-size:1.4em;
    color:#000;
}
```

Listing 5.66 Noch ein paar Kleinigkeiten

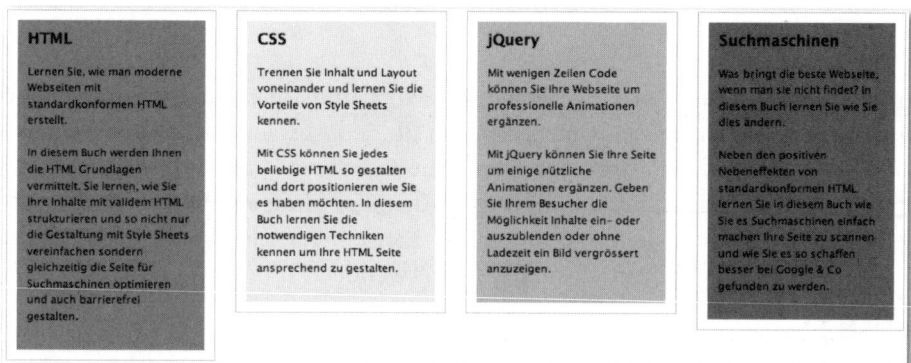

Abbildung 5.28 Die vier Boxen nebeneinander. Hier fehlt nur noch die Animation mit jQuery.

Der Inhaltsbereich unserer Webseite liegt in dem `div`-Container `#main`. Da wir bei den Boxen über diesem Bereich mit `float` gearbeitet haben, schließen wir durch den Einsatz von `clear:both` zunächst Darstellungsfehler aus. Die Schriftgröße setzen wir auf 1.4 em (in unserem Beispiel also 14 px, da wir ja zuvor die Schriftgröße auf 10 px gesetzt haben). Der Inhaltsbereich und die Seitenleiste sollen gleich breit sein. Da die Seite 950 px breit ist, wären dies 475 px für jede Seite: Unser Inhaltsbereich bekommt eine Breite von 445 px (`width`), einen Innenabstand von 0 px nach oben, 9 px nach rechts und 20 px nach unten und nach links (`padding`) sowie einen Rahmen auf der rechten Seite zugewiesen (`border-right`). Wir verwenden hier Innen- (`padding`) statt Außenabstand (`margin`), da wir einen Abstand zwischen den Inhalt und den Rahmen auf der rechten Seite einfügen möchten.

Die Verwendung von `float` zur Positionierung ist Ihnen gewiss schon vertraut. Die Verwendung der Eigenschaften `position:relative` und `z-index` hängen mit dem bereits oben erwähnten Darstellungsproblem im Firefox zusammen.

450 px (`width`) + 9 px (`padding`) + 20 px (`padding`) + 1 px (`border`) = 475 px

```
#main{
    clear:both;
    font-size:1.4em;
    width:445px;
```

```
   padding:0px 9px 20px 20px;
   border-right:1px solid #feflba;
   float:left;
   position:relative;
   z-index:1;
}
```

Listing 5.67 Position und Maße zuweisen

Beiträge

Im Vergleich zu den Formatierungen, die wir bereits in Kapitel 4 durchgeführt haben, wandeln wir in .post nur den Wert für den Abstand nach unten (margin-bottom) in *em* und die Farbe der Trennlinie (border-bottom) in Gelb (#feflba) um. Die Überschrift (.post h2) bekommt einen Braunton als Unterstreichung zugewiesen, und auch hier verwenden wir nun em für die Schriftgröße. In der Klasse .postinfo wird nun ebenfalls em verwendet.

```
.post{
   clear:both;
   margin-bottom:2em;
   border-bottom:1px solid #feflba;
}
.post h2{
   font-size:1.6em;
   font-weight:normal;
   border-bottom:1px solid #B6623D;
}
.post h2 a{
   text-decoration:none;
}
.postinfo{
   font-weight:bold;
   margin:0.3em 0em;
}
```

Listing 5.68 Die Beiträge formatieren

Die Formatierungen an den Beiträgen, die wir später (in Kapitel 6) mit jQuery verändern werden, sind größtenteils bekannt: In .post.small heben wir zunächst die Werte für margin und border auf, da wir diese nicht benötigen, wenn die Beiträge in verkleinerter Form dargestellt werden.

Interessant wird die h3, da wir auch optisch hervorheben wollen, dass die Überschrift anklickbar ist. Dies erreichen wir, indem wir ein kleines Icon neben der Überschrift einfügen. Damit dieses immer ganz rechts steht, müssen wir den Link in der `h3` in ein Blockelement umwandeln und das Icon als Hintergrundbild einbinden und positionieren. Mit `padding-right` sorgen wir dafür, dass bei langen Überschriften der Text nicht über das Icon geschrieben wird.

```
.post.small {
    margin:0px;
    border:0px;
}
.post.small h3 {
    margin-top:1em;
    border-bottom:1px solid #B6623D;
}
.post.small h3 a {
    display:block;
    text-decoration:none;
    padding-right:20px;
    background:url(img/add.png) center right no-repeat;
}
```

Listing 5.69   Die Beiträge formatieren

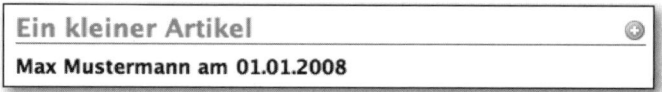

Abbildung 5.29   Neben dem »kleinen« Artikel steht ein +-Icon. Mit jQuery werden wir dieses später anklickbar machen.

Den abschließenden Rahmen (`border-bottom`) und den Abstand nach unten (`margin-bottom`), den wir zuvor dem `div`-Container `.post` zugewiesen haben, fügen wir nun im `div`-Container `.entry.more` ein. Wenn der Artikel vollständig dargestellt wird, soll er auch optisch dem ersten Artikel stark ähneln.

```
.entry.more {
    border-bottom:1px solid #fef1ba;
    margin-bottom:2em;
}
```

Listing 5.70   Auch .entry.more bekommt einen Rand

Ein Formular mit CSS gestalten

Das Kommentarformular soll übersichtlich und vor allem schnell erfassbar sein. Dafür positionieren wir die Beschriftungen (`label`) links neben den Eingabeelementen (`input`). Innerhalb der Eingabeelemente werden wir noch ein Icon ergänzen, um zu verdeutlichen, was der Besucher eingeben muss.

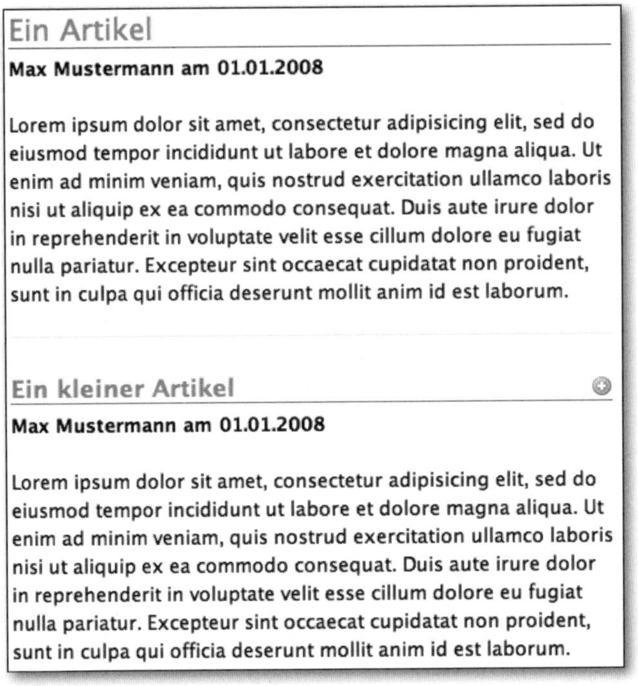

Ein Artikel

Max Mustermann am 01.01.2008

Lorem ipsum dolor sit amet, consectetur adipisicing elit, sed do eiusmod tempor incididunt ut labore et dolore magna aliqua. Ut enim ad minim veniam, quis nostrud exercitation ullamco laboris nisi ut aliquip ex ea commodo consequat. Duis aute irure dolor in reprehenderit in voluptate velit esse cillum dolore eu fugiat nulla pariatur. Excepteur sint occaecat cupidatat non proident, sunt in culpa qui officia deserunt mollit anim id est laborum.

Ein kleiner Artikel

Max Mustermann am 01.01.2008

Lorem ipsum dolor sit amet, consectetur adipisicing elit, sed do eiusmod tempor incididunt ut labore et dolore magna aliqua. Ut enim ad minim veniam, quis nostrud exercitation ullamco laboris nisi ut aliquip ex ea commodo consequat. Duis aute irure dolor in reprehenderit in voluptate velit esse cillum dolore eu fugiat nulla pariatur. Excepteur sint occaecat cupidatat non proident, sunt in culpa qui officia deserunt mollit anim id est laborum.

Abbildung 5.30   Beide Artikel untereinander

Sehen wir uns aber zunächst die einzelnen Absätze an, in denen jeweils eine Beschriftung und ein Eingabeelement stehen: Da wir die Beschriftung links positionieren werden, wofür wir `float` benötigen, müssen wir in `#commentform p` zwei CSS-Eigenschaften einsetzen: `overflow` und `clear`.

```
#commentform p{
    overflow:hidden;
    clear:both;
}
```

Listing 5.71   Absätze im Formular

Wie erwähnt fügen wir die Beschriftung der Eingabeelemente (`label`) links ein. Hierfür verwenden wir `float:left` und geben dem Element eine Breite (`width`) von 200 px, um sicherzustellen, dass die Eingabeelemente auf einer Höhe beginnen.

Unter dem `label`-Element, das die Beschriftung für das Eingabeelement enthält, in dem der Besucher seine E-Mail-Adresse angibt, soll in kleiner Schrift stehen, dass diese Adresse nicht angezeigt wird. Damit dieser Text immer unter der Beschriftung steht, verwenden wir die CSS-Eigenschaft `display:block`.

```
#commentform label{
    float:left;
    width:200px;
}
#commentform label small{
    display:block;
}
```

Listing 5.72   Die Labels formatieren

Das Eingabeelement (input) bekommt zunächst nur einen braunen Rahmen und einen Innenabstand zugewiesen. Hier berücksichtigen wir schon beim linken Innenabstand, dass wir später ein Icon als Hintergrundbild einfügen werden. Aus diesem Grund setzen wir den Innenabstand auf 25 px.

Das Textfeld (textarea) wird ähnlich formatiert. Leider können wir hier nicht verhindern, dass der Text über das Icon geschrieben wird, und setzen daher den Innenabstand (padding) überall auf 3 px. Da wir nur ein Textfeld haben, fügen wir das Icon (*comment.png*) bereits mit background ein. Damit das Icon rechts unten im Textfeld steht, verwenden wir eine Prozentangabe, um es zu positionieren. Würden wir right bottom verwenden, bliebe das Icon rechts unten am Rahmen »kleben«. Mit 98% 98% hat das Icon hingegen noch Abstand zum Rahmen.

```
#commentform input{
    border:1px solid #b6623d;
    padding:3px 3px 3px 25px;
}
#commentform textarea{
    border:1px solid #b6623d;
    padding:3px 3px 3px 3px;
    background:url(img/comment.png) 98% 98% no-repeat;
}
```

Listing 5.73   Eingabefelder schönen

Abbildung 5.31   Das Textfeld mit Icon

Da es sich beim Sende-Button auch um ein `input`-Element handelt, müssen wir diesem in der Regel eine eigene Klasse oder eine ID zuweisen, damit wir den Button besser formatieren können. In unserem Fall hat der Sende-Button die ID `#submit` und bekommt einen Innenabstand von 5 px und fette Schrift zugewiesen.

```
#commentform #submit{
    padding:5px;
    font-weight:bold;
}
```

Listing 5.74 Absendebutton

Als Letztes weisen wir den Eingabeelementen noch Icons mit `background` zu. Wie schon beim Textfeld (`textarea`) positionieren wir die Hintergrundgrafiken mit Prozentangaben. Der Abstand nach links soll dabei 2% und der nach oben 50% betragen. Damit wird das Icon mit etwas Abstand zum linken Rahmen mittig im Eingabeelement positioniert.

```
#author{background:url(img/user.png) 2% 50% no-repeat;}
#email{background:url(img/email.png) 2% 50% no-repeat;}
#url{background:url(img/house.png) 2% 50% no-repeat;}
#mcspvalue{background:url(img/calculator.png) 2% 50% no-repeat;}
```

Listing 5.75 Icons für alle Eingabefelder

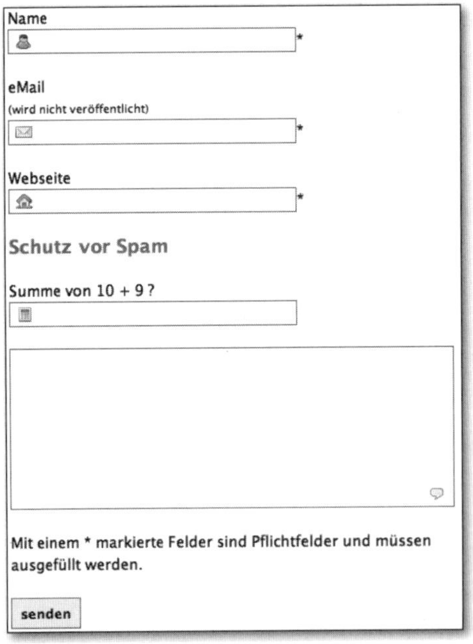

Abbildung 5.32 Das vollständige Formular

5.6.9 Die Seitenleiste

Die Seitenleiste ähnelt in vielen Punkten dem Inhaltsbereich, allerdings wird sie in einer etwas kleineren Schriftgröße dargestellt, da ihre Inhalte nicht so wichtig wie die Inhalte im Inhaltsbereich sind. Wir nehmen hier 1.2 em (in unserem Beispiel: 12 px). Da wir die Seitenleiste mit `float:right` positionieren, müssen wir beim Festlegen des Außenabstands nicht so genau sein und können den Abstand nach links ignorieren. Dies hat den Vorteil, dass wir, wenn die Inhalte in der Seitenleiste zu breit sind, keinen Darstellungsfehler bekommen und der Bereich mit der Seitenleiste noch etwas Spielraum nach links hat. Erneut nutzen wir `position` und `z-index`, damit wir später die Boxen mit jQuery ohne Darstellungsfehler modifizieren können.

Die Verwendung der Klassen `.voll` und `.halb` haben wir in Kapitel 4 ebenso wie die Formatierung der unsortierten Listen schon behandelt. Hier ändern wir nichts.

```
#sidebar{
    font-size:1.2em;
    margin:0px 20px 20px 0px;
    width:445px;
    float:right;
    position:relative;
    z-index:1;
}
.voll{
    clear:both;
    width:100%;
}
.halb{
    width:210px;
}
.halb.left{
    clear:both;
    margin-right:20px;
}
```

Listing 5.76 Die Klassen .voll und.halb

```
#sidebar ul {
    list-style-type:none;
    padding:0px;
}
```

```
#sidebar ul li {
    border-bottom:1px solid #efefef;
    padding:2px 0px;
}
```

Listing 5.77 Listen in der Sidebar

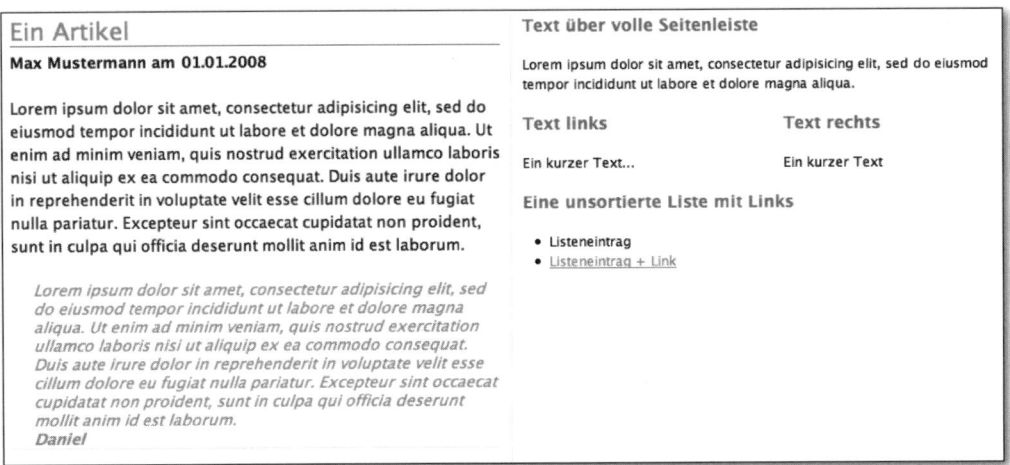

Abbildung 5.33 Die Seitenleiste neben dem Inhaltsbereich

5.6.10 Der Fußbereich

Der Fußbereich der Seite steht im Quelltext unter dem #wrapper und soll, wie die Navigation, über die volle Seitenbreite gehen. Innerhalb von #footer steht ein div-Container, der in der Mitte zentriert wird und 950 px breit ist. In diesem Container werden dann die Inhalte für den Fußbereich untergebracht.

Der div-Container #footer bekommt mit *footer-bg.gif* eine Hintergrundgrafik, um den Schatteneffekt einzufügen. Diese wird nur horizontal wiederholt und am oberen Ende von #footer eingefügt. Mit einem padding von 20 px nach oben und nach unten verhindern wir, dass der Inhalt des Fußbereichs über dem Schatten steht und dass das Ende der Seite am Ende des Fußbereichs steht.

```
#footer {
    background:#fff url(img/footer-bg.gif) top repeat-x;
    padding:20px 0px;
}
```

Listing 5.78 Der footer

Der `div`-Container innerhalb von `#footer` bekommt einen weißen Hintergrund. Da `background:#fff` genauso funktioniert wie `background-color:#ffffff`, entscheiden wir uns hier für die kürzere Variante. Mit `width:950px` und `margin:0px auto` zentrieren wir den `div`-Container. Wie schon bei den Boxen oder der Navigation benötigen wir `overflow:hidden`, damit der Hintergrund von diesem `div`-Container auch dann fortgesetzt wird, wenn Elemente innerhalb dieses Containers mit `float` positioniert werden.

```
#footer div {
    background:#fff;
    width:950px;
    margin:0px auto;
    overflow:hidden;
}
```

Listing 5.79 Der div-Container innerhalb des footers

Abbildung 5.34 Noch stehen die Inhalte für den Fußbereich untereinander.

Im Fußbereich werden wir erneut Boxen verwenden, die diesmal aber etwas einfacher aufgebaut sind als im oberen Bereich der Webseite. Hierfür formatieren wir zunächst die unsortierte Liste (`ul`) mit der ID `#moredata` und geben dieser eine Schriftgröße (`font-size`) von 1.1 em (11 px). Dann entfernen wir das Listensymbol (`list-style-type:none`) und stellen mit `overflow:hidden` und `margin-bottom:20px` sicher, dass die Boxen einen Abstand von 20 px nach unten haben. Auch hier entfernen wir den Innenabstand (`padding`) und ersetzen ihn durch `margin-left:20px` bzw. fassen die Außenabstände mit `margin` zusammen.

```
#moredata {
    font-size:1.1em;
    list-style-type:none;
```

```
    overflow:hidden;
    padding:0px;
    margin:0px 0px 20px 20px;
}
```

Listing 5.80 Boxen im Fußbereich

Da wir in den Boxen im Fußbereich keinen farbigen Hintergrund haben werden, können wir uns natürlich den div-Container sparen. Wir geben jeder Box eine Breite von 188 px, einen Innenabstand (padding) von 10 px und einen Außenabstand von 20 px nach rechts (margin-right). Damit das Element auch wie eine Box aussieht, bekommt es über border noch einen grauen, 1 px breiten Rahmen (border).

```
#moredata li {
    width:188px;
    float:left;
    padding:10px;
    margin-right:20px;
    border:1px solid #ccc;
}
```

Listing 5.81 CSS für die Listenelemente im Fußbereich

Abbildung 5.35 Ein schönes Beispiel für Vererbung: Die Listenelemente in den »Boxen« haben ebenfalls einen grauen Rahmen.

Nun widmen wir uns einigen Formatierungen in den Boxen. Die Schriftgröße setzen wir auf 1.4 em, was in unserem Fall 15,4 px ergibt (1.1 em (aus #moredata) * 1.4 em). Die unsortierten Listen innerhalb von #moredata können wir dank der Vererbung natürlich auch direkt formatieren. Dabei entfernen wir in #moredata li ul (die unsortierte Liste in einem Listenelement in der unsortierten Liste mit der ID #moredata) das Listensymbol sowie das padding und setzen es auf 0 px.

```
#moredata h2{
    font-size:1.4em;
}
#moredata li ul{
    list-style-type:none;
    padding:0px;
}
```

Listing 5.82 Ander Format im Fußbereich

In den Listenelementen (#moredata li li) spielt besonders width:auto eine wichtige Rolle. Da die Breite der Listenelemente, die wir mit #moredata li zugewiesen haben, auch für die Listenelemente innerhalb der Boxen gilt, würden wir die Boxen auseinanderdrücken, wenn wir den Wert von width nicht verändern würden. Mit width:auto passt sich die Breite der Listenelemente automatisch dem Inhalt an. Die Werte von float, margin und padding werden alle auf 0 bzw. none gesetzt, um die Formatierungen zu überschreiben, die von #moredata li vererbt werden.

```
#moredata li li{
    width:auto;
    float:none;
    padding:0px;
    margin:0px;
    border:0px;
}
```

Listing 5.83 Verschachtelte Listen im Fußbereich

Abbildung 5.36 Die Inhalte der Boxen, nachdem sie mit CSS formatiert wurden

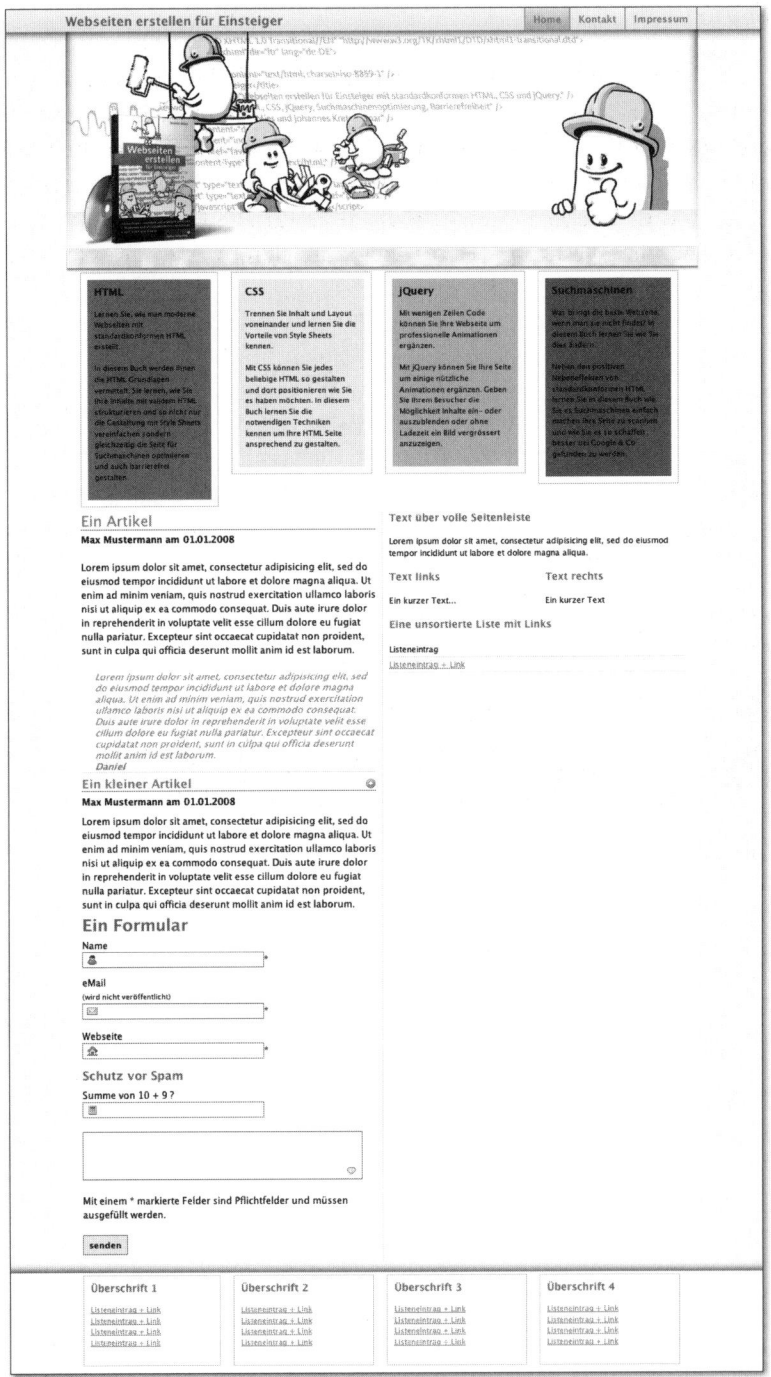

Abbildung 5.37 Unsere Seite im Überblick

5.7   Ausblick

Wir haben jetzt die Bereiche HTML und CSS weitestgehend abgedeckt und wenden uns in den folgenden Kapiteln der Feinarbeit zu. Mit jQuery werden wir im nächsten Kapitel ein paar Effekte einfügen, und in Kapitel 7 werden wir die Seite in Hinblick auf Suchmaschinen weiter optimieren. Danach werden wir uns noch einmal mit HTML und CSS beschäftigen, um die Seite für alle Browser fit zu machen, und Sie werden einige einfache Tricks kennenlernen, wie wir unsere Seite weiter optimieren können.

*HTML und CSS sind statisch. Das muss aber nicht heißen, dass unsere
Webseite auch statisch sein muss.*

6   jQuery – Mehr Usability und Animation

Nachdem wir uns mit den statischen Sprachen HTML und CSS befasst haben,
wagen wir nun einen Blick auf JavaScript oder, um genauer zu sein, auf ein Java-
Script-Framework, das momentan in aller Munde ist: jQuery.

6.1   Was ist JavaScript, und was sind Frameworks?

JavaScript ist eine Programmiersprache, die innerhalb von Webseiten verwendet
werden kann. Das Besondere an dieser Sprache ist, dass nicht der Server die Programme ausführt, sondern der Browser. JavaScript ist kein Bestandteil von
HTML, sondern ursprünglich eine Entwicklung der Firma Netscape. JavaScript
lehnt sich nur namentlich an die Programmiersprache Java an, wurde allerdings
nicht von ihr abgeleitet.

6.1.1   JavaScript

JavaScript können Sie sehr einfach in HTML einbinden, indem Sie die folgenden
Zeilen Code in den Kopfbereich (`head`) Ihrer HTML-Datei schreiben. Alles im

Inneren des `script`-Containers ist kein HTML, sondern wird in der Syntax von JavaScript geschrieben. Die einzige Ausnahme hiervon ist der HTML-Kommentar in der ersten und letzten Zeile eines Scriptblocks. Beachten Sie bitte, dass an das Ende jedes JavaScript-Befehls ein Semikolon gesetzt wird:

```
<script type="text/javascript">
  <!--
    alert("Hallo Welt!");
  //-->
</script>
```

Listing 6.1 Begrüßung auf JavaScript

Wenn Sie die Datei nun abspeichern und in Ihrem Browser öffnen, erscheint in Ihrem Browser ein Fenster mit der Mitteilung »Hallo Welt«.

Abbildung 6.1 Ein mit JavaScript erzeugtes Fenster

Auch bei JavaScript können Sie – wie Sie es schon von CSS her gewohnt sind – den Code in einer eigenen Datei speichern. Hierfür nehmen wir das `script`-Element aus dem Beispiel und ergänzen noch ein Ihnen sicherlich bekanntes Attribut, nämlich `src`:

```
<script type="text/javascript" src="pfad/zum/script.js"></script>
```

Schauen wir uns das `script`-Element genauer an: Das `type`-Attribut teilt dem Browser mit, dass es sich um Text bzw. JavaScript handelt, und das `src`-Attribut beinhaltet den Pfad zum Skript. Wichtig ist hier, dass die JavaScript-Datei die Dateiendung **.js** hat.

> **Kompatibilität mit älteren Browsern**
>
> Wenn Sie JavaScript-Code, wie im ersten Beispiel, direkt in den HTML-Code schreiben möchten, müssen Sie diesen mit `<!--` und `-->` auskommentieren, um sicherzustellen, dass auch ältere Browser diesen Code richtig verwenden können.

Nun würde die Erklärung von JavaScript den in diesem Buch vorgesehenen Rahmen mehr als sprengen, da die Herangehensweise bei der Entwicklung von Programmen mit JavaScript sehr umfangreich ist. Daher verwenden wir in diesem Buch ein »Werkzeug für Webseitenentwickler«: jQuery.

6.1.2 Frameworks: jQuery statt JavaScript

jQuery ist ein sogenanntes JavaScript-Framework. Vereinfacht gesagt ist ein Framework eine Sammlung von kurzen Befehlen, die komplizierte Funktionen zusammenfassen. Die Kombination dieser kurzen Befehle ermöglicht es, mit relativ einfachem Code die gewünschten Effekte zu erzielen. jQuery ist also ein Programmgerüst (und kein eigenständiges Programm!), um uns die Arbeit zu erleichtern.

Vergleich von JavaScript und jQuery

Zunächst haben Sie den Vorteil, dass Sie mit jQuery, wie Sie gleich sehen werden, komplexe JavaScript-Funktionen zu wenigen Zeilen zusammenfassen können. Als Beispiel sehen wir uns zunächst einen einfachen Selektor an. Wir haben einen HTML-Absatz mit der ID #test, die wir verändern möchten:

HTML

```
<p id="test">
  ...
</p>
```

JavaScript

```
document.getElementById("test")...
```

jQuery

```
$("#test")
```

Listing 6.2 Auf #test zugreifen

Ich verzichte an dieser Stelle darauf, Ihnen schon hier den JavaScript- und jQuery-Code zu erklären. Es geht hier nur um den Vergleich des Umfangs und um die Vor- und Nachteile von jQuery.

Da sich die Selektoren an den CSS-Selektoren orientieren, ist die Arbeit für Sie hier natürlich relativ einfach. Aber nur wegen dieser Selektoren lohnt es sich natürlich nicht, jQuery zu verwenden. Sehen wir uns daher ein etwas umfangreicheres Beispiel an: Wir möchten, dass in einer unsortierten Liste immer, wenn wir auf einen mit span formatiert Text klicken, ein weiteres Listenelement zur Liste hinzugefügt wird.

HTML für die JavaScript-Version

```
<ul id="liste"> <!-- muss eine ID sein -->
</ul>
<span onclick="javascript:addli();">ein Listenelement anhängen
</span>
```

JavaScript

```
function addli(){
    var list = document.getElementById('liste');
    var listitem = document.createElement('LI');
    list.appendChild(listitem);
}
```

HTML für die jQuery-Version

```
<ul class="liste"> <!-- kann ID oder Klasse sein -->
</ul>
<span class="addlist">ein Listenelement anhängen</span>
```

jQuery

```
$(".addlist").click(function(){
    $("ul.liste").append("<li></li>");
});
```

Listing 6.3 Eine Liste verlängern – in jQuery und JavaScript

Während sich das Beispiel im HTML-Teil kaum unterscheidet, ist der Umfang des Codes mit jQuery wesentlich kürzer. Lassen Sie sich hier nicht nur von der Länge des Codes überzeugen, sondern achten Sie auch darauf, dass wir beim Einsatz von jQuery noch eine weitere JavaScript-Datei einbinden müssen (siehe unten). Die

Arbeit mit jQuery ist aber wesentlich einfacher – vor allem dann, wenn man Ahnung von CSS hat.

Aber es gibt auch weitere Vorteile, die für den Einsatz von jQuery sprechen: Wir können mit jQuery problemlos auch Elemente ansprechen, die eine Klasse haben, was mit JavaScript nicht so einfach ist. Außerdem können wir bei jQuery auf das `onclick`-Attribut verzichten.

6.2   jQuery-Grundlagen

Bevor wir loslegen, müssen wir uns die aktuelle Version von jQuery aus dem Internet laden (alternativ finden Sie die Version 1.2.1 auf der CD in *jQuery/ jquery-1.2.1.min.js*). Sie finden die aktuelle jQuery-Version unter *http:// www.jquery.com*. Direkt auf der Startseite können Sie die aktuelle Version herunterladen. Wir wählen für unser Beispiel die Variante MINIFIED AND GZIPPED.

Als Erstes benennen wir die heruntergeladene Datei in *jquery.js* um und speichern sie im Ordner *js* unserer Webseite. Danach binden wir die Datei in unsere bestehende Webseite ein, indem wir im `head` Folgendes ergänzen:

```
<script type="text/javascript" src="js/jquery.js"></script>
```

Ein erstes Beispiel

Legen Sie eine neue HTML-Datei an, und ergänzen Sie das `script`-Element um den Verweis auf jQuery. Da wir jQuery nun nur ein wenig kennenlernen möchten, schreiben wir den notwendigen Code direkt in die HTML-Datei.

Damit wir auch etwas haben, das wir animieren können, schreiben wir in den `body` einen Link zur Webseite dieses Buchs *www.webseiten-buch.de*.

```
<!DOCTYPE HTML PUBLIC "-//W3C//DTD XHTML 1.0 Transitional//EN"
 "http://www.w3.org/TR/xhtml1/DTD/xhtml1-transitional.dtd">
<html xmlns="http://www.w3.org/1999/xhtml" xml:lang="de">
<head>
   <meta http-equiv="Content-Type" content="text/html;
   charset=ISO-8859-15" />
   <title>jQuery in Aktion</title>
   <script type="text/javascript" src="js/jquery.js"></script>
   <script type="text/javascript">
   // Hier kommt unser Code hin ...
   </script>
</head>
```

```
<body>
  <a href="http://www.webseiten-buch.de" title="Link zum Buch">
  Webseiten erstellen für Einsteiger
</a>
</body>
</html>
```

Listing 6.4   Im Body steht ein Link

Speichern Sie diese Datei auf Ihrem Computer ab. Wenn Sie die Datei in Ihrem Browser öffnen, sollten Sie lediglich den Link sehen. Dies werden wir in den nächsten Schritten ändern.

Damit unser jQuery-Code auch direkt beim Aufruf der Webseite geladen wird, brauchen wir einen Funktionsaufruf, sobald unser HTML-Dokument vollständig geladen ist.

```
$(document).ready(function(){
  ...
});
```

Listing 6.5   Die Funktion wird erst dann ausgeführt, wenn das Dokument geladen ist.

Was macht dieser Code?

Umgangssprachlich ausgedrückt, bedeuten diese Zeilen Code: »Wenn das Dokument fertig geladen ist (und erst dann), führe die folgenden Funktionen aus.« Wenn wir uns die Definitionen genauer ansehen, werden wir feststellen, dass wir mit document die komplette HTML-Datei meinen. Wir sprechen diese mit $(document) an (das ist also unser Selektor). Während wir in CSS den Punkt verwendet haben, um Klassen anzusprechen, verknüpfen wir mit diesem in jQuery Funktionen. Der theoretische Aufbau von jQuery ist also relativ einfach:

```
$("Selektor").aufgabe()
```

Hier ist »Aufgabe« allerdings sehr allgemein gefasst. Mit ready() fragen wir ab, ob der Selektor vollständig geladen worden ist. In den Klammern von ready() definieren wir dann, was passiert, wenn der Selektor geladen ist: Es wird eine Funktion aufgerufen. Wichtig ist hier, dass wir mit diesen Zeilen Code sicherstellen, dass der jQuery-Code erst dann ausgeführt wird, wenn die Datei komplett geladen worden ist und nicht früher.

Bevor wir den eigentlichen jQuery-Code schreiben, müssen wir also festlegen, dass dieser ausgeführt werden soll, wenn das Dokument bereit (ready) ist. Weitere Selektoren und Funktionen behandeln wir weiter unten in diesem Kapitel.

Nun wollen wir zunächst dem Link in unserem Quelltext ein paar Eigenschaften zuweisen. Wir fangen mit Bekanntem an: mit der Funktion `alert`, die wir schon aus dem ersten Beispiel kennen. Diese Funktion ist übrigens eine JavaScript-Funktion. Sie können also auch JavaScript- und jQuery-Funktionen kombinieren, was ja logisch ist, da jQuery selbst auch JavaScript ist.

```
$(document).ready(function(){
   $("a").click(function(){
      alert("Auf Wiedersehen");
   });
});
```

Listing 6.6 Verabschieden Sie Ihre Besucher mit jQuery und JavaScript.

Diese Zeilen Code bewirken, dass bei jedem Klick auf einen Link ein Fenster aufgeht, in dem »Auf Wiedersehen« steht. Wenn Sie in diesem Fenster dann auf Ok klicken, öffnet sich das Ziel des Links. Wenn Sie nicht möchten, dass sich der Link öffnet, verhindern Sie dies, indem Sie `return false;` unter `alert()` ergänzen.

```
$("a").click(function(){
   alert("Auf Wiedersehen");
   return false;
});
```

Listing 6.7 Wenn Sie return false ergänzen, öffnet sich das Ziel des Links nicht nach dem Klick.

Genauer betrachtet

Wir wählen unser Element also zunächst mit `$("a")` aus. Wir legen auf diese Weise ein Objekt an, das es uns erlaubt, mit dem selektierten Element zu arbeiten.. Als Nächstes legen wir die Aufgabe fest (um ganz genau zu sein: eine Funktion), die wir mit `click()` definieren. Dies besagt, dass wir möchten, dass etwas passiert, wenn der Besucher mit seiner Maus auf einen Link klickt. Was passieren soll, steht in den Klammern von `click()`: eine weitere Funktion (`function()`) wird ausgeführt.

So eine Funktion können Sie sich wie ein kleines Programm vorstellen. Zusammenfassend lässt sich also bisher sagen, dass, wenn auf einen Link geklickt wird, eine Funktion ausgeführt wird (click), die eine weitere Funktion ausführt.

Die Funktion hat zwei Anweisungen, die befolgt werden sollen: alert() und return false. Es soll also erst ein Hinweisfenster geöffnet werden, und dann soll return false ausgeführt werden. Dabei bewirkt return false in diesem Fall, dass der Link nicht geöffnet wird.

Wir können aber auch mit wenigen Zeilen Code sehr beeindruckende Effekte auslösen. So reicht schon die Funktion hide(), um ein Element auszublenden:

```
$("a").click(function(){
    $(this).hide("slow");
    return false;
});
```

Listing 6.8 Mit .hide() blenden wir ein Element aus.

Neu ist hier neben der Funktion hide() auch der Selektor this. Mit this sprechen wir das aktuell betroffene Element an. In unserem Fall ist dies der Link, auf den wir gerade klicken. Wenn wir in diesem Fall $("a") statt $(this) als Selektor ausgewählt hätten, würden alle Links auf der Seite ausgeblendet werden.

Bei dem theoretischen Aufbau eines jQuery-Befehls habe ich Ihnen eine sehr interessante Möglichkeit vorenthalten. Sie haben durchaus die Möglichkeit, beliebig viele Funktionen mit einem Selektor zu verknüpfen. So könnten wir beispielsweise wollen, dass unser Link, wenn auf ihn geklickt wird, eine neue Klasse über CSS zugewiesen bekommt (addClass()) und der Text verändert wird (html()), der verlinkt ist.

```
$("a").click(function(){
    $(this).addClass("test").html("hier wurde schon geklickt");
    return false;
});
```

Listing 6.9 Der geklickte Link bekommt die Klasse test. Der verlinkte Text wird in »hier wurde schon geklickt« umgewandelt.

Um ein noch besseres Gespür für jQuery zu bekommen, schauen wir uns ein weiteres mögliches Beispiel an. Ergänzen Sie zunächst Ihre HTML-Datei um einen weiteren Link (wir verzichten aus Platzgründen auf den Inhalt des href-Attributs und auf das title-Attribut).

```
...
<body>
    <a href="#" class="test">ein Link mit der Klasse .test</a>,
    <a href="#" class="test2">ein Link mit der Klasse .test2</a>
</body>
...
```

Listing 6.10 Das HTML-Gerüst für unsere jQuery-Befehle

Nun wollen wir mit jQuery folgende Effekte erzielen:

▶ für den Link mit der Klasse `.test`: Dieser Link soll mit `hide()` ausgeblendet werden.

▶ für den Link mit der Klasse `.test2`: Alle Links sollen rot werden.

Bisher würden wir diese drei Effekte mit jQuery wie folgt erzeugen:

```
$("a.test").click(function(){
    $(this).hide("slow");
    return false;
});
$("a.test2").click(function(){
    $("a").css({color:"red"});
    return false;
});
```

Listing 6.11 Link ausblenden und rot einfärben

Genauer betrachtet

```
$("a.test").click(function(){
    $(this).hide("slow");
    return false;
});
```

Hier wird als Erstes der Link mit der Klasse `.test` selektiert. Wenn auf diesen geklickt wird, soll eine Funktion `click(function())` ausgeführt werden.

Mit `$(this).hide("slow");` legen wir fest, dass der angeklickte Link (`$(this)`) langsam ausgeblendet werden soll (`hide("slow")`).

```
$("a.test2").click(function(){
    $("a").css({color:"red"});
    return false;
});
```

Der Selektor im zweiten Beispiel funktioniert identisch, und so sehen wir uns nur die Funktion an, die aufgerufen wird: `$("a")` ruft hier alle Links auf, und `css()` beinhaltet eine oder mehrere CSS-Anweisungen, die mit den selektierten Elementen verknüpft werden sollen. In diesem Fall lautet die Anweisung `color:red`.

Besonderheiten bei .css()

Wenn Sie über jQuery CSS verändern, beachten Sie bitte einige wichtige Details:

▶ Am Ende einer CSS-Eigenschaft darf kein Semikolon stehen. Setzen Sie zwischen mehreren Anweisungen Kommas.

▶ Nicht die CSS-Eigenschaft wird in Anführungszeichen gesetzt, sondern nur der Wert.

▶ CSS-Eigenschaften, die einen Bindestrich in der Bezeichnung haben, werden in jQuery ohne diesen geschrieben, und das Wort nach dem Bindestrich beginnt mit einem Großbuchstaben. Zum Beispiel schreiben wir statt font-weight in jQuery fontWeight.

Weitere Einsatzmöglichkeiten von jQuery lernen Sie im Referenzteil kennen.

Aber ich wollte Ihnen ja noch zeigen, wie wir den jQuery-Code aus dem Beispiel zusammenfassen können:

```
$("a")
.filter(".test")
    .click(function(){
        $(this).hide("slow");
        return false;
    })
.end()
.filter(".test2")
    .click(function(){
        $(this).css({color:"red"});
        return false;
    })
.end();
```

Listing 6.12 Ein Beispiel mit filter() und end(). Die Zeilenumbrüche können Sie problemlos übernehmen, diese stören jQuery nicht.

Interessant an dieser Schreibweise sind die beiden Funktionen .filter() und .end(), mit denen wir für ein über einen Selektor ausgewähltes Element unterschiedliche Fälle behandeln können. Hier filtern wir mit `.filter()` zunächst die Klasse (im ersten Beispiel `.test`) und bearbeiten diese dann mit weiteren Funktionen. So wird bei der Klasse `.test`, also dem ersten Link, der Link mit `.hide()` ausgeblendet. Bevor wir mit `filter()` die zweite Möglichkeit behandeln können, schreiben wir `.end()`.

> **Objekte von Objekten**
>
> Um `filter()` und `end()` richtig zu verstehen, müssen wir einen kurzen Ausflug in die objektorientierte Programmierung unternehmen. Da wir hier jQuery aus der Sicht des Webseiten-Entwicklers betrachten, mögen mir die Programmierer unter Ihnen die umgangssprachliche Erklärung verzeihen.
>
> Wenn wir mit `$()` ein Element auswählen, erstellen wir in JavaScript ein »Objekt«. Dieses Objekt können wir mit den von jQuery bereitgestellten Funktionen und den JavaScript-Befehlen manipulieren. Richtig knifflig ist daran, dass wir, wenn wir ein mit `$()` erstelltes Objekt mit einer Funktion kombinieren (wie z.B. `$(a).hide("slow")`), ein neues Objekt erstellen. Wenn wir dieses um eine weitere Funktion ergänzen, wird wiederum ein weiteres Objekt erzeugt und so fort.
>
> Wenn wir nun mit `filter()` eine bestimmte Klasse manipulieren möchten und später noch eine weitere Klasse manipulieren wollen, müssen wir zunächst wieder zum Ursprungsobjekt zurückgehen. Dies machen wir mit `end()`.

Der Vorteil der Schreibweise im Beispiel ist, dass wir einige Fälle gemeinsam behandeln können. Auch wenn in unserem Beispiel diese Schreibweise mehr Code erzeugt, können wir durch eine sinnvolle Strukturierung des Codes diese verständlicher machen. Verwenden Sie hier ruhig wieder Tabs und Zeilenumbrüche, um die Lesbarkeit zu erhöhen.

Nachdem wir nun einen ersten Eindruck von jQuery bekommen haben, sehen wir uns die Selektoren und Funktionen genauer an. Im Anschluss daran zeige ich Ihnen einige Anwendungsbeispiele für jQuery in unserer Seite. Als kleines Highlight werfen wir noch einen kurzen Blick auf AJAX und die Möglichkeiten, die wir hier mit jQuery haben.

6.3   Möglichkeiten, die jQuery uns bietet

Auf den folgenden Seiten möchte ich Ihnen einen Überblick über jQuery geben. Hierbei beschränken wir uns auf die einfachen Möglichkeiten. In der Referenz finden Sie eine Sammlung von Selektoren und Funktionen, die Sie gern in Ihrer Seite verwenden können.

6.3.1 Selektoren

Bisher haben wir uns nur drei Arten von Selektoren angesehen: Elemente, Elemente mit Klassen und die Möglichkeit, das aktuell selektierte Element mit this anzusprechen. Aber jQuery bietet uns noch einige weitere mögliche Selektoren und ist hier sogar mächtiger als CSS. Wir können nämlich browserübergreifend die gleichen Selektoren verwenden, ohne uns dabei Gedanken über Anpassungen machen zu müssen.

Bekannte Selektoren

Die Basis bilden zunächst die schon aus CSS bekannten Selektoren für Elemente, Klassen und IDs. Diese entsprechen auch in der Schreibweise denen aus CSS. Auch der Universalselektor (*) und die Möglichkeit, mehrere Selektoren mit Kommas zu trennen, stehen uns zur Verfügung.

```
$("a")
```
Listing 6.13   Alle Links

```
$("a.test")
```
Listing 6.14   Alle Links mit der Klasse .test

```
$("#wrapper, #footer")
```
Listing 6.15   #wrapper und #footer

Wie wir es schon aus CSS gewohnt sind, können wir auch Elemente in anderen Elementen ansprechen. Im folgenden Beispiel werden alle Links innerhalb von #wrapper angesprochen:

```
$("div#wrapper a")
```
Listing 6.16   Jeder Link innerhalb von div#wrapper

Geschwister und Kinder: neue Selektoren

Nach den bisher aus CSS vertrauten Selektoren werden nun einige Selektoren vorgestellt, die es zwar auch für CSS gibt, die aber nicht browserübergreifend angewendet werden können und daher in diesem Buch ebenfalls nur in der Referenz zu finden sind.

Elternelement > Kindelement

Mit > sprechen wir ein Element an, das sich direkt in einem anderen Element befindet.

HTML

```
<p>
    <strong>Dieser Text ist fett und kursiv </strong>,
    <span><strong>dieser nur fett</strong></span>.
</p>
```

jQuery

```
$("p>strong").css({fontStyle:"italic"});
```

Listing 6.17 Auf das Kindelement zugreifen

Diese jQuery-Anweisung formatiert nur den ersten mit strong formatierten Teil des Textes, da der zweite innerhalb eines span-Elements liegt und daher kein direktes Kindelement von p ist.

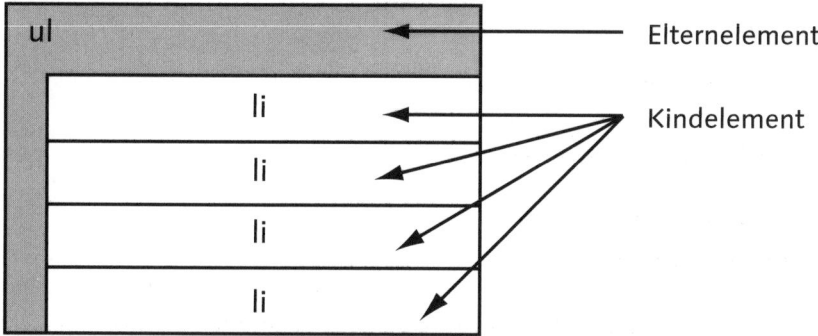

Abbildung 6.2 In einer unsortierten Liste ist ul das Elternelement, und jedes li ist ein Kindelement.

Vorheriges Element + nächstes Element

Mit + können Sie ein Element ansprechen, das direkt nach einem anderen Element im Quelltext steht.

HTML

```
<form method="post" action="mail.php">
    <p>
        <label for="email">Ihre E-Mail-Adresse</label>
        <input type="text" name="email" id="email" />
    </p>
    <input type="submit" value="senden" />
</form>
```

jQuery

```
$("label + input").css({border:"2px dotted #000"});
```

Listing 6.18 Immer wenn ein input-Element auf ein label-Element folgt, bekommt dieses über
jQuery einen 2 px dicken, schwarz gepunkteten Rahmen.

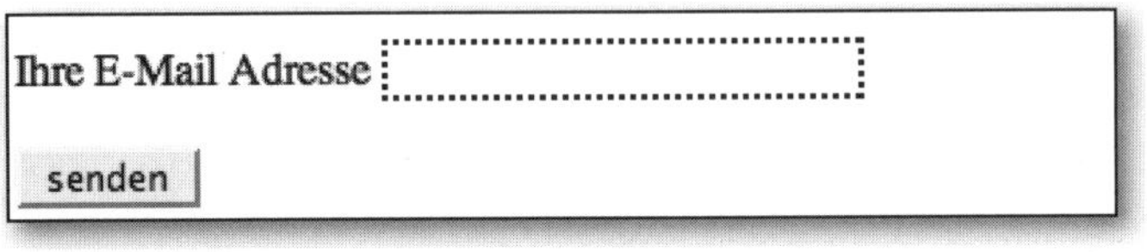

Ihre E-Mail Adresse ┊┈┈┈┈┈┈┈┈┈┈┈┈┈┈┈┈┈┈┈┈┈┈┈┈┊

 senden

Abbildung 6.3 Das mit jQuery veränderte Eingabefeld

Vorheriges Element ~ Geschwister

Mit ~ können Sie Geschwisterelemente auswählen. Geschwisterelemente sind
Elemente, die auf ein Element folgen. Während wir mit + nur ein Element auswählen können, können wir mit ~ mehrere Elemente auswählen.

HTML

```
<p>normaler Absatz</p>
<p id="vorher">erster Absatz</p>
<p>Geschwisterelement</p>
<div>
    <p>Absatz in div</p>
</div>
<p>Geschwisterelement</p>
```

jQuery

```
$("p#vorher ~ p").css({fontStyle:"italic",color:"red"});
```

Listing 6.19 Mehrere Elemente auswählen

Rot und kursiv werden nur die Absätze angezeigt, die nach dem Absatz mit der
ID #vorher im Quellcode stehen und die dem Selektor entsprechen. Der Absatz
im div-Container ist nicht betroffen.

Kombinationen

Natürlich können Sie auch Selektoren kombinieren, damit Sie gezielt bestimmte
Element(-gruppen) mit jQuery modifizieren können.

Abbildung 6.4 Die Geschwisterelemente werden gefärbt, die anderen Elemente bleiben im Ursprungszustand.

Weitere Selektoren

Es gibt noch viele weitere Selektoren, die Sie sowohl in der Referenz des Buchs als auch auf *docs.jquery.com* finden können.

6.3.2 Attribute auslesen, hinzufügen und entfernen

Sie können mit jQuery einem Element zusätzliche Attribute geben oder diese verändern. Darüber hinaus können Sie ein Element auch mit Text oder HTML-Code füllen.

Variablen in JavaScript

Damit Sie die folgenden Beispiele verstehen, möchte ich Ihnen erklären, wie Sie Variablen in JavaScript anlegen können.

```
var test = "jQuery ist toll";
```

Mit var legen Sie in JavaScript eine Variable fest. Es spielt keine Rolle, ob die Variable eine Zahl, ein Wort oder ein ganzer Text ist. Wenn Sie im Code die Variable verwenden, wird an der Stelle der Variable der Variablenwert ausgegeben.

```
$("p#variable").text(test);
```

Mit dieser Zeile jQuery-Code wird in der HTML-Datei der Wert der Variable test in den Absatz mit der ID #variable geschrieben. Der vorherige Inhalt wird gelöscht.

Wenn die Variable eine Zahl sein soll, mit der auch gerechnet werden kann, müssen Sie diese ohne Anführungszeichen angeben.

```
var zahl =5;
```

Natürlich können Sie auch einfache Rechenoperationen ausführen:

```
var zahl = 5 + 2;
```

Und auch komplexere Strukturen sind möglich. Wenn Sie eine Variable nach ihrer Initialisierung (mit `var`) verwenden möchten, können Sie sie ohne `var` hinschreiben:

```
var zahl1 = 3;
var zahl2 = 2;
zahl1 = zahl2 + 3;
var zahl3 = zahl1 + zahl2;
```

Wir sehen uns zunächst die Möglichkeiten an, die wir mit Attributen haben. Dabei können wir mit `attr()` den Wert von Attributen abfragen und neue Attribute erstellen.

HTML

```
<a href="#" title="Ein Link">Link</a>
<p>
    Der Titel des Links lautet: <strong></strong>
</p>
```

Listing 6.20 Ein Attribut abfragen

jQuery

```
var title = $("a").attr(title);
$("p strong").text(title);
```

Listing 6.21 Der Titel des Links wird im strong-Element des Absatzes eingefügt.

Sie können mit jQuery einem Element natürlich auch Attribute mit `attr()` zuweisen. Dies funktioniert so ähnlich wie bei `css()` mit geschweiften Klammern und einem Komma hinter jedem Attribut.

```
$("img").attr({src: "bild.jpg", alt:"Ein schönes Bild"});
```

Wenn Sie nur ein Attribut in einem Element ändern möchten, können Sie auch eine andere Schreibweise wählen:

```
$("img").attr("src", "bild.jpg");
```

Listing 6.22 Ändert das src-Attribut in jedem Bild.

Selbstverständlich können wir mit jQuery auch Attribute entfernen. Wir nutzen hierfür `removeAttr()`. Wenn Sie beispielsweise bei jedem Link das `target`-Attribut entfernen möchten, können Sie dies mit `$("a").removeAttr("target");` tun.

6.3.3 Manipulation von Elementen

Wenden wir uns nun den Manipulationsmöglichkeiten zu, die jQuery bietet. Sie kennen hier schon die Funktionen `html()` und `text()`, mit denen wir HTML-Code bzw. Text in einem Element ergänzen können. Darüber hinaus werden Sie mit `append()` und `appendTo()` noch zwei Möglichkeiten kennenlernen, die den bestehenden Inhalt eines Elements ergänzen können, sowie einige weitere Funktionen, die uns später erlauben werden, unsere Seite dynamisch um weitere Inhalte zu ergänzen.

Bekannt sind uns ja bereits `html()` und `text()`, um in einem selektierten Element HTML-Code oder Text hinzuzufügen. Ich beschränke daher die Erklärung der Vollständigkeit halber auf zwei kleine Beispiele.

```
$("div").html("<p>juhuu</p>");
```

Listing 6.23 Ersetzt in allen div-Containern den Inhalt durch einen Absatz, in dem »juhuu« steht.

```
$("div p").text("Ein Absatz");
```

Listing 6.24 Schreibt in jeden Absatz, der in einem div-Container ist, »Ein Absatz«.

Mit `append()` können wir den Inhalt eines Elements ergänzen.

Wir könnten in einem Absatz mit der Klasse `.caption`, der auf ein Bild folgt, noch zusätzlich den Text aus dem `alt`-Attribut einfügen.

HTML

```
<img src="bild.jpg" alt="Ein schönes Bild" />
<p class="caption">Titel des Bildes: </p>
```

jQuery

```
$("img + p.caption").append($("img").attr("alt"));
```

Wir müssen uns hier allerdings nicht auf Text beschränken, den wir im jQuery-Code schreiben, sondern können auch mit `appendTo()` Elemente im HTML-Code vollständig an das Ende eines anderen Elements verschieben.

HTML

```
<p>
    Juhuuu
</p>
<div id="container"></div>
```

Titel des Bildes: Ein schönes Bild

Abbildung 6.5 Mit jQuery wird das alt-Attribut des Bildes im Absatz unter dem Bild eingefügt.

jQuery

```
$("p").appendTo("#container");
```

Listing 6.25 Verschiebt den Absatz komplett und setzt ihn in den div-Container mit der ID #container.

Quelltext nach der Modifikation mit jQuery

```
<div id="container">
    <p>
        Juhuuu
    </p>
</div>
```

Listing 6.26 Nach der Manipulation mit jQuery

Sicherlich möchten Sie manchmal auch Texte oder ganze Elemente an den Anfang eines anderen Elements verschieben. Hierfür können wir prepend() bzw. prependTo() verwenden.

Während append() und appendTo() sowie prepend()und prependTo() Inhalte in einem Element ergänzen, können wir mit before()und insertBefore() sowie after()und insertAfter() Inhalte auch vor oder nach einem Element einfügen.

HTML

```
<p class="first">
    Ein weiser Mensch hat gesagt:
</p>
<p>
    <strong>Wer zuletzt lacht,</strong> <em>lacht am besten</em>.
</p>
```

jQuery

```
$("p.first").before("<h2>Schlauer Spruch</h2>");
```

Listing 6.27 Vor den Absatz mit der Klasse .first wird eine h2-Überschrift gesetzt.

```
$("p.first + p").after("<hr />");
```

Listing 6.28 Hinter den Absatz, der nach dem Absatz mit der Klasse .first kommt, wird eine horizontale Linie (<hr />) gesetzt.

```
$("strong").insertAfter("em");
```

Listing 6.29 Der Satzteil, der mit strong fett geschrieben wurde, wird hinter dem kursiven Text (em) eingefügt.

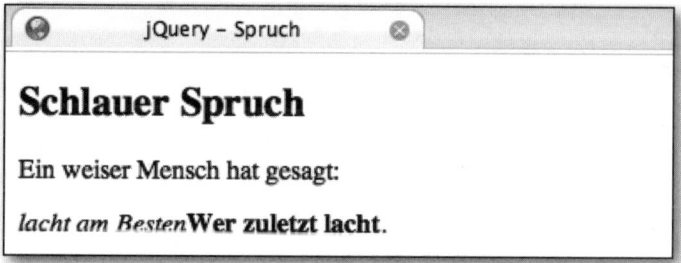

Abbildung 6.6 Die mit jQuery umgeformte Seite

Nachdem Sie nun in einem Element sowie vor und hinter einem Element etwas einfügen können, lernen Sie jetzt mit wrap() eine Möglichkeit kennen, Elemente mit einem anderen Element zu umschließen. So können Sie mit $("p").wrap ("<div></div>"); um jeden Absatz (p) in Ihrem HTML-Dokument einen div-Container setzen. Wenn Sie mehrere Elemente zusammen umschließen möchten, können Sie dies mit wrapAll() tun: $("p").wrapAll("<div></div>");.

Auch hier sind wir nicht nur darauf beschränkt, etwas außerhalb des Elements zu verändern, sondern wir sind auch dazu in der Lage, mit `wrapInner()` in einem Element etwas hinzuzufügen. Wenn wir beispielsweise in allen Absätzen den Text mit `strong` fett darstellen wollen, geht dies einfach mit `$("p").wrapInner("<strong></strong>")`.

HTML

```
<p>Was</p>
<p>für</p>
<p>ein</p>
<p>Tag</p>
```

jQuery

```
$("p").wrapInner("<strong></strong>");
```

Listing 6.30 Tags werden um den Absatzinhalt gelegt

Weitere Möglichkeiten, Ihren HTML-Code zu manipulieren, lernen Sie im Referenzteil kennen. So können Sie mit `remove()` Elemente löschen und mit `empty()` Elemente vollständig leeren.

6.3.4 Mit jQuery CSS manipulieren

Die Möglichkeit, mit `css()` das Stylesheet eines Elements zu verändern, kennen Sie bereits. Die Möglichkeiten, die uns `css()` bietet, sind identisch mit denen von `.attr()`. Sie könnten also auch mit jQuery an das Ende jedes Absatzes die Hintergrundfarbe des Absatzes schreiben:

```
$("p").append($("p").css("backgroundColor"));
```

Wesentlich interessanter ist natürlich die Manipulation von CSS mit jQuery, wobei auch hier gilt, dass nur Besucher, die JavaScript aktiviert haben, diese Veränderungen sehen können.

```
$("p").css("background","lightgray");
```
Listing 6.31 Setzt die Hintergrundfarbe aller Absätze auf Hellgrau.

6.3.5   Ereignisse mit jQuery steuern

Natürlich ist es schon sehr praktisch, wenn wir HTML-Elemente und Stylesheets mit jQuery verändern können, aber noch interessanter werden diese Funktionen, wenn man sie erst nach Ereignissen wie einem Klick ausführt. Die Möglichkeiten, die uns jQuery in diesem Fall bietet, sind wieder sehr umfangreich (wie Sie in der Referenz sehen werden). Daher möchte ich Ihnen an ein paar gängigen Ereignissen die Möglichkeiten mit jQuery vorstellen.

Den Anfang macht `click()`, das auf einen einfachen Mausklick reagiert. Wir sind hier, anders als in HTML und CSS, nicht auf Links beschränkt, sondern können jedes Element anklickbar machen.

```
$("p").click(function(){
    $(this).hide("slow")
});
```
Listing 6.32 Auch Absätze können klickbar werden

Mit diesen wenigen Zeilen Code haben wir in der Anwendung von jQuery einen großen Schritt nach vorn gemacht. Damit klar wird, was wir mit diesem Code bewirken, schauen wir ihn uns Schritt für Schritt an:

► `$("p").click();`
Jedem Absatz wird ein sogenannter Eventhandler (Ereignisbehandler) zugewiesen. Mit `click()` sprechen wir alle Elemente an, die angeklickt wurden. `$("p").click();` bezieht sich also auf alle Absätze, die angeklickt werden.

► `function(){}`
Den Programmierern unter Ihnen werden Funktionen ein Begriff sein. Mit Funktionen können Sie mehrere jQuery-Befehle zusammenfassen. In unserem Beispiel stehen also zwischen den geschweiften Klammern alle Befehle, die ausgeführt werden sollen, wenn ein Absatz angeklickt wird.

► `$(this).hide("slow")`
Diesen Teil unserer jQuery-Anweisung können Sie schon fast ablesen. Der Selektor wählt das aktuelle Element, in unserem Fall den angeklickten Absatz, aus und lässt dieses mit `hide()` verschwinden. Mit `slow` geben wir die Geschwindigkeit an. Dazu erfahren Sie später mehr.

Sie werden sehen, dass sich mit diesem Prinzip und den Effekten, die ich Ihnen in diesem Kapitel noch vorstellen werde, sehr professionelle Effekte erzielen lassen.

Wenn wir `click()` verwenden, gibt es genau einen Ereigniszustand: wenn auf das ausgewählte Element geklickt wird. Anders sieht es bei einem anderen Eventhandler aus: `hover()`. Bei `hover()` gibt es zunächst den Zustand, wenn die Maus über das Element fährt, und den Zustand, wenn die Maus das Element wieder verlässt. Mit jQuery können wir beiden Zuständen eine Funktion zuweisen. Lassen Sie uns dies anhand einer einfachen Liste genauer betrachten:

HTML

```
<ul>
    <li>HTML</li>
    <li>CSS</li>
    <li>jQuery</li>
</ul>
```

jQuery

```
$("li").hover(
    function () {
        $(this).append($("<span>"));
    },
    function () {
        $(this).find("span:last").remove();
    }
);
```

Listing 6.33 Beim Überfahren mit der Maus zwei Effekte ausführen

Die beiden Funktionen werden durch ein Komma getrennt (`$("li").hover(Funktion1, Funktion2);`). Die erste Funktion behandelt den Zustand zu dem Zeitpunkt, wenn die Maus über das Element fährt (drei Sternchen stehen hinter dem Wort im Listenelement in einem `span`-Element), die zweite Funktion behandelt den Zustand, wenn die Maus das Element verlässt (die `span`-Elemente werden zusammen mit den Sternchen entfernt).

In der zweiten Funktion finden Sie ein paar Dinge, die wir bisher noch nicht eingesetzt haben:

```
$(this).find("span:last").remove();
```

Mit `find()` können wir ein Element auswählen. Der Selektor `span:last` wählt hierbei das letzte `span`-Element innerhalb des Selektors (in unserem Fall `$(this)`) aus. Mit `remove()` entfernen wir dieses Element anschließend.

6.3.6 Professionelle Effekte mit jQuery einfügen

Bei den Effekten bietet uns jQuery einige sehr nette und professionell wirkende Effekte an. Sie können Elemente einmalig oder auch abwechselnd ein- und ausblenden. So ist es beispielsweise möglich, Teile der Webseite zunächst nicht vollständig anzuzeigen und erst nach einem Klick durch den Besucher den vollständigen Inhalt zu präsentieren. Ein Beispiel für diese Art von Effekt sehen Sie auf der Seite zum Buch (*www.webseiten-buch.de*) bei den Artikeln, und Sie werden auch später in diesem Kapitel noch weitere Beispiele/Effekte kennenlernen.

Geschwindigkeit von Effekten

Sie können, wenn Sie einen Effekt verwenden, entweder die Dauer des Effekts in Millisekunden angeben oder einen der vordefinierten Werte nehmen: `slow` für langsam, `normal` für normal und `fast` für schnell.

Beachten Sie, dass die unterschiedlichen Browser hier auch die Geschwindigkeit unterschiedlich interpretieren und Sie nur eine identische Animation erwarten können, wenn Sie mit Millisekunden arbeiten.

Fangen wir damit an, Elemente mit `.hide()` auszublenden. So könnten wir einen Absatz ausblenden lassen, wenn er angeklickt wird:

HTML

```
<p>
    Lorem ipsum dolor sit amet, consectetur adipisicing elit, sed
    do eiusmod tempor incididunt ut labore et dolore magna aliqua.
</p>
```

jQuery

```
$("p").click(function(){
    $(this).hide("slow");
});
```

Listing 6.34 Der Absatz wird langsam ausgeblendet

Wenn wir dies auf einer Seite machen, sind bald keine Absätze mehr sichtbar, und so könnten wir auch gleich eine Möglichkeit mit show() einbinden, um die Absätze wieder erscheinen zu lassen.

HTML

```
<button>sichtbar</button>
```

jQuery

```
$("button").click(function(){
    $("p").show("6000");
});
```

Listing 6.35 Wenn jemand auf ein button-Element klickt, werden alle Absätze innerhalb von 6 Sekunden wieder sichtbar.

Nun können wir uns auch hier etwas Arbeit sparen und die Funktionen hide() und show() mit toggle() zusammenfassen. So könnten wir einen Absatz aus- bzw. wieder einblenden, nachdem ein Button angeklickt wurde. Damit es gleich etwas anspruchsvoller ist, ändern wir auch den Text des Buttons, damit der Besucher der Seite erkennt, wozu der Button dient.

```
$("button").toggle(function(){
    $("p").hide("slow");
    $(this).text("einblenden");
},function(){
    $("p").show("slow");
    $(this).text("ausblenden");
});
```

Listing 6.36 Absätze ein- und ausblenden

Beachten Sie bei der Verwendung von `toggle()` zwei Dinge: Es gibt, wie bei `hover()`, zwei Funktionen, zwischen denen gewechselt wird, und die erste Funktion, die ausgeführt wird, ist die zweite von beiden.

6.3.7 Kommentare in jQuery einfügen

Gerade bei komplexen Funktionen sollten Sie immer festhalten, was Sie mit welcher Zeile Code bewirken möchten. Sie können für Kommentare `//` (einzelne Zeile) und `/* ... */` (mehrzeilige Kommentare) verwenden.

```
// ein kurzer Kommentar
/*
   Hier steht ein Kommentar,
   der auch über mehrere Zeilen
   gehen kann.
*/
```

Listing 6.37 Kommentare in jQuery/JavaScript

6.3.8 Weitere Möglichkeiten mit jQuery

Dieses Kapitel soll Ihnen nur einen groben Überblick über jQuery und die Möglichkeiten geben, die es bietet. Trotzdem habe ich im Referenzteil eine umfangreiche Sammlung an Selektoren und Funktionen von jQuery aufgelistet und durch Beispiele ergänzt. Ich habe mich hierbei an der jQuery-Dokumentation orientiert, die Sie unter *http://docs.jquery.com* finden können und in der Sie alle fehlenden Selektoren und Funktionen nachschlagen können.

6.4 Mit jQuery unsere Seite aufwerten

Nachdem wir die theoretischen Grundlagen gelegt haben, werten wir unsere Seite nun mit jQuery auf. Sie haben sicherlich schon festgestellt, dass der Aufbau von jQuery logisch ist. Natürlich macht auch hier Übung den Meister, aber Sie werden nach kurzer Zeit feststellen, wie einfach jQuery ist.

6.4.1 Infoboxen mit jQuery

Als Erstes betrachten wir die Boxen unter dem Banner der Webseite. Zur Erinnerung folgt hier der Quellcode einer Box, den ich im zweiten Absatz um einen Link und eine Klasse ergänzt habe.

```
...
<div class="html">
```

```
<h2>HTML</h2>
<p>
    Lernen Sie, wie man moderne Webseiten mit standardkonformem
    HTML erstellt. <a href="#">mehr lesen</a>
</p>
<p class="more">
    In diesem Buch werden Ihnen die HTML-
    Grundlagen vermittelt. Sie lernen, wie Sie Ihre Inhalte mit
    validem HTML strukturieren...
</p>
</div> <!-- Ende von div.html -->
...
```

Listing 6.38 Die Boxen auf der Webseite

Den Aufbau der Boxen können Sie auch in Kapitel 4 noch einmal nachlesen. Der Link hat später die Aufgabe, die folgenden Inhalte per Klick ein- und ausblendbar zu machen. Damit wir mit jQuery einen Teil der Box ausblenden können, geben wir diesem Teil die Klasse .more.

Legen Sie jetzt einen Ordner *js* (für JavaScript) in dem Verzeichnis Ihrer Webseite an, und kopieren Sie in diesen die aktuelle jQuery-Version (siehe oben). Zusätzlich erstellen wir noch eine eigene JavaScript-Datei *effekte.js*, die wir ebenfalls im Ordner *js* speichern. Beide Dateien binden wir mit dem script-Element in unseren Quelltext im head ein.

```
<script type="text/javascript" src="js/
jquery.js"></script><script type="text/
javascript" src="js/effekte.js"></script>
```

Den jQuery-Code schreiben wir nun einfach in die Datei *effekte.js*. Auf diese Weise erreichen wir, wie auch schon beim Stylesheet, mehr Ordnung in unserer HTML-Datei.

Wie bereits bei den Beispielen sollen unsere jQuery-Anweisungen erst umgesetzt werden, wenn die Seite vollständig geladen ist:

```
$(document).ready(function(){
    // Hier kommt jQuery
}
```

Bei der Verwendung von jQuery ist uns wichtig, dass unsere Besucher, auch wenn sie kein JavaScript aktiviert haben, die Seite vollständig erfassen können. Daher blenden wir zunächst mit jQuery die Inhalte aus, die die Klasse .more haben. Wenn jemand kein JavaScript hat, bleiben die entsprechenden Absätze einfach stehen.

```
$(".more").hide();
```
Listing 6.39 Alle Elemente mit der Klasse .more werden ausgeblendet.

Nun möchten wir, dass sich etwas tut, wenn wir auf den Link klicken. Um genauer zu sein, ist es unser Ziel, den ausgeblendeten Absatz ein- und auszublenden, nachdem auf den Link in der Box geklickt wurde. Wir nutzen hierfür `toogle()`, da wir so zwei Funktionen definieren können, die sich abwechseln.

```
$("#boxen a").toggle(function(){
    // .more einblenden
},function(){
    // .more ausblenden
  });
```
Listing 6.40 Das Gerüst für unsere Funktionen in .toogle()

Was Sie schon wissen, ist, dass wir den Absatz mit der Klasse `.more` einblenden wollen. Wenn wir nun aber innerhalb der Funktion nur `$("p").show()` verwenden würden, würde dies alle Absätze sichtbar werden lassen. Wir müssen also mit jQuery den Absatz mit der Klasse `.more` wählen, der nach unserem Link als Erstes kommt.

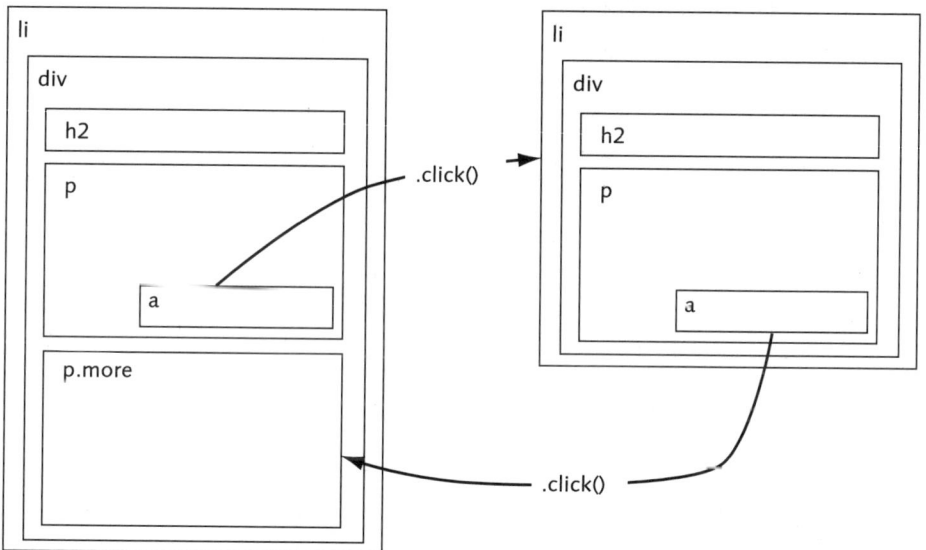

Abbildung 6.7 Schematische Darstellung der beiden Zustände jeder Box

Wir können mit jQuery allerdings nur das nächste `.more` mit dem gleichen Elternelement finden. Das Elternelement von unserem Link ist ein Absatz, das Eltern-

element von .more ist (in diesem Beispiel) der div-Container mit der Klasse
.html. Wir müssen also das Elternelement unseres Links (den »normalen« Absatz)
auswählen und dann das nächste Element mit der Klasse .more.

Das Elternelement eines Elements finden wir mit parents(). In den Klammern
geben wir an, was für ein Element wir suchen. In unserem Fall wäre dies ein Absatz. Wir wählen also mit parents("p") den Absatz aus, der unseren Link beinhaltet.

Im nächsten Schritt wollen wir den Absatz mit der Klasse .more auswählen, wofür
wir next(".more") verwenden. Mit next() kann man das nächste Element innerhalb des Elternelements auswählen, das die Bedingungen des Selektors in den
Klammern erfüllt. Diesen Absatz machen wir nun mit show()sichtbar und blenden ihn dann mit hide() aus.

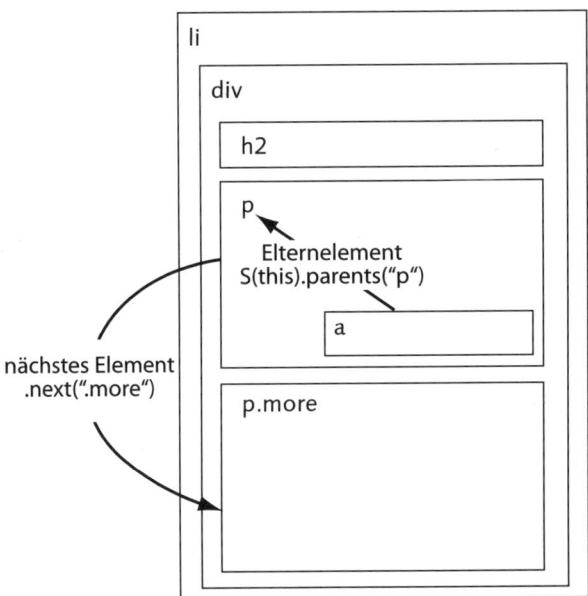

Abbildung 6.8 Elternelement mit parents() und nächstes Element mit next()

```
$("#boxen a").toggle(function(){
    $(this).parents("p").next(".more").show("slow");
},function(){
    $(this).parents("p").next(".more").hide("slow");
});
```

Listing 6.41 Bei einem Klick auf den Link erscheint die Box oder verschwindet wieder.

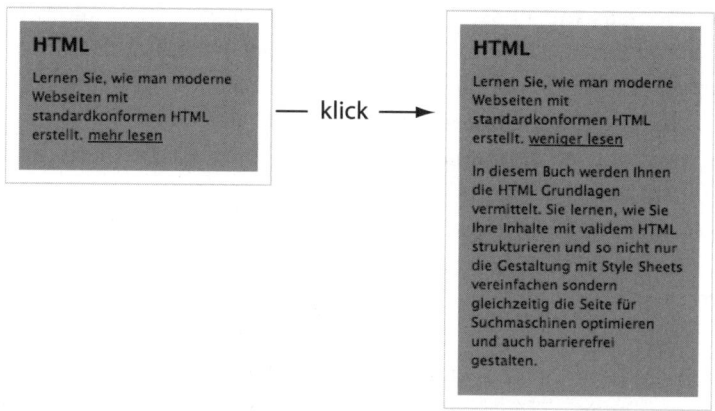

Abbildung 6.9   Eine Box wird ein- und ausgeblendet.

Noch müssen wir einen Schönheitsfehler beseitigen, der bei der Nutzung auffällt: Im Link steht weiterhin »mehr lesen«, auch wenn wir den Text anzeigen. Um auf die Möglichkeit hinzuweisen, dass der Text auch ausgeblendet werden kann, wäre es sinnvoller, wenn dort »weniger lesen« stehen würde. Diese Textänderung fügen wir mit text() ein.

```
$("#boxen a").toggle(function(){
    $(this).parents("p").next(".more").show("slow");
    $(this).html("weniger lesen");
},function(){
    $(this).parents("p").next(".more").hide("slow");
    $(this).html("mehr lesen");
});
```

Listing 6.42   Weniger oder mehr lesen

Noch ein Detail könnten wir nun für die Besucher optimieren, die kein JavaScript aktiviert haben. Da für diese der Link »mehr lesen« keine Funktion hat, sollten wir diesen nur dann einblenden, wenn JavaScript auch aktiviert ist.

```
$("#boxen p ").append("<a href='#'>mehr lesen</a>");
$("#boxen p.more a").remove();
```

Listing 6.43   In der ersten Zeile fügen wir den Link in jeden Absatz in #boxen ein. Die zweite Zeile entfernt dann alle Links, die wir so in die Absätze mit der Klasse .more eingefügt haben.

6.4.2   Artikel ein- und ausblenden

Sehr ähnlich gehen wir bei den Artikeln auf der Startseite vor, die wir ausblenden möchten und ebenfalls einblendbar machen möchten. Zunächst ergänzen wir hier im Quellcode ebenfalls die Klasse .more, damit dieser Teil zusammen mit dem einblendbaren Teil der Boxen zunächst ausgeblendet wird, bei deaktiviertem JavaScript aber weiter sichtbar bleibt. Damit wir den Link, der den Einblendeffekt auslöst, einfach auswählen können, geben wir ihm die Klasse .showmore. Zusätzlich entfernen wir vorerst den Inhalt des href-Attributs, da die Überschrift nicht mehr zum vollständigen Artikel führen soll. Damit unsere Besucher weiter den vollständigen Artikel lesen können, ergänzen wir am Ende des Artikels einen entsprechenden Link.

```
...
<div class="post small">
   <h3><a href="#" class="showmore">Ein kleiner Artikel</a></h3>
   <div class="entry more">
      <p class="postinfo">
         ...
      </p>
      ...
      <a href="link/zum/artikel.htm"
       title="Link zum Artikel Ein kleiner Artikel">weiterlesen</a>
   </div> <!-- Ende von .entry -->
</div><!-- Ende von .post.small -->
...
```

Listing 6.44 Ein Link wird ergänzt

Die jQuery-Funktion, die wir mit dem Link mit der Klasse .showmore verknüpfen, ähnelt grundsätzlich der schon bekannten Funktion für die Boxen. Neu ist, dass wir keinen Text im Link ändern möchten, sondern dass wir neben der Überschrift ein Hintergrundbild mit einem »+« oder einem »-« haben möchten, um dem Benutzer zu zeigen, dass er mit einem Klick auf die Überschrift mehr sehen kann. Dieses Hintergrundbild fügen wir mit der Funktion css() ein, die für uns die CSS-Eigenschaft background ergänzt.

```
$("a.showmore").toggle(function(){
   $(this).parents("div").next(".more").show("slow");
   $(this).css({background:"url(img/delete.png) center right
   no-repeat"});
},function(){
   $(this).parents("div").next(".more").hide("slow");
   $(this).css({background:"url(img/add.png) center right
   no-repeat"});
});
```

Listing 6.45 Ein Hintergrund wird ergänzt

Wie bei dem Link in den Boxen möchten wir dieses Icon auch nur dann im Quelltext haben, wenn JavaScript aktiviert ist. Außerdem wäre es schön, wenn bei deaktiviertem JavaScript der Klick auf die Überschrift zum Artikel führt und bei aktiviertem JavaScript dieser Link für die Vergrößerung verwendet wird. Den zusätzlichen Link im Text können wir im Text stehen lassen. Wenn Sie diesen ebenfalls über jQuery einfügen wollen, können Sie bei der Erklärung der Boxen sehen, wie Sie dies tun können.

Wir ergänzen den Link in der h3 also wieder um das href-Attribut und den Titel. Die Klasse .showmore lassen wir so stehen.

```
<h3><a href="link/zum/artikel.htm" title="Link zum Artikel
Ein kleiner Artikel" class="showmore">Ein kleiner Artikel</a></h3>
```

Mit Query entfernen wir zunächst die beiden Attribute href und title mit removeAttr() und fügen dann mit css() die Hintergrundgrafik ein.

```
$("h3 a.showmore")
   .removeAttr("href")
   .removeAttr("title")
   .css({background:"url(img/add.png) center right no-repeat"});
```

Listing 6.46 Die Effekte in Folge

6.4.3 Kommentarfeld

Die letzte Verwendung von JavaScript kommt im Kommentarformular vor. Hier haben wir die Situation, dass der Benutzer ein Feld mit einer Rechenaufgabe ausfüllen muss, damit das System sicher sein kann, dass kein Spam hinterlassen wird (Spambots sind selten so intelligent, ein Rechenfeld zu erkennen und richtig auszufüllen.). Nun kommt es häufig vor, dass ein Besucher einen Kommentar hinterlassen will, aber vergisst, das Feld für den Spam-Schutz auszufüllen. Wenn er dann auf den Sende-Button klickt, gibt die Seite eine Fehlermeldung aus, und seine Nachricht ist verloren.

Auf der Webseite zum Buch habe ich daher mit jQuery eine einfache Abfrage eingefügt, die den Sende-Button erst einblendet, wenn etwas im Feld für den Spam-Schutz steht. Da ich den Sende-Button erneut mit JavaScript ausblende, sind die Besucher ohne JavaScript nicht benachteiligt.

```
$("#commentform #submit").hide();
```

Um eine Eingabe in das Feld für den Spam-Schutz zu machen, muss das Feld angeklickt werden und somit den Fokus bekommen. Wir können also mit focus() unsere Funktion genau dann ausführen, wenn der Besucher in das Feld für den Spam-Schutz klickt.

```
$("#mcspvalue").focus(function(){
    // hier wird die Funktion eingefügt
});
```
Listing 6.47 Funktion für das Feld für Spam-Schutz

Da unser Sende-Button dank der ID #submit eindeutig identifizierbar ist, reicht es, wenn wir ihn direkt ansprechen. Hier zahlt sich aus, dass wir IDs nicht doppelt verwenden.

```
$("#mcspvalue").focus(function(){
    $("#commentform #submit").show();
});
```
Listing 6.48 Der Submit-Button wird direkt angesprochen

Damit unsere Besucher auch direkt sehen, warum kein Sende-Button am Ende des Formulars steht, können wir mit einer kleinen Informationsbox darauf hinweisen. Selbstverständlich wird diese durch jQuery eingefügt, denn so eine Box dürfte die Besucher ohne JavaScript nur verwirren.

HTML

```
<p class="infobox">
    Der Sende-
    Button erscheint erst, nachdem ein Ergebnis in das Feld für den
    Spam-Schutz eingegeben wurde.
</p>
```
Listing 6.49 HTML-Code, der eingefügt werden soll, wenn JavaScript aktiviert ist

jQuery

```
$("#commentform").after(
    "<p class='infobox'>
        Der Sende-Button erscheint erst, nachdem ein Ergebnis
        in das Feld für den Spam-Schutz eingegeben wurde.
    </p>"
);
```
Listing 6.50 Mit jQuery wird der Absatz hinter dem Formular eingefügt.

Da wir diesen Absatz aber nur brauchen, bis etwas in das Feld für den Spam-Schutz eingetragen wurde, lassen wir jQuery den Absatz wieder entfernen.

```
$("#mcspvalue").focus(function(){
   $("#commentform #submit").show();
   $(".infobox").hide("slow");
});
```

Listing 6.51 Nachdem etwas eingegeben wurde, verschwindet der Hinweis auf den Spam-Schutz

Da die Reihenfolge der jQuery-Befehle eine wichtige Rolle spielt, habe ich für Sie den Code hier noch einmal vollständig aufgelistet:

```
$(document).ready(function(){
/* Voreinstellungen */
   // Boxen / Kleine Artikel: .more ausblenden
   $(".more").hide();
   // Boxen: Link an das Ende des ersten Absatzes setzen
   $("#boxen p").append("<a href='#'>mehr lesen</a>");
   $("#boxen p.more a").remove();
   // Kleine Artikel: Link in h3: href und title entfernen
   // und icon als background einfuegen
   $("h3 a.showmore")
      .removeAttr("href")
      .removeAttr("title")
      .css({
         background:"url(img/add.png) center right no-repeat"
      });
   // Formular: Submit-Button ausblenden
   $("#commentform #submit").hide();
   // Formular: Infobox einblenden
   $("#commentform").after("
      <p class='infobox'>
         Der Sende-Button erscheint erst, nachdem
         ein Ergebnis in das Feld für den Spam-Schutz
         eingegeben wurde.
      </p>
   ");

/* Boxen animieren */
   $("#boxen a").toggle(function(){
      // bei Klick naechsten Absatz einblenden
      $(this).parents("p").next(".more").show("slow");
      // ... und Linktext aendern
      $(this).html("weniger lesen");
   },function(){
      // bei erneutem Klick naechsten Absatz wieder ausblenden
      $(this).parents("p").next(".more").hide("slow");
```

```
        // ... und Linktext erneut aendern
        $(this).html("mehr lesen");
    });

    /* Kleine Beitraege animieren */
    $("a.showmore").toggle(function(){
        // bei Klick naechsten Absatz einblenden
        $(this).parents("div").next(".more").show("slow");


        // ... und Icon aendern
        $(this).css({background:"url(img/delete.png) center right
no-repeat"});
    },function(){
        // bei erneutem Klick Absatz wieder ausblenden
        $(this).parents("div").next(".more").hide("slow");
        // ... und Icon aendern
        $(this).css({background:"url(img/add.png) center right no-
repeat"});
    });

    /* Spam-Schutz: Submit ein- und Infobox ausblenden */
    $("#mcspvalue").focus(function(){
        // wenn das Spam-Schutz-Feld den Fokus hat: Submit-
Button einblenden
        $("#commentform #submit").show();
        // ... und Infobox ausblenden
        $(".infobox").hide("slow");
    });
});
```

Listing 6.52   Die komplette Datei effekte.js

[o]   *Code/Kapitel 6/effekte.js*

Zum Abschluss dieses Kapitels möchte ich Ihnen noch eine Kostprobe von einer Technik geben, deren Name nicht nur mit einem bekannten Reinigungsmittel in Verbindung gebracht wird, sondern die auch eng mit dem Begriff »Web 2.0« verknüpft ist: AJAX.

6.5   Das Zauberwort AJAX

Der Begriff AJAX steht für *Asynchronous JavaScript and XML*. AJAX ermöglicht die Kommunikation zwischen dem Browser und dem Server auf einer HTML-Seite, ohne die Seite neu laden zu müssen. Bisher war es so, dass wir Daten auf einer HTML-Seite hatten, und wenn wir neue Daten abfragen wollten, mussten wir auf eine andere HTML-Seite gehen oder zumindest die Seite neu laden. JavaScript und auch jQuery ermöglichen es uns aber, Daten zu laden, während wir auf einer Seite sind. So könnten Sie immer die aktuellen Nachrichten oder Börsenkurse auf Ihrer Webseite betrachten, ohne etwas tun zu müssen. In diesem Fall würde also der JavaScript/jQuery-Code in regelmäßigen Abständen automatisch auf einer anderen Seite oder in einer Datei kontrollieren, ob sich etwas verändert hat, und in diesem Fall die Anzeige auf Ihrer Webseite aktualisieren.

Wir werden uns in diesem Kapitel auf eine einfachere Variante beschränken, die Ihnen vielleicht bei den ersten Schritten im Internet die Arbeit erleichtert: Wir werden Texte mit jQuery in die Sidebar laden.

6.5.1 Dateien mit .load() importieren

Legen Sie zunächst eine neue HTML-Datei an. Nennen Sie sie *import.htm,* und füllen Sie diese mit einigen Absätzen. Wir müssen kein CSS einbinden und in dieser zusätzlichen Datei auch kein jQuery verwenden. Eine Beispieldatei finden Sie unter *Code/Kapitel 6/import.htm* auf der CD.

Nun ergänzen wir unsere Sidebar um einen `div`-Container. Diesem geben wir die Klassen `.voll`, damit er über die komplette Breite der Sidebar geht, und `.import`, damit wir ihn mit jQuery selektieren können.

Um die Datei *import.htm* nun mit jQuery in unsere Seite zu laden, verwenden wir `.load()`:

```
$(".import").load("import.htm");
```

Listing 6.53 Ein einfaches .load() reicht, um eine Webseite oder Teile einer Webseite vollständig zu importieren.

Sie können die über `load()` importierten Inhalte auch über CSS formatieren. Beachten Sie nur, dass die Formatierungen aus der importierten Datei nicht importiert werden.

Wenn Sie keine vollständige Seite importieren möchten, sondern nur einen Teil der Seite, können Sie in `.load()` auch mit Selektoren arbeiten.

```
$(".import").load("import.htm p#einleitung");
```

Listing 6.54 Lädt in den div-Container .import den Absatz mit der ID #einleitung aus import.htm.

6.5.2 Darstellung bei deaktiviertem JavaScript

Nun kann es durchaus vorkommen, dass Ihre Besucher kein JavaScript aktiviert haben und die importierten Inhalte nicht sehen können. Dies ist auch der Grund, warum ich in diesem Beispiel darauf verzichtet habe, wichtige Bestandteile der Webseite wie die Navigation oder den Seiteninhalt über jQuery zu importieren.

Sie haben zwei Möglichkeiten, den Besuchern, die kein JavaScript verwenden, die Benutzung Ihrer Seite trotzdem zu ermöglichen.

\<noscript\>

Mit dem `noscript`-Element können Sie Inhalte angeben, die nur dargestellt werden, wenn kein JavaScript aktiviert ist.

```
<noscript>
   Sie haben JavaScript deaktiviert. Um diese Seite vollständig
   nutzen zu können, sollten Sie JavaScript aktivieren.
</noscript>
```

Listing 6.55 Vergessen Sie nicht, den Nutzern ohne Javascript einen Hinweis zu hinterlassen

6.5.3 Alternative Inhalte einfügen und mit jQuery entfernen

Bereits bei den vorherigen Beispielen habe ich jQuery so eingefügt, dass die Benutzer, die JavaScript deaktiviert haben, keine Nachteile haben. Die zusätzlichen Funktionen wurden immer über jQuery eingefügt, und daher wurden so auch Hinweise auf Funktionen vermieden, die JavaScript voraussetzen.

Unsere erweiterte Sidebar können wir nun entweder leer lassen, wenn kein JavaScript im Browser aktiviert ist, oder wir schreiben in diese einen Absatz mit einem Hinweis auf das nicht aktivierte JavaScript, den wir dann über jQuery wieder entfernen können.

HTML

```
<div class="voll import">
   <p>
      Sie haben JavaScript deaktiviert. Um diese Seite vollständig
      nutzen zu können, sollten Sie JavaScript aktivieren.
   </p>
</div>
```

jQuery

```
$(".import p").remove();
```
Listing 6.56 Eine alternative Möglichkeit

Wichtig ist hier erneut die Reihenfolge. Schreiben Sie diese Funktion vor den Import mit `load()`, damit Sie nicht versehentlich die gerade importierten Inhalte löschen.

6.6 Ausblick

Nach diesem kurzen Blick auf das JavaScript-Framework jQuery möchte ich noch kurz auf *www.jQuery.com* hinweisen. Hier finden Sie viele Tutorials und Anleitungen, die Ihnen zeigen, wie Sie weitere tolle Funktionen in Ihre Webseite einbinden können. Ansonsten sollten Sie ruhig einen Blick in die Referenz wagen, um Ihr Wissen zu vertiefen.

Häuser in dunklen Straßen ohne Hausnummer sind genauso gut zu finden wie Webseiten, bei denen sich niemand um die Suchmaschinenoptimierung gekümmert hat.

7   Ihre Site für Suchmaschinen optimieren

Endlich ist unsere Webseite so gut wie fertig: Die Inhalte wurden mit HTML gegliedert, CSS gestalten die Seite nach unseren Wünschen, und jQuery erhöht die Bedienbarkeit mit netten Effekten. Ihre Webseite ist somit fast fertig. Aber wozu ist die beste Webseite mit interessanten Inhalten gut, wenn niemand weiß, dass es sie gibt und wo es sie gibt?

In diesem Kapitel möchte ich mit Ihnen die Grundlagen der Suchmaschinenoptimierung durchgehen und einige Grundsätze vorstellen. Viele der Punkte, wie die fortwährende Aktualisierung der Inhalte, sind mit Arbeit verbunden, die ich Ihnen nicht abnehmen kann, und es gibt auch keine Garantie dafür, dass Sie bei denen von Ihnen ausgewählten Schlüsselwörtern nach einem Monat auf dem ersten Platz bei Google & Co stehen werden. Aber ich möchte Ihnen dabei helfen, Ihre Webseite für Suchmaschinen zu optimieren und so auch die ersten Besucher für Ihre Seite gewinnen zu können.

Zunächst möchte ich Ihnen zeigen, was passiert, wenn man versucht, Suchmaschinen wie Google »hinters Licht« zu führen. Der Automobilhersteller BMW hat hier, wie ich gleich schildern werde, einmal eine unangenehme Erfahrung gemacht, die zeigt, dass Google keinen Unterschied zwischen »großen« und »kleinen« Webseiten macht. Im Anschluss an diese Anekdote zeige ich Ihnen, wie Suchmaschinen arbeiten, um danach mit Ihnen einige Möglichkeiten zu betrachten, wie Sie den Suchmaschinen den Scanvorgang Ihrer Seite vereinfachen können.

Eines der wichtigsten Dinge vorneweg: Haben Sie Geduld. Die Suchmaschinen scannen zwar kontinuierlich das Internet, aber sie aktualisieren ihre Suchergebnisse nur für die »großen« Seiten täglich. Es kann daher am Anfang manchmal vier bis sechs Wochen dauern, bis man Sie und Ihre Seite in Suchmaschinen findet.

7.1 BMW & Google

Es gibt bei der Optimierung für Suchmaschinen zwei grundsätzliche Herangehensweisen, um die eigene Platzierung in den Suchergebnissen zu verbessern: einerseits die »klassische« Suchmaschinenoptimierung, die die Vorgaben der Suchmaschinenbetreiber umsetzt, und andererseits die Ausnutzung von Fehlern der Suchalgorithmen einer Suchmaschine, um bei dieser die eigenen Seiten besser zu platzieren.

Es gab eine Zeit, da bestand Suchmaschinenoptimierung im Wesentlichen darin, im Meta-Element für die Schlüsselwörter (`name="keywords"`) jene Begriffe einzutragen, unter denen man gefunden werden wollte, und zusätzlich eine große Zahl solcher Seiten zu erstellen, die nur dazu dienten, auf die eigene Website zu verlinken (sogenannte Doorway-Seiten). Auf diese Weise wurde der Suchmaschine vorgegaukelt, die betreffende Seite würde als wichtig angesehen (da viele Links auf sie zeigen) und bei der Seite würde es tatsächlich um die Themen gehen, die mit den Schlüsselwörtern angegeben wurden.

Inzwischen ist es so, dass Suchmaschinen wie Google die komplette Seite scannen, inhaltliche Zusammenhänge erkennen und bewerten und nicht lediglich nur den HTML-Code einlesen, sondern auch herausfinden können, welche Inhalte für den Besucher überhaupt sichtbar sind. (Daher funktionieren »unsichtbare« Keyword-Texte in der Hintergrundfarbe nicht mehr.)

Trotzdem gab und gibt es immer noch viele Seiten, die versuchen, die Suchmaschinen hinters Licht zu führen. Im Gegenzug sind die Suchmaschinenbetreiber wiederum aus geschäftlichen Gründen daran interessiert, gute Ergebnisse zu liefern, mit den Resultaten, die dem Benutzer weiterhelfen.

Im Frühjahr 2006 reagierte Google erstmals im deutschsprachigen Suchindex und entfernte u.a. die Website von BMW, *www.bmw.de*, vollständig aus den Suchergebnissen. Grund war laut Google, dass BMW, wie andere Websitebetreiber auch, Doorway-Seiten verwendet hatte, um die eigene Seite prominenter in den Suchergebnissen zu platzieren. Auch wenn, laut BMW-eigener Angabe, nur 0,4% der Benutzer (4.400 von 1,1 Millionen) über Google auf die BMW-Seite kommen, wurden die von Google angemahnten Beanstandungen durch BMW umgehend beseitigt.

---

miserable failure – Google-Bomben

Wenn Sie erreichen möchten, dass Ihre Seite unter einem bestimmten Suchbegriff gefunden wird, sollten möglichst viele andere Seiten Ihre Seite mit diesem Begriff verlinken.

Dieser Umstand hat 2003 im Wahlkampf in den USA dazu geführt, dass viele Webseiten und Blogs den Spieß umgedreht haben und einen Link mit dem Begriff »miserable failure« (erbärmliches Versagen) auf das Weiße Haus gesetzt haben. Die Folge war, dass man bei der Suche nach »miserable failure« als Erstes auf die Seite des Weißen Haus verwiesen wurde.

Inzwischen hat Google seine Suchmethoden verändert und somit dieses sogenannte »Google Bombing« stark erschwert.

7.2 Optimierung der eigenen Internetseite für Suchmaschinen

Wenn Sie Ihre Webseite für Suchmaschinen optimieren wollen, müssen Sie natürlich auch wissen, wie Suchmaschinen arbeiten, und vor allem, was diese von den Erstellern der Webseiten verlangen. Auch wenn der genaue Mechanismus, nach dem Google eine Seite scannt, um sie in die Suchergebnisse (den Index) aufzunehmen (man spricht daher auch von »indexieren«, nicht bekannt ist, gibt es auf der Seite von Google umfangreiche Informationen mit Hinweisen zur Optimierung der eigenen Seite (*http://www.google.de/support/webmasters*).

Google schlägt zunächst vor, die eigene Seite bekannt zu machen: Werben Sie für Ihre Seite, weisen Sie auf die Seite in Foren hin. Sie können sich auch auf *www.webseiten-buch.de* beteiligen und mir den Link zu Ihrer Seite schicken. Ich stelle diesen auch gern online, und wenn die Zeit es erlaubt, schreibe ich auch ein paar Zeilen zu Ihren Ergebnissen. (Ein Link zu *webseiten-buch.de* von Ihrer Seite aus wäre natürlich auch sehr nett.)

Sie können Google direkt auf Ihre Webseite hinweisen, indem Sie diese bei *http://www.google.com/addurl.html* eintragen. Dies führt dazu, dass Google Ihre Seite in naher Zukunft ebenfalls scannen und in den Index aufnehmen wird.

Alles Google?

Ich beschränke mich in diesem Buch bewusst nur auf Google. Soweit mir bekannt ist, bieten alle Suchmaschinenbetreiber ähnliche Angebote an, die Sie nutzen können. Da Google aber die am häufigsten genutzte Suchmaschine ist, halte ich die vorgestellten Schritte hier für besonders wichtig.

Neben der Verlinkung ist ein weiterer Punkt wichtig: Eine Seite ohne Inhalte ist uninteressant. Wenn Sie eine umfangreiche Webseite schreiben und dort Beiträge zu Themen veröffentlichen, dann bekommen Sie Links zunächst von anderen Seiten, deren Betreiber Ihre Inhalte interessant finden, und auch für Suchmaschinen ist eine Seite mit vielen Themen interessant.

Befürchten Sie keine Nachteile, wenn Sie auch auf interessante Seiten hinweisen. Verstehen Sie Links wie aus Sicht einer Suchmaschine als ein Geben und Nehmen.

7.2.1 Warum Links so wichtig sind

Um zu verstehen, warum Links so wichtig sind, müssen wir uns erst ansehen, auf welche Weise Suchmaschinen eine Seite scannen. Dies geschieht über sogenannte Webcrawler (auch Bots genannt). Diese Programme durchsuchen kontinuierlich das Internet und besuchen jede Seite. Wenn sie auf einen Link stoßen, besuchen sie die verlinkte Seite ebenfalls und indexieren diese. Somit ist also eine Grundlage der Suchmaschinen, dass Seiten miteinander verlinkt sein müssen, damit der Webcrawler die Seite findet und indexieren kann. Je mehr Links also zu einer Seite führen, desto wichtiger ist die Seite und desto eher werden Inhalte der Seite in den Suchmaschinen als Suchergebnisse angezeigt. Der Hintergedanke ist hier, dass jemand einen Link auf eine Seite setzt, wenn die Inhalte besonders hilfreich oder interessant sind. Die Suchmaschinen gehen dann davon aus, dass eine Seite, die von vielen Menschen als interessant eingestuft wurde, auch für andere interessant sein muss.

Logisch ist in diesem Zusammenhang, dass der Webcrawler auch die Bezeichnung des Links und den Titel des Link-Elements mit in die Indexierung einbezieht. Dies erklärt dann auch, wie Google-Bomben (s.o.) überhaupt funktionieren konnten.

```html
<a href="http://www.webseiten-buch.de"
title="Webseiten erstellen für Einsteiger">Buch: Webseiten erstellen
für Einsteiger</a>
```

Listing 7.1   Ein Link zur Seite zum Buch: Suchmaschinen assoziieren hier die verlinkte Seite mit dem Linktext »Buch: Webseiten erstellen für Einsteiger« und dem Inhalt des title-Attributs.

7.2.2 Standardkonformer Code

Interessant ist ein weiterer Hinweis von Google: Dort wird darauf hingewiesen, dass Google eine Seite in etwa so liest wie der Textbrowser Lynx (*lynx.browser.org/*). Laden Sie sich diesen Browser ruhig aus dem Internet herunter, und betrachten Sie mit ihm Ihre Webseite. Die Formatierungen mit CSS spielen für diesen Browser genauso wenig eine Rolle wie die Effekte mit JavaScript.

Dies verdeutlicht, wie wichtig standardkonformer Code ist: Ist die Webseite für Benutzer von Textbrowsern erfassbar, so haben es auch Suchmaschinen wesentlich einfacher. Wenn es Ihnen gelingt, dass die Inhalte Ihrer Webseite mit Lynx genauso gut lesbar sind wie mit jedem anderen Browser, dann haben Sie sehr gute Arbeit geleistet.

Standardkonformer Code zahlt sich an vielen Stellen aus, und eigentlich ist es nicht verwunderlich, dass Suchmaschinen mit diesem besser arbeiten können als mit Seiten, deren HTML nicht korrekt geschrieben ist. In HTML wird sehr viel Wert auf eine logische Gliederung gelegt: Überschriften werden gegliedert, wir verwenden eigene Elemente für Absätze, nutzen Listen, um Informationen zusammenzufassen und geben auch bei Bildern zusätzliche Informationen in Textform an.

Wenn Ihnen die Indexierung von Google wichtig ist, testen Sie Ihre HTML-Datei in Lynx. Dieser Browser macht Ihnen deutlich, welchen Informationen welche Bedeutung im Browser und somit auch bei Google gegeben wird, und ermöglicht Ihnen so auch einen anderen Blick auf Ihre Webseite.

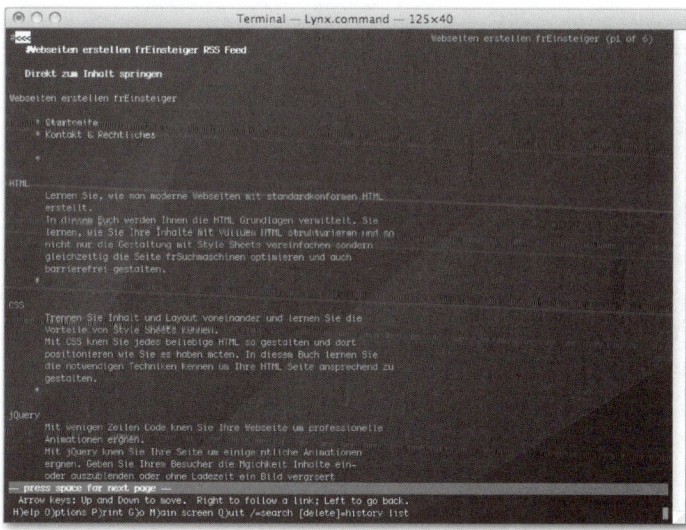

Abbildung 7.1 www.webseiten-buch.de mit Lynx betrachtet

7.2.3 Wichtige Angaben im head

Bereits in Kapitel 2 habe ich auf die Meta-Angaben im Dokumentkopf hingewiesen. Diese mögen zwar vor einigen Jahren noch deutlich wichtiger gewesen sein, als sie es jetzt sind, aber sie gehören immer noch zu den Pflichtangaben im Kopfbereich Ihrer Seite.

Sehr wichtig ist ebenfalls der Titel Ihrer Seite, den Sie mit `title` festlegen können. Sie werden feststellen, dass eine Reihe von Seiten dort sehr viel Text einbauen, um so möglichst viele Themen im Titel unterzubringen Trotzdem möchte ich Ihnen empfehlen, sich auf die wichtigen Punkte zu beschränken. Überlegen Sie sich, welche Begriffe und Themen wirklich interessant sind und auf Ihrer Seite auch wirklich beschrieben werden. Behandeln Sie den Titel also wie eine Zusammenfassung der inhaltlichen Schwerpunkte, und gehen Sie davon aus, dass die Suchmaschinen überprüfen, ob Sie Ihre Schwerpunkte auch wirklich behandeln.

Nützliche Meta-Angaben

In den Meta-Angaben können wir viele zusätzliche Informationen zur Seite unterbringen: Wir können angeben, in welcher Sprache die Inhalte geschrieben sind, wann die Seite zuletzt aktualisiert wurde und wann die Suchmaschinen die Seite erneut indexieren sollen (was nicht heißt, dass sie das auch so tun, wie wir es uns wünschen).

Wie lösen es andere?

Um einen Eindruck davon zu bekommen, schauen wir uns einen Teil des `head` einer anderen Seite an: *www.spiegel.de*.

```
<meta http-equiv="Content-Type"
 content="text/html; charset=iso-8859-1" />
```

Mit `http-equiv="Content-Type"` wird definiert, in welcher Form die Inhalte auf der Seite gespeichert sind. Im `content`-Attribut steht, dass es sich um eine HTML-Datei handelt, die den MIME-Typ »`text/html`« besitzt, und dass sie den Zeichensatz `ISO-8859-1` verwendet.

```
<meta name="description"
 content="SPIEGEL ONLINE - Deutschlands führende
 Nachrichtenseite. Schneller wissen, was wichtig ist.
 24 Stunden, jeden Tag." />
```

Listing 7.2 Meta-Tag von spiegel-online.de

Eine kurze Beschreibung der Seite wird mit dem `name`-Attribut hinzugefügt. Hier steht im `content`-Attribut der Meta-Angabe ein kurzer Text, der zusammenfasst, worum es sich bei der Seite handelt.

```
<meta name="author"
 content="SPIEGEL ONLINE, Hamburg, Germany" />
<meta name="copyright"
 content="SPIEGEL ONLINE, Hamburg, Germany" />
<meta name="email"
 content="spiegel_online@spiegel.de" />
```

Listing 7.3 Autor, Copyright and e-Mail in Meta-Tags

Auch Autor und Copyright spielen eine Rolle in den Meta-Angaben. In diesem Fall sind die Inhalte der `content`-Attribute identisch. Manche Webseiten geben auch ein Jahr oder einen Zeitraum zusätzlich bei der Copyright-Angabe an.

Die E-Mail-Adresse in den Meta-Angaben soll die Kommunikation erleichtern und stellt sicher, dass zumindest theoretisch der Besucher auf jeder Seite eine Kontaktmöglichkeit hat.

```
<meta name="robots" content="index, follow, noarchive" />
```

Hier können Sie vorgeben, wie sich die Google-Bots verhalten sollen: ob sie die Seite indexieren sollen (`index`), ob die Links auf andere Seiten verfolgt werden sollen (`follow`) und ob die Ergebnisse im Cache der Suchmaschine archiviert werden sollen oder nicht (`noarchive`). Weiter unten stelle ich Ihnen diese Möglichkeiten genauer vor.

```
<meta name="keywords" content="SPIEGEL ONLINE, DER SPIEGEL,
Nachrichten, News, Meldungen, Informationen, Kolumnen, Forum,
Netzwelt, Kultur extra, Spiegel TV, Literatur, Musik, Charts,
Telekommunikation, Netzpolitik, Wirtschaft, B&ouml;rse, kostenlos,
computer" />
```

Listing 7.4 Schlüsselwörter

Die Schlüsselwörter fassen in wenigen Begriffen die Schwerpunkte der Seite zusammen, um sicherzustellen, dass auch alle Begriffe richtig von den Suchmaschinen erfasst werden.

```
<meta name="MSSmartTagsPreventParsing" content="true" />
<meta http-equiv="imagetoolbar" content="no" />
```

Diese beiden Angaben sind nur für den Internet Explorer. `MSSmartTagsPrevent-Parsing` soll verhindern, dass der Browser automatisch Begriffe auf der Seite verlinkt. Ich persönlich habe bisher auf keiner Seite gesehen, dass diese Funktion des Internet Explorers verwendet würde.

Anders sieht es mit `imagetoolbar` aus: Im Internet Explorer 6 ergänzt der Internet Explorer jedes Bild um eine zusätzliche Leiste, die sichtbar wird, wenn man mit der Maus über das Bild fährt. Diese Leiste ermöglicht es dem Benutzer u. a., das Bild herunterzuladen.

Beide Funktionen wurden durch diese Meta-Angaben deaktiviert.

```
<title>SPIEGEL ONLINE - Nachrichten</title>
```

Interessant ist die bescheidene Verwendung des `title`-Elements auf der Startseite. Wenn man sich den Titel auf einer Artikelseite ansieht, wird der Titel um die Überschrift des Artikels und das Ressort ergänzt, aus dem der Bericht stammt.

Weitere Meta-Angaben finden Sie im Referenzteil des Buchs.

7.2.4 Vorgaben für den Webcrawler

Sie haben zwei Möglichkeiten, um den Webcrawlern Anweisungen zu geben und festzulegen, ob Inhalte indexiert werden dürfen oder nicht. Die eine ist, wie oben schon einmal gezeigt, das `meta`-Element mit `name="robot"`, und die andere ist die Datei *robots.txt*. Diese besteht in einer einfachen Textdatei dieses vorgegebenen Namens, die Anweisungen darüber enthält, welche Seiten beziehungsweise Ordner indexiert werden dürfen. Wenn Sie keine derartigen Beschränkungen auf Ihrer Seite einfügen möchten, können Sie in jedem Fall auf das Meta-Tag `robots` verzichten. Die *robots.txt* ist hingegen nützlich, wenn Sie gewisse Ordner, wie beispielsweise den, der Ihre Bilder enthält, von der Indexierung durch Suchmaschinen ausschließen möchten.

meta name="robot"

Innerhalb des `content`-Attributs des Meta-Tags `robots` können Sie, wie oben bereits kurz angerissen wurde, festlegen, ob die Seite indexiert werden soll, ob die verlinkten Seiten indexiert werden sollen und ob der Inhalt der Seite im Suchmaschinen-Cache gespeichert werden soll.

Mit `content="index"` legen Sie fest, dass die Seite indexiert werden soll. Mit `content="noindex"` geben Sie das Gegenteil davon an, nämlich dass Sie keine Indexierung wünschen. Wenn Sie nicht möchten, dass die Seiten, auf die Sie einen Link gesetzt haben, indexiert werden bzw. möchten, dass der Link keine Rolle für die Indexierung der verlinkten Seite spielt, können Sie dies mit `nofollow` festlegen. Mit `follow` werden alle Links vom Webcrawler weiterverfolgt.

Google bietet bei der Verwendung der Suchmaschine bei vielen Suchergebnissen an, die Seite »Im Cache« anzuzeigen. Wenn der Benutzer diese Option auswählt, kann er eine von Google gespeicherte Version des Suchergebnisses besuchen, also unter Umständen eine veraltete Version Ihrer Webseite.

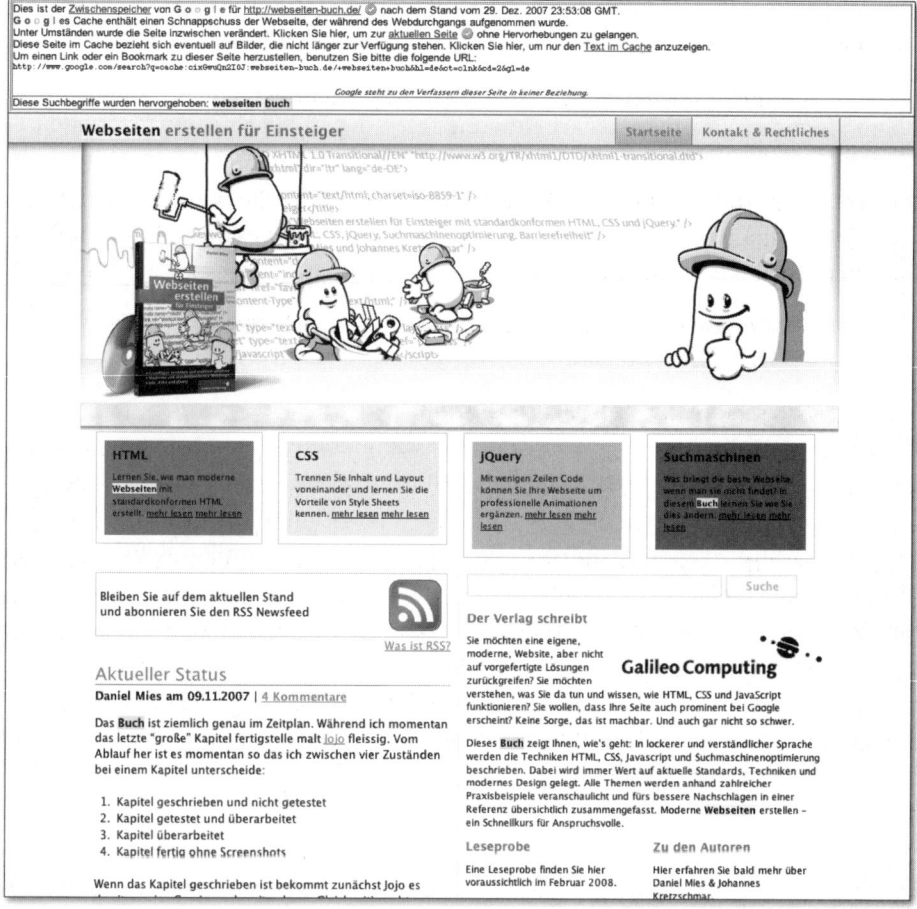

Abbildung 7.2 www.webseiten-buch.de im Google-Cache

Sie können dies mit `noarchive` verhindern. Dies macht vor allem dann Sinn, wenn Sie häufig neue Texte veröffentlichen und bearbeiten und nicht möchten, dass die alten Texte noch im Internet gefunden werden können.

```
<meta name="robots" content="noindex,nofollow,noarchive" />
```

Listing 7.5 Bei dieser Seite soll weder indexiert werden noch sollen die verlinkten Seiten indexiert werden, und es soll auch keine Kopie im Cache der Suchmaschine angelegt werden.

robots.txt

Wahrscheinlich sammeln sich mit der Zeit viele Ordner neben Ihrer Homepage an, in denen Sie Bilder oder auch Skripts (wie jQuery) oder aber Ihre Stylesheets sammeln. Darüber hinaus werden oft auch weitere Daten auf dem eigenen Webspace gelagert, die nicht in Google gefunden werden sollen. Diese Ordner (oder auch einzelne Dateien) können Sie in der *robots.txt* festlegen und so verhindern, dass die Dateien indexiert werden.

Wenn Sie mit einer *robots.txt* arbeiten möchten, legen Sie eine entsprechend benannte Datei an und laden diese auf Ihren Webspace. Achten Sie dabei darauf, dass Sie diese Datei in ASCII-Text erstellen (s. Kapitel 1).

Innerhalb der *robots.txt* müssen Sie zwei Angaben machen: den `User-agent` und das `Disallow`. Mit `User-agent` können Sie Ihre Regeln auf spezielle Webcrawler eingrenzen, indem Sie diese namentlich aufführen. In der Regel macht es aber mehr Sinn, hier mit einem Platzhalternamen, also `User-agent: *`, zu arbeiten. In diesem Fall gelten die Regeln für alle Suchmaschinen gleichermaßen.

Hinter die Angabe `Disallow` schreiben Sie die Pfade zu den Ordnern oder Dateien, die nicht indexiert werden sollen. Mit `Disallow: /` legen Sie beispielsweise fest, dass die komplette Webseite vom Indexieren ausgeschlossen wird. Aber Vorsicht – wenn Sie den Slash weglassen, also nur `Disallow:` schreiben, bewirken Sie das genaue Gegenteil.

```
User-agent: *
Disallow: /bilder/
Disallow: /dateien/
```

Listing 7.6 In der robots.txt wird festgelegt, dass die Ordner »bilder« und »dateien« nicht indexiert werden sollen.

Beachten Sie, dass Browser diese Angaben nicht berücksichtigen und auch ein Webcrawler bösartigerweise so programmiert sein kann, dass er die Anweisungen ignoriert. Wenn Sie also Daten verstecken möchten, hilft Ihnen die *robots.txt* nicht weiter.

Links von Webcrawlern ignorieren lassen

Sicherlich kommt es auch vor, dass Sie nur bei einzelnen verlinkten Seiten nicht möchten, dass diese vom Webcrawler indexiert werden (bzw. von Ihrer Verlinkung profitieren). In diesem Fall können Sie das `rel`-Attribut (*relation* – Beziehung) verwenden. Mit `rel="nofollow"` wird der entsprechende Link nicht vom Webcrawler erfasst. Dieses Attribut ist in dieser Form allerdings nicht standardkonform. Genau genommen wird es zweckentfremdet, da das `rel`-Attribut normalerweise dafür verwendet wird, Beziehungen zwischen Dateien zu definieren. So wird im `link`-Element, in dem das Stylesheet eingebunden wird, mit `rel="stylesheet"` definiert, dass es sich um das Stylesheet der HTML-Datei handelt.

7.3 Ausblick

Mit diesen Grundlagen der Suchmaschinenoptimierung im Gepäck wenden wir uns noch einmal dem Quelltext unserer Seite zu. Diese ist ja bisher nur für den Browser Firefox optimiert worden. Sicherlich möchten Sie einige weitere Methoden kennenlernen, wie Sie die Zugänglichkeit der Seite auch für die anderen Browser verbessern können.

Hier unterscheidet sich der Bau eines Hauses von der Webseitengestaltung: Sie müssen schließlich nicht jedem Besucher Sonderwünsche erfüllen.

8 Der letzte Schliff

So langsam nähern wir uns dem Ende des Buchs, und daher ist es nun auch an der Zeit, unsere Seite endlich für alle Browser zu optimieren. Außerdem werden wir noch einige Punkte betrachten, wie wir die Seite auch möglichst barrierearm gestalten können. Dabei möchte ich Ihnen zunächst mehrere Möglichkeiten zeigen, wie Sie CSS-Anweisungen so formulieren, dass sie nur für ausgewählte Browser wirksam sind, und wie Sie auf diese Weise die Darstellungsfehler im Internet Explorer bequem umgehen können. Im Anschluss daran zeige ich Ihnen noch, wie wir mit einfachen Mitteln unsere Seite möglichst barrierearm gestalten können.

8.1 Eine Webseite für alle Browser optimieren

Sie werden bei vielen Webseiten feststellen, dass keine Optimierung für andere Browser notwendig ist, da entweder keine Eigenschaften verwendet werden, mit denen die Browser Probleme haben, oder weil sich die Webdesigner schon so an die Fehler der einzelnen Browser gewöhnt haben, dass sie diese von vornherein umgehen. Die Regel wird aber trotzdem sein, dass der eine oder andere Browser aus der Reihe tanzt und eigene Anpassungen erforderlich macht.

283

Nun müssten Sie natürlich theoretisch die Darstellung in sehr vielen Browsern überprüfen, und es stellt sich die Frage, wie groß der Aufwand hierfür sein darf. Letzteres hängt natürlich von der Zielgruppe der Seite ab und von dem Umfang, den die Seite hat. Einen Vorteil bietet uns hier bereits die Seitenerstellung in Hinblick auf Firefox: Dieser Browser stellt Webseiten, wie bereits erwähnt wurde, sehr korrekt dar. Sie können daher grundsätzlich davon ausgehen, dass andere Browser wie Opera, Safari (Windows und Mac) und Konqueror (Linux), die sich ebenfalls an aktuellen Webstandards orientieren, die Webseite ihrerseits richtig darstellen.

Ein weiterer Vorteil der »modernen« Browser ist, dass die Benutzer dieser Browser in der Regel mit deren aktuellsten Version im Internet surfen, da die Browser-software oft ein automatisches Update beinhaltet. Laden Sie sich also, wenn Sie dies interessiert, die anderen Browser aus dem Internet, und betrachten Sie mit ihnen das Ergebnis. Vielleicht entdecken Sie dabei ja auch einen Browser, der Ihnen besonders zusagt.

8.1.1 MultipleIE – die Webseite in allen Versionen des Internet Explorers betrachten

Auch bezüglich der Aktualität der Software macht der Internet Explorer eine Ausnahme: Viele Surfer verwenden noch dessen Version 6, auch wenn inzwischen immer mehr Nutzer auf die 7er-Version des Browsers umsteigen. Sie werden sehen, dass der Internet Explorer in der Version 7 gegenüber seinem Vorgänger immerhin ein deutlicher Fortschritt ist, und man darf gespannt sein, wie sich die kommenden Versionen entwickeln werden. Da aber der Marktanteil des Internet Explorers 6 noch im hohen zweistelligen Bereich liegt, müssen wir diesen bei der Gestaltung unserer Webseite weiterhin berücksichtigen.

Microsoft selbst bietet leider keine offizielle Möglichkeit, neben dem aktuellen Internet Explorer 7 auch dessen Vorgängerversionen auf demselben Rechner zu installieren. Aber trotzdem gibt es mit **MultipleIE** ein Programm, das es Ihnen ermöglicht, auch ältere Versionen des Internet Explorers gleichzeitig zu verwenden.

Sie finden MultipleIE als Download unter *http://tredosoft.com/Multiple_IE*. Dort können Sie die aktuelle Version kostenlos herunterladen, um sie dann auf Ihrem Rechner zu installieren. Während des Installationsprozesses werden Sie unter anderem gefragt, welche Versionen des Internet Explorers Sie installieren möchten. Hier genügt eigentlich die Version 6. Die einzige weitere für die Webentwicklung zumindest noch ansatzweise interessante Version wäre die Version 5.5 – aufgrund ihres geringen Marktanteils können Sie sich allerdings die Arbeit, sie zu unterstützen, auch guten Gewissens ersparen.

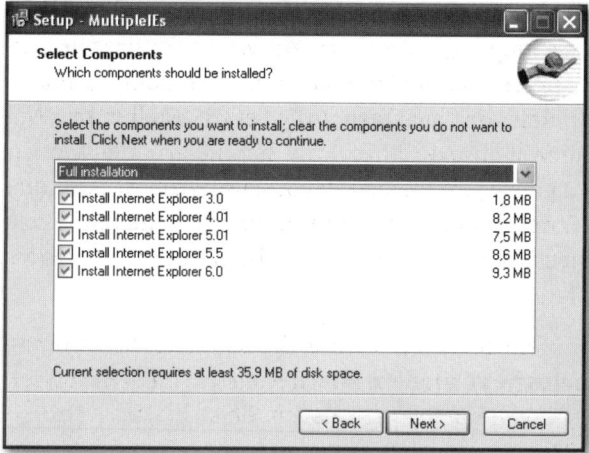

Abbildung 8.1 MultipleIE ermöglicht es Ihnen, die Vorgängerversionen des Internet Explorers zu installieren.

Öffnen Sie nun unsere Seite im Internet Explorer 6, und sehen Sie, wie unterschiedlich die Umsetzung in einem Browser sein kann.

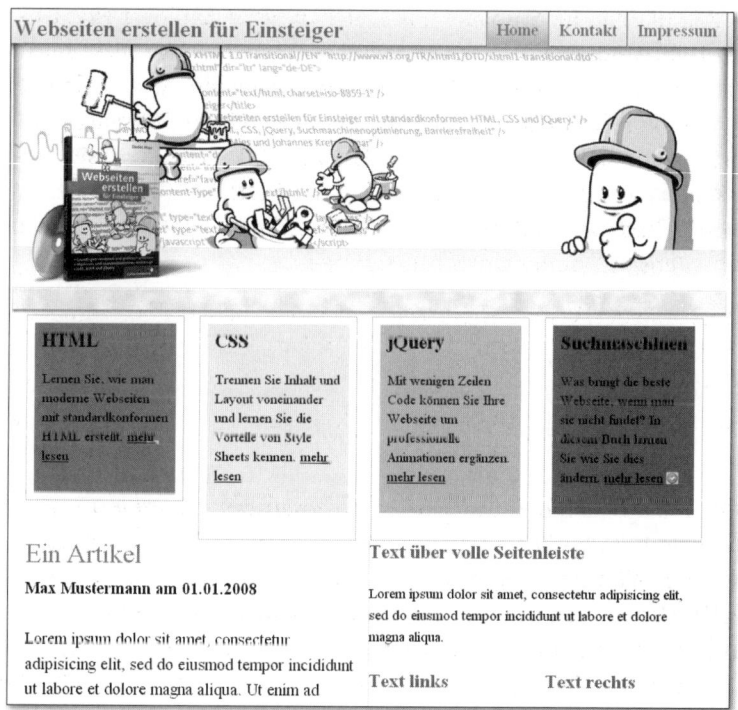

Abbildung 8.2 Vor allem die große Schrift fällt auf und muss von uns korrigiert werden.

Wir haben also noch etwas Arbeit vor uns. Aber natürlich stellt sich die Frage, wie wir die Seite so optimieren können, dass sich die Änderungen, die wir vornehmen, nur auf ausgewählte Browser auswirken. Wir unterscheiden hier zwischen (von der Standardkonformität her eher fragwürdigen) **CSS-Hacks**, also Änderungen im Stylesheet, die nur von ausgewählten Browsern verwendet werden (erinnern Sie sich an html > body bei der Definition der Schriftgröße?), und den Internet-Explorer-bezogenen **Conditional Comments**, die uns erlauben, Code vor Nicht-IE-Browsern zu verstecken und nur in ausgewählten Versionen des Internet Explorers ausführen zu lassen.

8.1.2 CSS-Hacks – Im Stylesheet andere Browser ausschließen

Auch wenn es paradox erscheint: Der Nachteil des Internet Explorers 6, dass er CSS nicht richtig unterstützt, erweist sich als Vorteil bei der Beseitigung von Darstellungsfehlern. Viele nützliche Selektoren, die ich Ihnen bisher vorenthalten habe, da sie nicht in jedem Browser unterstützt werden, helfen uns jetzt, die Seite im Internet Explorer zu optimieren. Die fehlenden Selektoren finden Sie natürlich im Referenzteil.

Kind-Selektor-Hack

Den ersten Hack kennen Sie schon, da wir ihn schon verwendet haben. Der Kind-Selektor >, der nur Elemente formatiert, die direkt nach dem Elternelement vorkommen, wird im Internet Explorer 6 nicht unterstützt. Daher können wir so im Stylesheet nach folgendem Muster vorgehen: Wir formatieren ein Element mit einem Selektor, den der Internet Explorer unterstützt, und formatieren dieses Element dann erneut für die anderen Browser mit dem Kind-Selektor:

```
ul li{
    text-decoration:underline;
}
ul > li{
    text-decoration:none;
}
```

Listing 8.1 Der Internet Explorer unterstreicht alle Listen-Elemente, alle anderen Browser tun dies nicht.

!important-Hack

Sie können im Stylesheet mit !important solche Formatierungen kennzeichnen, die nicht überschrieben werden können – zumindest in allen Browsern außer dem Internet Explorer 6. Dieser liest die Formatierung mit !important zwar auch, aber hat kein Problem damit, diese wieder zu überschreiben.

```
ul li{
    text-decoration:none !important; /* alle Browser */
    text-decoration:none;            /* wirkt im IE 6 */
}
```

Listing 8.2 Das vorherige Beispiel mit !important

Attribut-Selektor-Hack

Ein sehr nützlicher Selektor wäre der Attribut-Selektor, wenn er überall einge-setzt werden könnte. Mit ihm können Sie ein Element formatieren, das ein be-stimmtes Attribut hat bzw. dessen Attribut einen bestimmten Wert hat: Der In-ternet Explorer in der Version 6 unterstützt diesen Selektor leider nicht.

```
input[name]{}
```

Listing 8.3 Formatiert alle input-Elemente, die das Attribut name haben.

```
input[name="email"]{}
```

Listing 8.4 Formatiert alle input-Elemente, die das Attribut name mit dem Wert email haben.

Weitere Möglichkeiten finden Sie in der Referenz.

```
a[title="Meine Webseite"]{
    background:red;
}
```

Listing 8.5 Formatiert in allen Browsern außer dem Internet Explorer 6 jeden Link mit dem Titel »Meine Webseite«.

Stern-HTML-Hack

Natürlich geht es auch andersherum: Es gibt Selektoren, die von allen Browsern ignoriert werden, aber im Internet Explorer 6 funktionieren. Ein Beispiel dafür liefert der Stern-HTML-Hack. Bei diesem wird vor den eigentlichen Selektor * html geschrieben. Dieser Hack macht sich eine Eigenheit des Internet Explorers zunutze und erlaubt daher noch den Universalselektor vor html. Die anderen Browser ignorieren diesen Selektor in dieser Form.

```
p{
    color:red;
}
* html p{
    color:blue;
}
```

Listing 8.6 Im Internet Explorer 6 wird jeder Absatz in blauer Farbe dargestellt. In allen anderen Browsern wird Rot als Farbe verwendet.

Tan-Hack

Den Stern-HTML-Hack können Sie mit dem Tan-Hack noch weiter verfeinern. So können Sie Formatierungen für den Internet Explorer kleiner Version 6 und für den Internet Explorer größer gleich Version 6 festlegen. Wir »escapen« dafür einen Buchstaben in der Eigenschaft mit einem »\«. So wird aus `color` einfach `c\olor`. Da der Internet Explorer erst ab der Version 6 diese Schreibweise interpretiert, können Sie so genauer selektieren.

```
* html p{
    color:blue;
    c\olor:green;
}
```

Listing 8.7 Das Beispiel von oben: Im Internet Explorer kleiner Version 6 ist die Schrift blau. In allen anderen Versionen größer gleich 6 ist die Schrift grün.

8.1.3 Sinnvoller Einsatz von Kommentaren

Auch wenn ich mich hier wiederhole, möchte ich Ihnen gerade bei den CSS-Hacks besonders ans Herz legen, auf Kommentare zu achten. Wenn Sie in einigen Monaten am Stylesheet arbeiten und kein Interesse haben, immer im Buch nachzuschlagen, was mit welcher Formatierungsanweisung gemeint ist, sollten Sie sich hinter jedem Hack kurz notieren, was Sie damit erreichen möchten.

```
p{ /* alle Browser */
    color:red;
}
* html p{ /* nur IE */
    color:blue; /* IE < 6 */
    c\olor:green; /* IE >= 6 */
}
```

Listing 8.8 Mit vier kurzen Kommentaren wird deutlich, was diese Hacks bewirken sollen.

8.1.4 Conditional Comments – ein eigenes Stylesheet für den Internet Explorer

Ich persönlich bevorzuge eine andere Variante der Browseroptimierung: Conditional Comments. Dies liegt daran, dass die CSS-Hacks in meinen Augen je nach Umfang unübersichtlich werden. Mit Conditional Comments können Sie Teile Ihrer Webseite nur in ausgewählten Versionen des Internet Explorers anzeigen. Diese Methode lässt sich daher gut dazu einsetzen, weitere Stylesheets einzubinden, die nur in den ausgewählten Browsern verwendet werden. Ein Nachteil ist eindeutig, dass Sie zusätzliche Stylesheets erstellen müssen und manche Änderungen entsprechend auch in mehreren Stylesheets vornehmen müssen.

Der Grundgedanke ist, die Webseite komplett für den Firefox zu optimieren und dann mit Conditional Comments Stylesheets für jene Versionen des Internet Explorers einzubinden, die Darstellungsfehler aufweisen. Auf diese Weise kann die Darstellung der betroffenen Elemente im Stylesheet korrigiert werden. Lädt jetzt beispielsweise der Internet Explorer 6 die Seite, so werden zunächst die Formatierungen aus dem Haupt-Stylesheet eingelesen, und problematische Anweisungen werden anschließend durch die Korrekturen im Stylesheet für den Internet Explorer 6 überschrieben.

Grundaufbau

Der Grundaufbau der Conditional Comments ähnelt den HTML-Kommentaren:

```
<!--[if IE]>
    Angaben, die nur im Internet Explorer angezeigt werden
<![endif]-->
```

In der eckigen Klammer der öffnenden Anweisung steht eine Bedingung, die der Internet Explorer erfüllen muss. In allen anderen Browsern werden Conditional Comments wie ein einzelner Kommentar behandelt. Der gesamte Inhalt wird also ignoriert. Der Internet Explorer wertet die Bedingung aus und berücksichtigt den Inhalt, wenn die Bedingung erfüllt ist. Mit `if IE` fragen wir ab, ob es sich um einen Internet Explorer handelt. Da nur der Internet Explorer diese Kommentarform unterstützt, wird der Inhalt in allen Internet Explorern angezeigt.

```
<head>
...
    <!--[if IE]>
        <link rel="stylesheet" href="ie.css"
        type="text/css" media="screen" />
    <![endif]-->
...
```

Listing 8.9 Bindet »ie.css« in die Seite ein, wenn der Internet Explorer die Seite öffnet.

Conditional Comments für unterschiedliche Browserversionen

Nun haben wir aber aktuell die Situation, dass es fast keine Darstellungsfehler gibt, die alle Versionen des Internet Explorers gemeinsam haben. Wir müssen also die Bedingung, die wir in den eckigen Klammern festlegen, konkreter formulieren. Dafür haben wir drei Operatoren: `gt` (*greater than*, größer als), `lt` (*lower than*, kleiner als) und `lte` (*less than equal*, kleiner gleich). Wir können also mit `if lte IE 4` beispielsweise alle Versionen des Internet Explorers ansprechen, deren Version kleiner gleich 4 ist.

Auf der Seite zum Buch habe ich zwei Stylesheets über Conditional Comments eingebunden.

```
<!--[if lte IE 6]>
    <link rel="stylesheet" href="ie6.css" type="text/
css" media="all" />
<![endif]-->
<!--[if gt IE 7]>
    <link rel="stylesheet" href="ie7.css" type="text/
css" media="all" />
<![endif]-->
```

Listing 8.10 Eigene Stylesheets für den Internet Explorer 6 und 7 erleichtern die Optimierung der Seite.

8.2   Unsere Seite für den Internet Explorer optimieren

Für den Internet Explorer in den Versionen 6 und 7 benötigen wir wenige Anpassungen. Zunächst sehen wir uns den Internet Explorer 7 an.

Wir ergänzen in der *ie7.css* nur eine Formatierung, damit die Navigation ordentlich aussieht. Bisher ist es so, dass der aktive Navigationspunkt um einen Pixel »übersteht«, was kein Beinbruch ist, aber auch besser aussehen kann.

Abbildung 8.3 Fällt kaum auf: Die Navigation steht um einen Pixel über dem Hintergrund.

Wir erhöhen für den Internet Explorer einfach den Wert für `padding-bottom` für `#navigation .innen` um einen Pixel auf 16 Pixel.

```
#navigation .innen{
    padding-bottom:16px;
}
```

Listing 8.11 Drei Zeilen Code reichen beim Internet Explorer 7 für eine bessere Darstellung.

Etwas umfangreicher, aber immer noch überschaubar ist es beim Internet Explorer 6. Dieser benötigt zunächst eine eigene Formatierung für die Schriftgröße (wie wir in Kapitel 5 schon angesprochen haben). Diese legen wir für body fest. Da wir die Datei *ie6.css* über Conditional Comments eingebunden haben, müssen wir hier keine besonderen Selektoren anwenden.

```
body{
    font:62,5% "Lucida Grande", "Lucida Sans", Verdana, Arial,
sans-serif
}
```

Listing 8.12 Damit der Internet Explorer 6 die Schriftgröße richtig berechnen kann, müssen wir die Schriftgröße in Prozent angeben.

Damit der Inhalt der Seitenleiste nicht mehr so weit links steht, überschreiben wir in *ie6.css* einfach den Wert von margin-right für #sidebar und setzen diesen auf null.

```
#sidebar{
    margin-right:0px;
}
```

Listing 8.13 Damit die Seitenleiste weiter links steht, wird ihr rechter Außenabstand reduziert.

Die beiden Stylesheets finden Sie auf der CD unter Code/Kapitel 8/ie6.css und Code/ **[○]**
Kapitel 8/ie7.css.

8.3 Barrierefreiheit – Webseiten »einfach für alle«

Viele Menschen gehen fälschlicherweise davon aus, dass eine barrierefreie Seite automatisch sehr viel Arbeit macht. Manche Betreiber einer Webseite gehen sogar so weit, eine spezielle barrierefreie Version ihrer Seiten online zu stellen. Das bedeutet in der Tat viel Aufwand, ist aber absolut unnötig, wenn man vorher bereits sauber gearbeitet hat.

Ein Negativbeispiel: koblenz.de

Als Koblenzer erlaube ich mir hier mal, auf ein Beispiel hinzuweisen, wie man es nicht machen sollte. Wenn Sie auf *www.koblenz.de* gehen, werden Sie zunächst sehr umständlich formulierten Quelltext vorfinden (im Browser: ANSICHT • QUELLTEXT ANZEIGEN) und sicherlich feststellen, warum es so viel einfacher ist, eine Seite mit div-Containern zu gestalten und auf Tabellen zu verzichten.

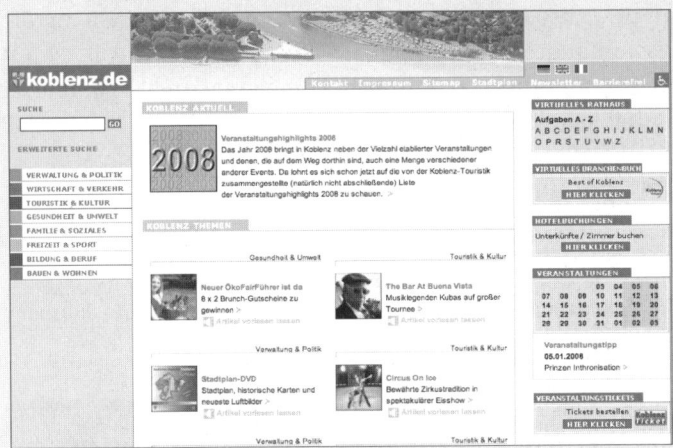

Abbildung 8.4   koblenz.de

Was mich aber persönlich noch stärker stört, ist der Umgang mit der barrierefreien Seite: Benutzer müssen, um zur »barrierefreien« Seite zu gelangen, auf ein Icon mit einem Rollstuhlfahrer klicken. Ich erspare mir hier die Diskussion, ob dies nicht bereits diskriminierend ist, wenn man eine gesonderte Seite besuchen muss, um die Inhalte einer Website erfassen zu können. Aber leider versagt *koblenz.de* auch bei der vorgeblich barrierefreien Version vollständig: Die Ersteller der Seite waren offensichtlich der Meinung, eine größere Schriftart reiche aus, damit Menschen mit Sehbehinderung die Seite erfassen können.

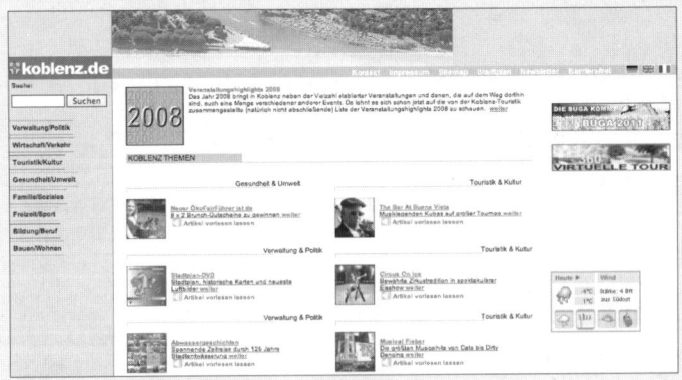

Abbildung 8.5   Nicht wirklich barrierearm: die »barrierefreie« Version von koblenz.de

Wenn Sie die Seite mit Lynx betrachten, gibt es übrigens keinen Unterschied in der Zugänglichkeit zwischen der »barrierefreien« und der »normalen« Version der Seite. Beide Seiten sind absolut umständlich zu bedienen und in keinster Weise an die Bedürfnisse der Besucher angepasst.

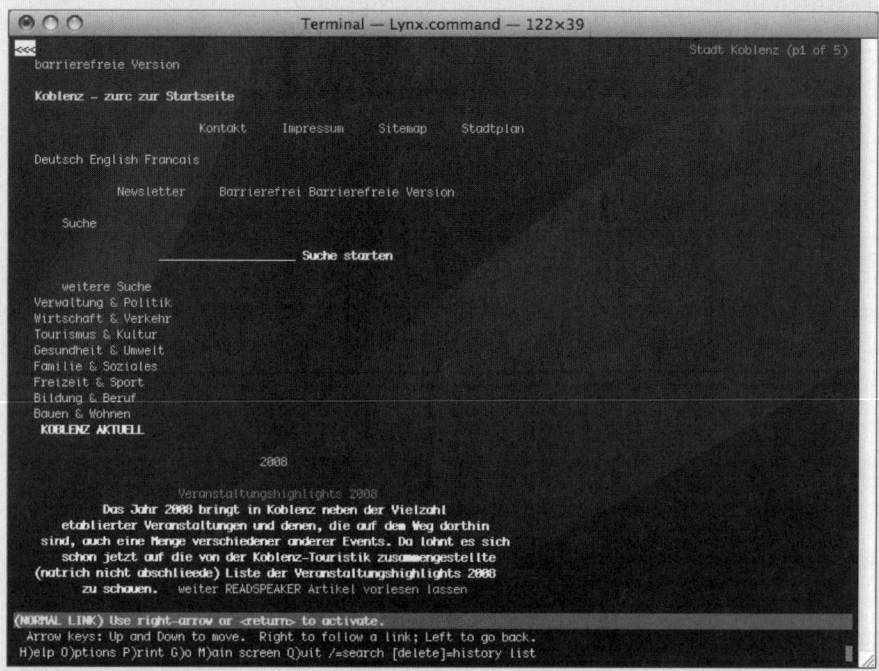

Abbildung 8.6 Die Seite ist mit einem Textbrowser wie Lynx nur schwer zu erfassen. Eine logische Struktur ist nicht erkennbar.

Wenn Sie den Anweisungen und Gedankenanstößen in diesem Buch gefolgt sind, dann ist Ihre Webseite schon jetzt wesentlich barriereärmer als diese Seite.

Spätestens bei der Barrierefreiheit zahlt es sich also aus, dass wir mit standardkonformem Code gearbeitet und Inhalt und Layout konsequent getrennt haben. Sie brauchen keine spezielle Version, um Ihre Seite barriereärmer zu gestalten, und es ist nur mit wenig Aufwand verbunden, einige zusätzliche Hilfsmittel einzubauen.

Wir betrachten in den beiden folgenden Abschnitten drei Möglichkeiten, um die Zugänglichkeit Ihrer Webseite mit geringen Mitteln zu erhöhen. Hierzu gehören

▸ der Einsatz zusätzlicher Navigationselemente, die mit CSS in der normalen Darstellung ausgeblendet werden,

▶ ein Verfahren, um die Navigation der Seite ohne Maus nur über die Tastatur zu ermöglichen,

▶ und die Nutzung der Vorteile, die uns eine sinnvolle Verwendung von Überschriften bietet.

8.3.1 Wie sehen andere meine Seite?

Gerade wenn Sie mit vielen Farben und Grafiken arbeiten, stellt sich irgendwann die Frage, inwiefern Menschen mit einer Sehschwäche wie Farbenblindheit Ihre Seite erfassen und wo die Seite ihre Stärken und Schwächen hat. Da nicht jeder in seinem Freundes- und Bekanntenkreis Menschen hat, die entsprechende Einschränkungen haben und als Tester tätig werden können, gibt es auch hier ein Programm, mit dem Sie diese Schwächen zumindest simulieren können. Mit der *Web Accessibility Toolbar* für den Internet Explorer können Sie einige Tests durchführen und feststellen, wo Sie Ihre Seite weiter optimieren können.

Sie finden die Web Accessibility Toolbar im Internet unter *http://www.wob11.de/ watkomplett.html*.

8.3.2 Zusätzliche Navigationselemente einbinden

Wenn Sie mit einem Textbrowser wie Lynx arbeiten (allein um zu lernen, wie Suchmaschinen Ihre Seite sehen), werden Sie zusätzliche Navigationshilfen wie Links mit Ankern zu bestimmten Bereichen der Seite zu schätzen wissen. So können wir am Anfang der Seite mit folgender Liste, die wir mit CSS ausblenden können, die Navigation deutlich erleichtern:

```
<ul class="barrierefrei">
    <li><a href="#navigation" title="Sprungmarke zur Navigation">zur
    Navigation</a></li>
    <li><a href="#main" title="Sprungmarke zum Inhalt">zum Inhalt
    </a></li>
    <li><a href="#sidebar" title="Sprungmarke zu weiterführenden
    Informationen">zu weiterführenden Informationen</a></li>
</ul>
```

Listing 8.14 Eine einfache Liste mit Links zu den einzelnen Bereichen erleichtert die Navigation auf der Seite erheblich.

In der CSS-Datei reicht ein wenig Code, um die Navigation aus dem Blickfeld zu entfernen. Wir verschieben hier den Inhalt mit position:absolute, damit er weiter von Suchmaschinen indexiert werden kann. Wenn wir Inhalt mit `dis-play:none` ausblenden, wird der Inhalt auch von Suchmaschinen ignoriert.

```
.barrierefrei{
    position:absolute;
    left:-10000px;
}
```

Listing 8.15 Unsere Liste mit der Klasse .barrierefrei wird um 10.000 px nach links verschoben und verschwindet so aus dem Blickfeld des Besuchers.

Die Klasse `.barrierefrei` können Sie auch an anderen Stellen Ihrer Webseite verwenden, um Zusatznavigationselemente zu verstecken, die dazu dienen, die Zugänglichkeit zu erhöhen. Wichtig ist es, vor allem am Seitenanfang mit Sprungmarken zu arbeiten, indem Sie Links auf die wichtigen Bereiche Ihrer Webseite setzen (hiermit sind die Hauptnavigation und die eigentlichen Inhalte gemeint). Unsere zusätzliche Navigation erscheint dann auch im Textbrowser an oberster Stelle. Optional können Sie auch, wenn Sie beispielsweise sehr viele Artikel auf der Seite haben, diese ebenfalls in einer Liste gliedern und mit Sprungmarken versehen. So kann man sich zuerst eine Übersicht über die Artikel auf der Seite verschaffen und dann direkt zu interessanten Punkten springen.

```
<ol class="barrierefrei">
    <li><a href="#artikel1">Ein Artikel</a></li>
    <li><a href="#artikel2">Ein weiterer Artikel</a></li>
    ...
</ol>
```

Wichtig ist auch hier, die richtige Balance zu finden: Betrachten Sie Ihre Seite einmal ganz ohne Stylesheet (der einfachste Weg ist hier, die CSS-Datei mit `<!-- -->` auszukommentieren), und überlegen Sie, wie man Ihre Seite in dieser »nackten« Ansicht erfassen und benutzen kann (siehe Abbildung 8.7).

8.3.3 Tabindex und Accesskeys – Navigation mit der Tastatur

In Form des Tabindex und der Accesskeys existieren zwei Möglichkeiten, die Navigation Ihrer Webseite rein über die Tastatur zu ermöglichen. Dies berücksichtigt Nutzer, deren Ausgabegeräte entweder über keine Maus verfügen (ganz allgemein Mobilgeräte) oder die aufgrund einer Behinderung keine Maus bedienen können.

Besonders praktisch kann hier der Tabindex sein, wenn Sie ihn konsequent um setzen. Sie können alle Links und Elemente in Formularen um das `tabindex`-Attribut ergänzen. Der Wert des `tabindex`-Attributs entspricht hierbei der Reihenfolge, in der die Links angesteuert werden, wenn der Besucher die Tabulator-

Webseiten erstellen für Einsteiger

- Home
- Kontakt
- Impressum

• HTML

Lernen Sie, wie man moderne Webseiten mit standardkonformen HTML erstellt. mehr lesen

• CSS

Trennen Sie Inhalt und Layout voneinander und lernen Sie die Vorteile von Style Sheets kennen. mehr lesen

• jQuery

Mit wenigen Zeilen Code können Sie Ihre Webseite um professionelle Animationen ergänzen. mehr lesen

• Suchmaschinen

Was bringt die beste Webseite, wenn man sie nicht findet? In diesem Buch lernen Sie wie Sie dies ändern. mehr lesen

Ein Artikel

Max Mustermann am 01.01.2008

Lorem ipsum dolor sit amet, consectetur adipisicing elit, sed do eiusmod tempor incididunt ut labore et dolore magna aliqua. Ut enim ad minim veniam, quis nostrud exercitation ullamco laboris nisi ut aliquip ex ea commodo consequat. Duis aute irure dolor in reprehenderit in voluptate velit esse cillum dolore eu fugiat nulla pariatur. Excepteur sint occaecat cupidatat non proident, sunt in culpa qui officia deserunt mollit anim id est laborum.

Lorem ipsum dolor sit amet, consectetur adipisicing elit, sed do eiusmod tempor incididunt ut labore et dolore magna aliqua. Ut enim ad minim veniam, quis nostrud exercitation ullamco laboris nisi ut aliquip ex ea commodo consequat. Duis aute irure dolor in reprehenderit in voluptate velit esse cillum dolore eu fugiat nulla pariatur. Excepteur sint occaecat cupidatat non proident, sunt in culpa qui officia deserunt mollit anim id est laborum. *Daniel*

Ein kleiner Artikel

Max Mustermann am 01.01.2008

Ein Formular

Name _____ *

eMail(wird nicht veröffentlicht) _____ *

Webseite _____ *

Schutz vor Spam

Summe von 10 + 9 ? _____

Abbildung 8.7 Unsere Seite ohne Stylesheet

Taste betätigt. Links, die gerade mit dem Tab ausgewählt sind, können über die Pseudoklasse `:focus` formatiert werden.

```
<ul>
    <li class="active">
        <a href="index.htm" title="Zur Startseite" tabindex="1">Home
        </a>
    </li>
    <li>
        <a href="kontakt.htm" title="Nehmen Sie Kontakt auf"
        tabindex="2">Kontakt</a>
    </li>
    <li>
```

```
    <a href="impressum.htm" title="Impressum und rechtliche
Hinweise" tabindex="3">Impressum</a>
    </li>
</ul>
```

Listing 8.16 Eine Navigation wird mit tabindex zugänglicher.

Achten Sie hier nur darauf, `tabindex` in der richtigen Reihenfolge zu verwenden. Sie müssen auch nicht jedem Link einen `tabindex` geben: Besonders hilfreich ist `tabindex` in der Navigation und bei Formularen.

> **Zu viel des Guten**
>
> Die Bedienung Ihrer Seite kann sehr schnell unübersichtlich werden, wenn Sie bei der Verwendung von `tabindex` nicht aufpassen: Achten Sie darauf, dass die Werte konsequent und logisch fortgeführt werden und dass in einer Navigation und in einem Formular nicht die gleichen Werte stehen. Sie müssen hier auch die Gestaltung Ihrer Seite im Hinterkopf behalten, um zu verhindern, dass ein Benutzer bei der Verwendung von Tabs kreuz und quer über Ihre Seite »springt«.

Der Vollständigkeit halber zeige ich noch eine weitere Möglichkeit, die Navigation mit der Tastatur zu vereinfachen: Mit dem accesskey-Attribut können Sie ein Tastenkürzel mit einem Link verknüpfen.

```
<a href="index.htm" title="Zur Startseite" accesskey="h">Home</a>
```

Listing 8.17 Der Link zur Startseite wurde über accesskey mit der Taste (h) verknüpft.

Die meisten Browser unterstützen als Wert des accesskey-Attributs einen Buchstaben, den Sie dann mit der Tastenkombination [Alt] + Buchstabe (hier [Alt] + [h]) auswählen können. Im Opera müssen Sie statt [Alt] die Kombination [⇧] + [Esc] verwenden und im Safari [Ctrl]. Je nach Browser gibt es hier also unterschiedliche Tastenkombinationen. Sie sollten daher vor dem Einsatz dieses Attributs überlegen, wie viele Ihrer Nutzer diesen zusätzlichen Service in Anspruch nehmen werden.

Wenn Sie `tabindex` oder `accesskey` auf Ihrer Seite verwenden, sollten Sie den Benutzer darauf hinweisen und erklären, wie er diese Funktion nutzen kann. Zusätzlich sollten Sie konsequent mit den gleichen Werten arbeiten. Wenn der Wert für `accesskey` [h] ist, sollte dieser auch immer zum gleichen Ziel führen.

8.4 Ausblick

Ich hoffe, Sie haben einen Überblick über die einfachen Möglichkeiten bekommen, die Ihnen HTML und CSS bieten, um auf Ihrer Seite Barrieren abzubauen. Hier gibt es, ähnlich wie bei der Suchmaschinenoptimierung, noch viele Möglichkeiten und Varianten, die Sie nutzen und erlernen können, aber für den Anfang sollten Sie gut gerüstet sein. Wagen Sie ruhig einen Blick in die Referenz, und beschäftigen Sie sich mit den unterschiedlichen Möglichkeiten, die Ihnen dort noch geboten werden. Sicherlich ist auch, wenn Sie auf den Geschmack gekommen sind, weitere Literatur zum Thema interessant.

TEIL III
Referenz

A HTML

A.1 Struktur Ihrer Webseite

Doctype

Informationen	Beinhaltet die im Browser dargestellten Teile der Webseite. Wird vor HTML eingefügt. s. auch: Kapitel 2

Quelltext	**Strict**
	`<!DOCTYPE html PUBLIC "-//W3C//DTD XHTML 1.0 Strict//EN"`
	`"http://www.w3.org/TR/xhtml1/DTD/xhtml1-strict.dtd">`
	Transitional
	`<!DOCTYPE HTML PUBLIC "-//W3C//DTD XHTML 1.0 Transitional//EN"`
	`"http://www.w3.org/TR/xhtml1/DTD/xhtml1-transitional.dtd">`
	Frameset
	`<!DOCTYPE html PUBLIC "-//W3C//DTD XHTML 1.0 Frameset//EN"`
	`"http://www.w3.org/TR/xhtml1/DTD/xhtml1-frameset.dtd">`

html

Informationen	Legt fest, dass es sich beim Dateiinhalt um HTML handelt. Folgt direkt auf die DOCTYPE-Definition. Nach diesem HTML dürfen keine weiteren Inhalte folgen. Beinhaltet head und body.

Quelltext	`...`
	`<html`
	` xmlns="http://www.w3.org/1999/xhtml"`
	` xml:lang="de" lang="de">`
	`  <head></head>`
	`  <body></body>`
	`</html>`

head (Kopf)

Informationen	Beinhaltet Informationen zum HTML-Dokument. Innerhalb von head muss title verwendet werden. Zusätzlich können meta, style, script, base und link ebenfalls eingebunden werden.

Quelltext	`<head>`
	`    <title></title>`
	`    ...`
	`</head>`

body (Körper)

Informationen	Beinhaltet die im Browser dargestellten Teile der Webseite. Wird hinter head **eingefügt**.

Quelltext	`<html>`
	  `<head>`
	    `...`
	  `</head>`
	  `<body>`
	    `...`
	  `</body>`
	`</html>`

div (division, Aufteilung)

Informationen	Blockelement, das Inhalte in einer HTML-Datei gruppiert

Quelltext	`<body>`
	  `<div id="navigation"></div>`
	  `<div id="banner"></div>`
	  `<div id="inhalt"></div>`
	  `...`
	`</body>`

span (Bereich)

Informationen	Gruppiert Inline-Elemente

Quelltext	`<p>`
	  `Ein <span>Teil des Absatzes</span> wird mit span`
	  `gruppiert.`
	`</p>`

A.2   Angaben im head

title (Titel)

Informationen	Legt den Titel der Webseite fest. Muss im `<head>` stehen (obligatorisch)

Quelltext	`<head>`
	  `<title>Titel der Seite</title>`
	`</head>`

link

Informationen	Bindet eine externe Ressource (i.d.R. ein Stylesheet) in eine HTML-Datei ein.
Quelltext	`<link rel="stylesheet" href="PFAD/ZUR/DATEI"` `type="text/css" media="MEDIENTYP" />`

meta

Informationen	Beinhaltet Daten wie Schlüsselwörter, Autor oder auch Titel zur HTML-Datei. Darf nur im `<head>` verwendet werden.

Quelltext	`<meta name="" content="" />`
	oder
	`<meta http-equiv="" content="" />`

style

Informationen	Bindet CSS in die HTML-Datei direkt ein.

Quelltext	`<style type="text/css">`
	`Selektor {`
	`  Eigenschaft 1: Wert;`
	`  ...`
	`}`

base (Basis)

Informationen	Definiert im head eine Basis-URL und ein Basis-target für alle Links in der HTML-Datei. Statt `href="http://www.webseiten-buch.de/start.htm"` kann dann nur `href="start.htm"` verwendet werden.

Quelltext	`<head>`
	`  ...`
	`<base href="http://www.webseiten-buch.de/target="_blank" />`

A.3   Text

p (paragraph, Absatz)

Informationen	Definiert einen Absatz in HTML.

Quelltext	`<p>`
	`   Hier steht Text in einem Absatz.`
	`</p>`

h1, h2, h3, h4, h5, und h6 (heading, Überschrift)

Informationen	Definieren Überschriften unterschiedlicher Wertung.

Quelltext	`<h1>Eine Überschrift erster Ordnung</h1>`
	`<h2>Eine Überschrift zweiter Ordnung</h2>`
	`<h3>Eine Überschrift dritter Ordnung</h3>`
	`<h4>Eine Überschrift vierter Ordnung</h4>`
	`<h5>Eine Überschrift fünfter Ordnung</h5>`
	`<h6>Eine Überschrift sechster Ordnung</h6>`

strong (stark)

Informationen	Hebt Text durch eine fette Darstellung hervor.
Quelltext	`<strong>Dieser Text wird fett dargestellt.</strong>`

em (emphasis, Betonung)

Informationen	Hebt Text durch eine kursive Darstellung hervor.
Quelltext	`<em>Dieser Text wird kursiv dargestellt</em>`

abbr (abbreviation, Abkürzung)

Informationen	Hinterlegt eine Abkürzung mit einer Beschreibung. Wenn der Besucher mit der Maus über die Abkürzung fährt, sieht er die vollständige Bedeutung. **Funktioniert nicht im Internet Explorer 6!**
Quelltext	`<abbr title="World Wide Web">www</abbr>`

acronym (Abkürzung)

Informationen	Wie `<abbr>`, wird aber **auch vom Internet Explorer** unterstützt.
Quelltext	`<acronym title="World Wide Web">www</acronym>`

address (Adresse)

Informationen	Blockelement, das eine Adresse beinhaltet
Quelltext	`<address>` `  Musterstrasse 3 ` `  12345 Musterstadt` `</address>`

blockquote (Blockzitat)

Informationen	Kennzeichnet ein Zitat. `blockquote` ist ein Blockelement und daher vor allem für mehrzeilige Zitate nützlich.

Quelltext	`<blockquote>`
	`  Hier steht ein Zitat.`
	`</blockquote>`

cite (Quelle)

Informationen	Gibt die Quelle zu einem Zitat an.

Quelltext	`<blockquote>`
	`  Hier steht ein Zitat.`
	`  <cite>Und hier die Quelle</cite>`
	`</blockquote>`

q (quote, Zitat)

Informationen	Wird für kurze Zitate verwendet. Ist ein Inline-Element.
Quelltext	``` <p> Er meinte, <q>die Seite würde ihm gefallen</q> </p> ```

code

Informationen	Hebt Codebeispiele im Quelltext hervor.
Quelltext	``` <code> <br /&rt; </code> ```

ins (insert, einfügen)

Informationen	Hebt hervor, wenn ein Teil eines Textes später ergänzt wurde. Das Attribut cite kann hier eine Quelle enthalten und das Attribut datetime den Zeitpunkt, an dem der Text ergänzt wurde.
Quelltext	`Man kann auch Texte ergänzen <ins cite="quelle.htm" datetime="20080201"> und dies mit HTML auszeichnen</ins>`

del (delete, löschen)

Informationen	Macht deutlich, dass ein Teil des Textes nachträglich gelöscht wurde. Die Attribute cite und datetime können hier ebenfalls verwendet werden.
Quelltext	`Man kann auch Texte <del cite="quelle.htm" datetime="20080201">teilweise</del> löschen und dies mit HTML auszeichnen.`

dfn (definition, Definition)

Informationen	Erlaubt es, einem Begriff eine Definition zuzuweisen. Diese wird im title-Attribut angegeben.
Quelltext	`<dfn title="definition">dfn</dfn> kann verwendet werden, um einen Begriff um eine Definition zu ergänzen.`

kbd (keyboard, Tastatur)

Informationen	Hebt Text hervor, der vom Benutzer eingegeben werden soll.
Quelltext	`Geben Sie <kbd>Hallo</kbd> in die Eingabemaske ein.`

pre (preformatted text, vorformatierter Text)

Informationen	In einem Text, der innerhalb von `<pre>` geschrieben wird, werden alle Leerzeichen und Zeilenumbrüche dargestellt. Eignet sich sehr gut, um Code zu schreiben, da alle Einrückungen übernommen werden.

Quelltext	`<pre>`
	`    In diesem Text werden alle`
	`    Formatierungen übernommen.`
	`</pre>`

samp (sample, Beispiel)

Informationen	Soll ein Beispiel hervorheben. In diesem Beispiel wird also beschrieben, was passiert, wenn man ein Formular absendet. Die fiktive Ausgabe wäre »Hallo Welt«.

Quelltext	`<p>`
	`    Wenn Sie das Formular absenden, wird dort stehen:`
	`    <samp>Hallo Welt</samp>.`
	`</p>`

var (variable, Variable)

Informationen	Beschreibt eine Variable mit HTML.

Quelltext	`<p>`
	`    <var>zaehler</var> = 3.000`
	`</p>`

br (break, Umbruch)

Informationen	Fügt einen Zeilenumbruch ein.
Quelltext	`<p>` `    Zwei Zeilen werden mit einem ` `    Zeilenumbruch getrennt.` `</p>`

A.4 Links

Die möglichen Pfadangaben werden in Kapitel 2 behandelt. Weitere Informationen zu Links finden Sie ebenfalls in Kapitel 4.

a (anchor, Anker)

Informationen	Ein Link zu einer anderen Seite oder einem Bereich, der eine ID hat.
Quelltext	`<a href="datei.htm" title="Ein Link" target="_blank">Link</a>` `<a href="#inhalt" title="Link zum Inhalt">zum Inhalt</a>`

A.5 Präsentation

Die Verwendung dieser Tags sollte vermieden werden, da sie keine semantische Bedeutung haben. Um die entsprechenden Formatierungen zu erreichen, verwenden Sie besser CSS.

b (bold, fett)

Informationen	Stellt Text in fetter Schreibweise dar. Besser: strong

Quelltext	```<p>```
	    ```<b>Dieser Text ist fett</b>```
	```</p>```

i (italic, kursiv)

Informationen	Stellt Text in kursiver Schreibweise dar. Besser: em (italic, kursiv)

Quelltext	```<p>```
	    ```<i>Dieser Text ist kursiv.</i>```
	```</p>```

tt (teletype)

Informationen	Stellt einen Text in »teletype« dar (s. Screenshot).

Quelltext	```<p>```
	    ```<tt>Dieser Text wird in teletyp dargestellt.```
	```</p>```

Screenshot	Dieser Text wird in teletyp dargestellt.

sub (subscript, tiefgestellt)

Informationen	Stellt Text tiefgestellt dar.

Quelltext	```<p>```
	    ```x₁ = 2```
	```</p>```

sup (superscript, hochgestellt)

Informationen	Stellt Text hochgestellt dar.

Quelltext	```<p>```
	    ```2²=4```
	```</p>```

big (groß)

Informationen	Stellt Text vergrößert dar.

Quelltext	`<p>`
	    `Normaler Text und <big>großer Text</big>`
	`</p>`

small (klein)

Informationen	Stellt Text verkleinert dar.

Quelltext	`<p>`
	    `Normaler Text und <small>kleiner Text</small>`
	`</p>`

hr (horizontal rule, horizontale Linie)

Informationen	Fügt eine horizontale Trennlinie ein.
Quelltext	`<hr />`

A.6 Listen

Listen wurden ebenfalls in Kapitel 4 beschrieben, falls Sie weitere Informationen benötigen.

ul (unsorted list, unsortierte Liste)

Informationen	Umschließt eine unsortierte Liste.

Quelltext	`<ul>`
	    `<li>Listeneintrag</li>`
	    `<li>...</li>`
	    `...`
	`</ul>`

ol (ordered list, sortierte Liste)

Informationen	Umschließt eine sortierte Liste.

Quelltext	`<ol>`
	    `<li>Listeneintrag</li>`
	    `<li>...</li>`
	    `...`
	`</ol>`

li (listitem, Listenelement)

Informationen	Ein Listenelement. Kann in `ol` und `ul` verwendet werden.
Quelltext	s.o.

dl (definition list, Definitionsliste)

Informationen	Umschließt eine Definitionsliste.

Quelltext	```<dl>```
	 ``` <dt>Begriff</dt>```
	 ``` <dd>Beschreibung</dd>```
	 ```</dl>```

dt (definition term, Definitionsbegriff)

Informationen	Begriff oder Element, der bzw. das in der Definitionsliste erklärt wird
Quelltext	s.o.

dd (definition description, Definitionsbeschreibung)

Informationen	Beschreibung des vorherigen dt-Elements
Quelltext	s.o.

A.7   Bilder und Objekte

img (image, Bild)

Informationen	Fügt ein Bild mit HTML ein. Mit dem src-Attribut wird der Pfad zur Datei angegeben (s. Kapitel 2.6, »Dateibenennung und Pfadangaben in HTML«). Das alt-Attribut beinhaltet einen Alternativtext für Textbrowser und Vorlese-Software, der auch angezeigt wird, wenn das Bild nicht an der unter src angegebenen Stelle ist.
Quelltext	```<img src="PFAD/ZUR/DATEI" alt="ein Bild" />```

map (Karte)

Informationen	Mit map können Sie auf einem Bild anklickbare Bereiche definieren. Diese können dann mit einem Link (mit href) oder einem Ereignis (jQuery) verknüpft sein. Im img-Element wird das Bild durch das Attribut usemap mit dem Bild verknüpft.

Quelltext	```<img src="PFAD/ZUR/DATEI" alt="ein Bild" usemap="karte" />```
	 ```<map name="karte">```
	 ``` <area shape="rect" coords="11,10,59,29" href="..."```
	 ``` alt="..." title="..." />```
	 ``` <area shape="circle" coords="20,38,10" href="..."```
	 ``` alt="..." title="..." />```
	 ``` <area shape="poly" coords="5,15,x2,y2" href="..."```
	 ``` alt="..." title="..." />```
	 ```</map>```

area (Bereich)

Informationen	Legt im map-Element die anklickbaren Bereiche fest. Das shape-Attribut gibt die Form an: rect (rectangle, Rechteck), circle (Kreis) oder poly (Polygon). Mit dem coords-Attribut werden die Koordinaten festgelegt (s. Screenshot), und href, title und alt werden wie gewohnt verwendet.
Attribute	rect="x1,y1,x2,y2" x1 und y1 legen die obere linke Ecke und x2 und y2 die untere rechte Ecke des Rechtecks fest. circle="x,y,r" x und y geben die Koordinate des Mittelpunkt des Kreises an und r den Radius. poly="x1,y1,x2,y2,x3,y3,..." Das Polygon poly besteht aus beliebig vielen Punkten wobei es natürlich mindestens 3 Punkte (also 6 Werte) geben muss damit eine Fläche entsteht.
Quelltext	s.o.
Screenshot	

object

Informationen	Ermöglicht es, Objekte wie Videos (z.B. Flash), SVG-Grafiken oder andere einzubinden. Dabei ist die Wahl der notwendigen Attribute von Objekt zu Objekt unterschiedlich. Gemeinsam haben die meisten nur das data-Attribut, das auf die Datei verweist, die das Objekt beinhaltet. Innerhalb des object-Elements kann weiterer HTML-Code stehen (auch weitere Objekte), der angezeigt wird, wenn das Objekt nicht geladen wird.

Quelltext	```
	<object data="bild.svg" type="image/svg+xml"
	    width="400" height="150">
	    <param name="src" value="bild.svg" />
	    Leider kann Ihr Browser keine SVG-Grafiken anzeigen.
	</object>
	``

param (Parameter)

Informationen	Definiert weitere Parameter in einem `object`-Element.

A.8 Tabellen

table (Tabelle)

Informationen	Umschließt eine Tabelle.
Quelltext	

```
<table>
    <caption>Eine Beispieltabelle</caption>
    <thead>
        <tr>
            <th>Überschrift 1</th>
            <th>Überschrift 2</th>
        </tr>
    </thead>
    <tfoot>
        <tr>
            <td colspan="2">Eine Fußnote</td>
        </tr>
    </tfoot>
    <tbody>
        <tr>
            <td>Tabellenzelle 1</td>
            <td>Tabellenzelle 3</td>
        </tr>
    </tbody>
</table>
```

tr (table row, Tabellenzeile)

Informationen	Umschließt eine Tabellenzeile.
Quelltext	s.o.

td (table data cell, Tabellenzelle)

Informationen	Umschließt eine einzelne Tabellenzelle.
Quelltext	s.o.

th (table header cell, Überschriftenzelle)

Informationen	Eine Tabellenzelle, die eine Überschrift beinhaltet
Quelltext	s.o.

tbody (table body, Tabellenkörper)

Informationen	Der Teil der Tabelle mit den Inhalten
Quelltext	s.o.

thead (table heading, Tabellenüberschrift)

Informationen	Der Bereich der Tabelle mit der oder den Überschrift(en)
Quelltext	s.o.

tfoot (table footer, Tabellenfußbereich)

Informationen	Der Fußbereich der Tabelle
Quelltext	s.o.

caption (Beschriftung)

Informationen	Überschrift für eine Tabelle. Muss direkt nach dem öffnenden `table`-Tag kommen und darf nur einmal verwendet werden.
Quelltext	s.o.

colgroup (columngroup, Spaltengruppe)

Informationen	Wird verwendet, um die Tabellenzellen schon vorab zu formatieren. Innerhalb von `colgroup` kann mit `col` einer oder mehreren Spalten eine Klasse oder andere Formatierungen zugewiesen werden.
Quelltext	

```
<colgroup>
    <col class="name" />
    <col class="number" />
    <col class="price" />
    <col class="picture" span="2" />
</colgroup>
<tr>
    <td>.name</td>
    <td>.number</td>
    <td>.price</td>
    <td>.picture</td>
    <td>.picture</td>
</tr>
```

col (column, Spalte)

Informationen	Formatiert innerhalb von `colgroup` die einzelnen Spalten. Mit dem Attribut können mehrere Spalten zusammen formatiert werden (ähnlich `colspan`).
Quelltext	s.o.

A.9 Formulare

form (Formular)

Informationen	Definiert einen Formularbereich. Notwendig ist die Verwendung der Attribute `method` und `action`.
Quelltext	

```
<form action="ZIEL" method="post">
    <p>
        <label for="author">Name </label>
        <input type="text" name="author" id="author"
        value="Daniel" size="30" tabindex="1" />
    </p>
    <p>
        <label for="email">eMail</label>
        <input type="text" name="email" id="email"
        value="info@ugotit.de" size="30" tabindex="2" />
    </p>
    <p>
        <textarea name="comment" id="comment" cols="58"
        rows="10" tabindex="5"></textarea>
    </p>
    <p>
        <input name="submit" type="submit" id="submit"
        tabindex="6" value="senden" />
        <input type="hidden" name="unsichtbar" value="123" />
    </p>
</form>
```

input (Eingabe)

Informationen	Definiert ein Eingabefeld in einem Formular. Das Erscheinungsbild ist vom `type`-Attribut abhängig. Mit dem `name`-Attribut kann dem Element eine Bezeichnung zugewiesen werden, die später, ebenso wie der Wert des `value`-Attributs, von einem Skript ausgewertet werden kann.
Quelltext	s.o.

textarea (Textbereich)

Informationen	Legt einen Eingabebereich fest, in den auch mehrere Zeilen geschrieben werden können.
Quelltext	s.o.

select (Auswahl)

Informationen	Gruppiert eine Auswahlliste, in der mehrere Optionen zur Verfügung stehen, die mit option festgelegt werden können.

Quelltext	`<select>`
	`    <option value="1">erste Option</option>`
	`    <option value="2" selected="selected">zweite Option`
	`    </option>`
	`</select>`

option

Informationen	Legt einzelne Auswahlmöglichkeiten innerhalb eines select-Elements fest.
Quelltext	s.o.

button

Informationen	Definiert einen Button in HTML, dem sowohl Aktionen als auch Werte zugewiesen werden können.
Quelltext	`<button value="x">Ein Button</button>`

label (Beschriftung)

Informationen	Weist einem Eingabefeld eine Beschriftung zu.
Quelltext	s.o.

fieldset

Informationen	Gruppiert einen Teil eines Formulars.

Quelltext	`<fieldset>`
	`    <legend>Ihre Nachricht</legend>`
	`    <textarea>...</textarea>`
	`</fieldset>`

legend (Legende)

Informationen	Überschrift für einen mit `fieldset` gruppierten Teil eines Formulars
Quelltext	s.o.

A.10 Skripteinbindung

script

Informationen	Fügt eine Skriptsprache in Form einer Datei oder direkt als Code in die HTML-Datei ein. In unseren Beispielen haben wir JavaScript an dieser Stelle verwendet.
Quelltext	`<script type="text/javascript" src="datei.js"></script>`

noscript

Informationen	Definiert einen Bereich, der nur dann angezeigt wird, wenn kein Java-Script aktiviert ist.

Quelltext	`<noscript>`
	`Dieser Teil der Webseite benötigt JavaScript.`
	`</noscript>`

A.11 Weitere Informationen

Medientypen

`all`	Für alle Ausgabemedien
`aural`	Für Sprachsoftware. Seit CSS 2.1: `speech`
`braille`	Für die Ausgabe auf der Braille-Zeile (Blindenschrift)
`embossed`	Für den Ausdruck mit Braille-Druckern (Drucken in Blindenschrift)
`handheld`	Für mobile Geräte wie Handy, Handheld und Palm
`print`	Druckausgabe
`projection`	Für Beamer und andere Projektoren
`screen`	Bildschirmausgabe
`speech`	Für Sprachsoftware
`tty`	Ausgabe an Geräten mit fixer Schriftbreite wie Textbrowsern (Lynx), Terminals usw.
`tv`	Ausgabe an Fernsehgeräten

B   CSS

B.1   Selektoren, Pseudoelemente und -klassen

B.1.1   Selektoren

Universalselektor

`*`

Informationen	Weist allen Elementen beliebigen Namens Formatierungen zu.

Beispiel	`*{`
	    `color:red;`
	`}`
	
	Alle Elemente bekommen eine rote Schriftfarbe.

Typ-Selektor

`Tag-Bezeichnung`

Informationen	Weist allen Elementen eines bestimmten Namens Formatierungen zu.

Beispiel	`p{`
	    `color:red;`
	`}`
	
	Alle Absätze bekommen eine rote Schriftfarbe.

Klassen-Selektor

`.class`

Informationen	Weist allen Elementen, die eine Klasse dieses Namens haben, Formatierungen zu.

Beispiel	`p.error{`
	    `color:red;`
	`}`
	
	Alle Absätze mit der Klasse `.error` bekommen eine rote Schriftfarbe

ID-Selektor

`#id`

Informationen	Weist allen Elementen mit der jeweiligen ID die Formatierungen zu.

Beispiel	`#info{`
	    `color:red;`
	`}`
	
	Alle Elemente mit der ID `#info` bekommen eine rote Schriftfarbe.

B.1.2 Selektieren mit Attributen

Die hier aufgeführten Selektoren, die mit Attributen arbeiten, funktionieren im Internet Explorer **erst ab der Version 7!**

`Element[attribut]`

Informationen	Das Element muss ein Attribut dieses Namens haben.

Beispiel	`input[type]{`
	    `padding:5px;`
	`}`
	
	Alle `input`-Elemente, die das `type`-Attribut beinhalten, bekommen einen Innenabstand von 5 px.

`Element[attribut="wert"]`

Informationen	Das Element muss ein Attribut dieses Namens und Werts haben.

Beispiel	`input[type="submit"]{`
	    `padding:5px;`
	`}`
	
	Alle `input`-Elemente, deren `type`-Attribut den Wert `submit` hat, bekommen einen Innenabstand von 5 px.

`Element[attribut ~= "wert wert1 wert2"]`

Informationen	Das Attribut muss einen der Werte haben. Die Werte werden durch Leerzeichen voneinander getrennt.

Beispiel	`input[type~="submit reset"]{`
	    `padding:5px;`
	`}`
	
	Alle `input`-Elemente, bei denen das `type`-Attribut den Wert `submit` oder `reset` hat, bekommen einen Innenabstand von 5 px.

Element[attribut |="wert"]

Informationen	Das Attribut muss exakt diesen Wert oder den Wert, gefolgt von einem Bindestrich, haben.

Beispiel	`input[class|="wert"]{`
	`    padding:5px;`
	`}`
	
	Alle `input`-Elemente, die die Klasse `wert` haben oder eine Klasse, deren Name mit `wert`, gefolgt von einem Bindestrich, beginnt (`wert-1`, `wert-test`,` wert-was-auch-immer`), bekommen 5 px Innenabstand.

B.1.3   Kombinationen von Selektoren

selektor1 selektor2

Informationen	Das Element mit dem Selektor `selektor2` muss irgendwo in dem Element mit dem Selektor `selektor1` stehen.

Beispiel	**HTML**
	`<ol class="rahmen">`
	`    <li>`
	`        Hier steht noch eine Liste:`
	`        <ol>`
	`            <li>Liste in der Liste</li>`
	`        </ol>`
	`    </li>`
	`</ol>`
	
	CSS
	`ol#rahmen li {`
	`    font-weight:bold;`
	`}`
	
	Stellt den Inhalt aller Listenelemente fett dar.

selektor1 > selektor2

Informationen	Das Element mit dem Selektor `selektor2` muss direkt in dem Element mit dem Selektor `selektor1` stehen.

Beispiel	**HTML**
	`<ol class="rahmen">`
	`    <li>`
	`        Hier steht noch eine Liste:`
	`        <ol>`
	`            <li>Liste in der Liste</li>`
	`        </ol>`
	`    </li>`
	`</ol>`

CSS

```
ol.rahmen > li{
    font-weight:bold;
}
```

Stellt den Inhalt des ersten Listenelements fett dar. Das Listenelement in der zweiten Liste bleibt normal.

Browser   Alle modernen Browser sowie der Internet Explorer ab der Version 7

Selektor * Selektor

`selektor1 * selektor2`

Informationen	Das Element mit dem Selektor `selektor2` muss mindestens zwei Ebenen innerhalb des Elements mit dem Selektor `selektor1` stehen.
Beispiel	**HTML**

```
<p>Dieser Text wird trotz Selektor <strong>nicht rot gefär
bt</strong>.</p>
<div>
    <p>
        In <em>diesem Text</em> greift der Selektor.
    </p>
</div>
```

CSS

```
p * strong,
div * em{
    color:red;
}
```

Nur der Text, der mit div * em selektiert wird, wird in diesem Beispiel formatiert.

`selektor1 + selektor2`

Informationen	Das Element mit dem Selektor `selektor2` muss in der gleichen Hierarchiestufe direkt dem Element mit dem Selektor `selektor1` folgen.
Beispiel	**HTML**

```
<div>
    <p>
        Ein normaler Text
    </p>
</div>
<p>
    Ein fetter Text
</p>
```

CSS
```
div > p{
    font-weight:bold;
}
```

Der zweite Absatz wird fett formatiert.

Browser	Alle modernen Browser sowie der Internet Explorer ab der Version 7

2.1.4 Pseudoelemente

`:after`

Informationen	Wird gemeinsam mit der CSS-Eigenschaft content verwendet und fügt hinter dem Inhalt eines Elements den Inhalt von content ein.
Browser	Alle Browser mit Ausnahme des Internet Explorers

`:before`

Informationen	Wird mit der CSS-Eigenschaft content zusammen verwendet und fügt vor dem Inhalt eines Elements den Inhalt von content ein.
Browser	Alle Browser mit Ausnahme des Internet Explorers

`:first-letter`

Informationen	Formatiert das erste Zeichen in einem Element.

`:first-line`

Informationen	Formatiert die erste Zeile in einem Element, wobei die Länge der Zeile durch den verfügbaren Raum bestimmt wird.

B.1.5 Pseudoklassen

`:active`

Informationen	Der momentan aktive Link
Browser	Im Internet Explorer wird diese Pseudoklasse nur für Links erkannt. Opera akzeptiert sie erst ab der Version 7 für alle Elemente.

`:first-child`

Informationen	Das »erste Kind« in einem Element:
	`<ol>`
	`    <li>erstes Kind</li>`
	`    <li>zweites Kind</li>`
	`</ol>`

Browser	In Internet Explorer und Opera erst ab Version 7

`:focus`

Informationen	Der Link, der momentan den Fokus (durch die Tastatur) hat
Browser	Nicht im Internet Explorer. In Opera erst ab Version 7

`:hover`

Informationen	Effekt, der eintritt, wenn die Maus über dem Element ist
Browser	Im Internet Explorer wird diese Pseudoklasse nur für Links verwendet. Opera akzeptiert sie erst ab der Version 7 für alle Elemente.

`:link`

Informationen	Wird angezeigt, wenn das Element ein unbesuchter Link ist.

`:visited`

Informationen	Kennzeichnet bereits besuchte Links.

B.2   Schrift und Text

font-family

Informationen	Schriftart. Schriftarten, die aus mehreren Wörtern bestehen (z.B. Times New Roman), werden in Anführungszeichen geschrieben.
Werte	Alle Schriftarten. Beachten Sie die Hinweise in Kapitel 5.

font-size

Informationen	Schriftgröße
Werte	Längenangaben, Prozentangaben und Schlüsselwörter: `xx-small`, `x-small`, `small`, `smaller`, `medium`, `large`, `x-large` und `xx-large`

font-style

Informationen	Schriftstil (kursiv oder normal)
Werte	Schlüsselwörter: `italic`, `oblique` und `normal`

font-variant

Informationen	Darstellung des Elementinhalts in Kapitälchen oder normal
Werte	Schlüsselwörter: `small-caps` und `normal`

font-weight

Informationen	Schriftdicke bzw. Fettegrad
Werte	Wert zwischen 100 und 900 oder Schlüsselwörter: `normal`, `bold`, `bolder` und `lighter`
Browser	Die Werte `bolder` und `lighter` werden von keinem Browser korrekt interpretiert.

line-height

Informationen	Zeilenhöhe
Werte	Längenangabe, Prozentangabe oder Schlüsselwort: `normal`

font

Informationen	Fasst die anderen CSS-Eigenschaften zusammen. Beachten Sie die Reihenfolge.
Reihenfolge	`font-style font-variant font-weight font-size/line-height font-family`
Werte	s. andere Eigenschaften und die Schlüsselwörter, die sich auf die Eigenschaften des Browsers des Besuchers beziehen: `caption` (Schrift, wie sie zur Beschriftung von Buttons verwendet wird), `icon` (wie Icons), `menu` (wie Browsermenü), `message-box` (wie Dialogboxen), `small-caption` (wie bei Beschriftung) und `status-bar` (wie in Statuszeile)
Quelltext	`font:normal small-caps light 1em/1.2em "Verdana, Arial, sans-serif";`

direction

Informationen	Schreibrichtung
Werte	Schlüsselwörter: `ltr` und `rtl`

letter-spacing

Informationen	Zeichenabstand, auch innerhalb von Wörtern
Werte	Längenangabe oder Schlüsselwort: `normal`

text-align

Informationen	Horizontale Textausrichtung im Container
Werte	Schlüsselwörter: `center`, `justify`, `left` und `right`

text-decoration

Informationen	Textdekoration
Werte	Schlüsselwörter: `line-through`, `overline`, `none` und `overline`

text-indent Texteinrückung, Längen- oder Prozentangabe, Inherit

Informationen	Texteinzug der ersten Zeile
Werte	Längenangabe oder Prozentangabe

text-transform

Informationen	Modifikation der Darstellung des Textes
Werte	Schlüsselwörter: `capitalize`, `lowercase`, `none` und `uppercase`

vertical-align

Informationen	Vertikale Textausrichtung
Werte	Längenangabe, Prozentangabe oder Schlüsselwörter: `baseline`, `bottom`, `middle`, `sub`, `super`, `text-bottom`, `text-top` und `top`

white-space

Informationen	Automatischen Zeilenumbruch erlauben oder verbieten
Werte	Schlüsselwörter: `normal`, `nowrap`, `pre`, `pre-line` und `pre-wrap`
Browser	`white-space:pre-wrap` funktioniert nur in Opera ab Version 7. `white-space:pre-line` funktioniert in keinem Browser.

word-spacing

Informationen	Abstand zwischen Wörtern
Werte	Längenangabe oder Schlüsselwort: `normal`

B.3   Rahmen

border-color

Informationen	Rahmenfarbe
Werte	Bis zu vier Werte (s. Kapitel 5) Farbangabe oder Schlüsselwort: `transparent`

border-style

Informationen	Rahmentyp
Werte	Bis zu vier Werte (s. Kapitel 5) Schlüsselwörter: dashed, dotted, double, groove, inset, none, outset und ridge
Browser	Im Internet Explorer 6 sehen border-style:dotted und border-style:dashed identisch aus.

border-width

Informationen	Rahmendicke
Werte	Bis zu vier Werte (s. Kapitel 5) Längenangabe oder Schlüsselwörter: thin, medium und thick

border-RICHTUNG-color

Informationen	wie border-color, nur für eine der vier Richtungen: top, right, bottom oder left: z. B.: border-top-color
Werte	wie border-color

border-RICHTUNG-style

Informationen	wie border-style, nur für eine der vier Richtungen: top, right, bottom oder left: z. B:. border-top-style
Werte	wie border-style

border-RICHTUNG-width

Informationen	wie border-width, nur für eine der vier Richtungen: top, right, bottom oder left: z. B. border-top-width.
Werte	wie border-width

border-RICHTUNG

Informationen	Rahmen für eine der vier Richtungen top, right, bottom oder left
Reihenfolge	Nimmt je drei Eigenschaften entgegen: border-width, border-style, border-color
Beispiele	border-bottom:1px solid red; border-right:2px outset #ff9900;

border

Informationen	Rahmen für komplettes Element
Reihenfolge	Nimmt drei Eigenschaften entgegen: `border-width`, `border-style`, `border-color`
Beispiele	`border:2px dashed green;`

B.4 Abstände

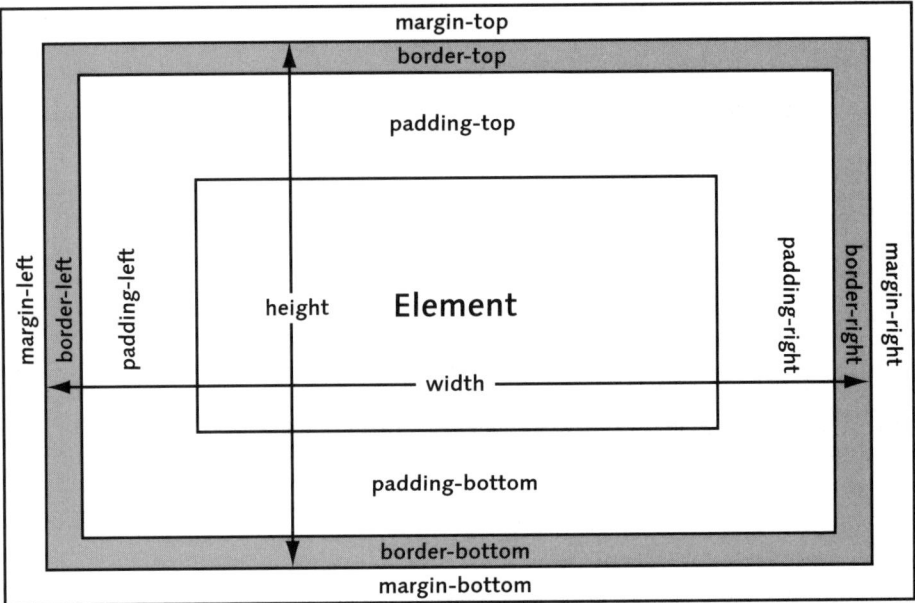

Abbildung B.1 Das Box-Modell

margin-RICHTUNG

Informationen	Außenabstand für eine der vier Richtungen: `top`, `right`, `bottom` oder `left`
Werte	Längenangabe, Prozentangabe oder Schlüsselwort: `auto`

margin

Informationen	Außenabstand für alle vier Richtungen
Werte	wie `margin-RICHTUNG` Bis zu vier Werte (s. Kapitel 5)

padding-RICHTUNG

Informationen	Innenabstand für eine der vier Richtungen: top, right, bottom oder left
Werte	Längenangabe oder Prozentangabe

padding

Informationen	Innenabstand für alle vier Richtungen
Werte	wie padding-RICHTUNG Bis zu vier Werte (s. Kapitel 5)

B.5 Listen

list-style-image

Informationen	Eigene Grafik für das Listensymbol oder kein Symbol
Werte	Schlüsselwörter: none und url()

list-style-position

Informationen	Position der Listensymbole
Werte	Schlüsselwörter: inside und outside

list-style-type

Informationen	Art des Listensymbols
Werte	Schlüsselwörter: armenian, circle, cjk-ideographic, decimal, decimal-leading-zero, disc, georgian, hebrew, hiragana, hiragana-iroha, katakana, katakana-iroha, lower-alpha, lower-greek, lower-roman, none, square, upper-alpha und upper-roman
Browser	none, circle, decimal, disc, square, lower-alpha, upper-alpha, lower-roman, upper-roman werden in allen Browsern akzeptiert. Bei den anderen, eher exotischen Werten gibt es Ausnahmen.

list-style

Informationen	Zusammenfassung der vorherigen CSS-Eigenschaften für Listen
Werte	s. andere CSS-Eigenschaften für Listen

B.6 Farben und Hintergrundbilder

color

Informationen	Schriftfarbe
Werte	Farbangabe (s. Kapitel 5)

background-color

Informationen	Hintergrundfarbe
Werte	Farbangabe (s. Kapitel 5)

background-attachment

Informationen	Fixiert den Hintergrund oder lässt ihn mitscrollen.
Werte	Schlüsselwörter: fixed und scroll
Browser	Bis zur Version 6 akzeptiert der Internet Explorer diese Eigenschaft nur im \<body>.

background-image

Informationen	Definiert ein Bild als Hintergrundbild.
Werte	Schlüsselwörter: none und url()

background-position

Informationen	Positioniert das Hintergrundbild.
Besonderheiten	Erlaubt sind negative und positive Werte. Wenn ein Wert angegeben wird, richtet er das Bild horizontal aus. Vertikal liegt es in diesem Fall bei 50%. Bei zwei Werten bestimmt der erste Wert die horizontale und der zweite Wert die vertikale Ausrichtung.
Werte	Längenangaben, Prozentangaben oder Schlüsselwörter: bottom, center, left, right und top **Kombinationen:** Längenangabe Längenangabe Prozentangabe Längenangabe Längenangabe Prozentangabe Schlüsselwort Schlüsselwort Schlüsselwort Längenangabe Schlüsselwort Prozentangabe

background-repeat

Informationen	Wiederholt den Hintergrund.
Werte	Schlüsselwörter: `no-repeat`, `repeat`, `repeat-x` und `repeat-y`

background

Informationen	Fasst die CSS-Eigenschaften für Hintergrundbilder und -farbe zusammen.
Werte	Werte für: `background-color`, `background-image`, `background-attachment`, `background-repeat`, `background-position`

B.7 Positionierung

position

Informationen	Erlaubt es, Elemente zu positionieren.
Werte	Schlüsselwörter: `absolute`, `fixed`, `relative` und `static`
Browser	`position:fixed` wird vom Internet Explorer erst ab der Version 7 unterstützt.

bottom, left, right und top

Informationen	Legt fest, wie weit das Element in die jeweilige Richtung versetzt wird, wenn `position` verwendet wird.
Werte	Längenangaben, Prozentangaben oder Schlüsselwort: `auto`

Beispiel	`position:absolute;`
	`top:20px;`
	`left:20px;`

z-index

Informationen	Definiert die Ebenenhierarchie des Elements und erlaubt es so, Elemente über oder unter anderen Elementen darzustellen, wenn diese mit `position` verschoben werden.
Werte	Zahl oder Schlüsselwort: `auto`

float

Informationen	Lässt folgende Elemente um das mit `float` positionierte Element »fließen«.
Werte	Schlüsselwörter: `left`, `none` und `right`

clear

Informationen	Beendet den von `float` begonnen Textumfluss.
Werte	Schlüsselwörter: `both`, , `left`, `none`, `right`

B.8   Bereiche ein- und ausblenden

clip

Informationen	Ermöglicht nur einen ausgewählten Bereich eines Elements darzustellen (s. auch Kapitel 5).
Werte	Schlüsselwörter: `auto` und `rect()`
Browser	Wird in Opera erst ab Version 7.5 akzeptiert.

display

Informationen	Verändert die Anzeigeart des Elements.
Werte	Schlüsselwörter: `block`, `inline`, `inline-block`, `inline-table`, `list-item`, `none`, `run-in`, `table`, `table-caption`, `table-cell`, `table-column`, `table-columns-group`, `table-footer-group`, `table-header-group`, `table-row` und `table-row-group`
Browser	`display:inline-block`: nur im Opera ab Version 7 `display:run-in` und `display:table-...` nur in Opera

visibility

Informationen	Legt fest, ob ein Element sichtbar oder unsichtbar ist.
Werte	Schlüsselwörter: `collapse` (nur in Tabellen), `visible` und `hidden`
Browser	`visibility:collapse` nur in Firefox

overflow

Informationen	Erlaubt das Verhalten eines Elements zu bestimmen, dessen Inhalt größer als das Element ist.
Werte	Schlüsselwörter: `auto`, `hidden`, `scroll` und `visible`
Browser	`overflow:visible` wird erst im Internet Explorer 7 richtig angezeigt. `overflow:scroll` und `overflow:auto` werden in Opera erst ab Version 7 akzeptiert.

B.9   Höhe und Breite

height

Informationen	Legt die Höhe des Elements fest.
Werte	Längenangabe, Prozentangabe oder Schlüsselwort: auto

max-height

Informationen	Legt die maximale Höhe des Elements fest.
Werte	Längenangabe, Prozentangabe oder Schlüsselwort: none

max-width

Informationen	Legt die maximale Breite des Elements fest.
Werte	Längenangabe, Prozentangabe oder Schlüsselwort: none
Browser	Erst im Internet Explorer ab Version 7

min-height

Informationen	Legt die minimale Höhe des Elements fest.
Werte	Längenangabe oder Prozentangabe
Browser	Erst im Internet Explorer ab Version 7

min-width

Informationen	Legt die minimale Breite des Elements fest.
Werte	Längenangabe oder Prozentangabe
Browser	Erst im Internet Explorer ab Version 7

wldth

Informationen	Legt die Breite des Elements fest.
Werte	Längenangabe, Prozentangabe oder Schlüsselwort: auto

B.10 Automatische Inhalte

content

Informationen	Ermöglicht es, Inhalte mit :before und :after über CSS einzufügen.
Werte	Beliebiger Text in Anführungszeichen oder auch ein Bild mit url()
Browser	Nicht im Internet Explorer

B.11 Druck

page-break-after

Informationen	Erzwingt nach einem Element einen Seitenumbruch.
Werte	Schlüsselwörter: always, auto, avoid, left und right

page-break-before

Informationen	Erzwingt vor einem Element einen Seitenumbruch.
Werte	Schlüsselwörter: always, auto, avoid, left und right

page-break-inside

Informationen	Erlaubt in einem Element einen Seitenumbruch.
Werte	Schlüsselwörter: auto und avoid

orphans

Informationen	Verhindert »Schusterjungen« (»Waisen«). Von »Schusterjungen« bzw. »Waisen« spricht man, wenn die erste Zeile eines Absatzes, der auf Seite 2 steht, auf Seite 1 erscheint. Dies gilt als typografischer Fehler. Mit orphans kann man einen Wert festlegen, der die Anzahl der Zeilen eines Absatzes festlegt, die am Ende einer Seite mindestens stehen sollen.
Werte	Zahl

widows

Informationen	Verhindert »Hurenkinder« (»Witwen«). Das stimmt so nicht: Hurenkinder sind das Gegenteil der Schusterjungen: Die letzte Zeile eines Absatzes von Seite 1 erscheint auf Seite 2. Es ist dabei egal, ob die Zeile ein Wort oder mehrere enthält. Mit widows kann man festlegen, wie viele Wörter mindestens in einer Zeile zusammenstehen sollen.
Werte	Zahl

C   jQuery

C.1   Einleitende Hinweise

jQuery manipuliert die HTML-Datei und das Stylesheet im Browser Ihres Besuchers. Das Besondere und der Hauptgrund dafür, dass ich Ihnen dieses Framework hier vorstelle, ist, dass die jQuery-Selektoren den CSS-Selektoren sehr ähneln. Es ist also ein Framework für Webdesigner.

Wenn wir ein Element mit `$()` auswählen, erzeugen wir ein erstes Objekt, mit dem wir arbeiten. Jede Funktion, die wir mit `.funktion()` anhängen, manipuliert dieses Element und erzeugt ein neues Objekt, das durch weitere Funktionen verändert werden kann.

Diese Referenz ist **keine vollständige jQuery-Referenz**, sondern orientiert sich nur an der offiziellen Referenz, die Sie unter *docs.jquery.com* finden können. Wir beschränken uns hier vor allem auf die Funktionen, die wir im Buch auch angesprochen haben.

C.2   Selektoren

C.2.1   Basis

Selektor	Information
`$("#id")`	Wählt das Element mit der ID `#id` aus.
`$(".klassenname")`	Wählt das Element mit der Klasse `.klassenname` aus.
`$("*")`	Wählt alle Elemente aus.
`$("selector1, selector2,... ")`	Wählt alle Elemente aus, deren Elementname angegeben wird.

C.2.2   Hierarchie

Selektor	Information
`$("vorfahre nachfahre")`	Wählt alle Elemente aus, die den Selektor `nachfahre` haben und innerhalb eines Elements `vorfahre` sind.

Selektor	Information
	Beispiel:
	HTML

	``html
	<ol>
	    <li>egal</li>
	    <li class="nachfahre">ausgewählt
	</li>
	</ol>
	``

	jQuery
	``` $("ol .nachfahre") ```
	Wählt nur das Element in der sortierten Liste mit der Klasse .nachfahre aus.
`$("eltern > kind")`	Wählt alle Elemente mit dem Selektor kind aus, die direkt in dem Element mit dem Selektor eltern sind.
`$("vorher + nachher")`	Wählt alle Elemente mit dem Selektor nachher aus, die direkt nach dem Element mit dem Selektor vorher kommen.
`$("vorher ~ zwilling")`	Wählt alle Elemente aus, die nach dem Selektor vorher kommen und dem Selektor zwilling entsprechen.

C.3 Filter

C.3.1 Basisfilter

Selektor	Beschreibung
`:first`	Wählt das erste Element aus, auf das der Selektor zutrifft.
`:last`	Wählt das letzte Element aus, auf das der Selektor zutrifft.
`:not(Selektor)`	Wählt das Element (oder die Elemente) aus, auf das der Selektor nicht zutrifft.
	Beispiel:
	HTML

	``html
	<p>
	    <input type="checkboxv name="d" />
	    <span>Daniel</span>
	</p>
	<p>
	    <input type="checkbox" name="j"
	checked="checked" />
	    <span>Johannes</span>
	</p>
	``

Selektor	Beschreibung

	jQuery
	```$("input:not(:checked) + span")```
	``` .css("fontWeight", "bold");```
	Ausgabe
	
	Stellt den Inhalt des span in fetter Schrift dar, das nach einem input-Element steht, das nicht ausgewählt (```checked="checked"```) ist.

:even	Formatiert jedes zweite Element, auf das der Selektor zutrifft. Das erste »betroffene« Element ist hier das erste, da ab 0 begonnen wird zu zählen.
	Beispiel:
	HTML
	```<ol>```
	``` <li>selektiert</li>```
	``` <li>nicht selektiert</li>```
	``` <li>selektiert</li>```
	```</ol>```
	jQuery
	```$("li:even").css("fontWeight", "bold");```

:odd	Formatiert jedes zweite Element, auf das der Selektor zutrifft. Das erste »betroffene« Element ist hier das zweite!
	Beispiel:
	HTML
	```<ol>```
	``` <li>nicht selektiert</li>```
	``` <li>selektiert</li>```
	``` <li>nicht selektiert</li>```
	```</ol>```
	jQuery
	```$("li:even").css("fontWeight", "bold");```

:eq(index)	Wählt das Element an der Position index aus. Dabei hat das erste Element den Wert 0.
	HTML
	```<ol>```
	``` <li>0</li>```
	``` <li>1</li> <!-- selektiert -->```
	``` <li>2</li>```
	```</ol>```
	jQuery
	```$("li:eq(1)").css("fontWeight", "bold");```

Selektor	Beschreibung
:gt(index)	Wählt alle Elemente aus, die an einer Position größer als index stehen. Auch hier fängt jQuery bei null an zu zählen.
:lt(index)	Wählt alle Elemente aus, die an einer Position kleiner als index stehen. Auch hier fängt jQuery bei null an zu zählen.
:header	Wählt alle Überschriften aus.
:animated	Wählt alle Elemente aus, die animiert werden.

C.3.2 Inhaltsfilter

Selektor	Information
:contains(text)	Wählt alle Elemente aus, die text beinhalten.
:empty	Wählt alle Elemente aus, die leer sind.
:has(selector)	Wählt alle Elemente aus, die ein Element oder mehrere beinhalten, auf die der Selektor (selector) zutrifft.
:parent	Wählt alle Elemente aus, die andere Elemente beinhalten (Elternelemente).

C.3.3 Sichtbarkeitsfilter

Selektor	Information
:hidden	Wählt alle Elemente aus, die unsichtbar sind.
:visible	Wählt alle Elemente aus, die sichtbar sind.

C.3.4 Attributfilter

Filter	Information
[attribut]	Alle Elemente, die das Attribut attribut beinhalten.
[attribut=value]	Alle Elemente, die das Attribut attribut mit dem Wert value beinhalten.
[attribute!=value]	Alle Elemente, die das Attribut attribut beinhalten und nicht den Wert value haben.
[attribute^=value]	Alle Elemente, die das Attribut attribut beinhalten und deren Wert mit value beginnt.

Filter	Information
`[attribute$=value]`	Alle Elemente, die das Attribut `attribut` beinhalten und deren Wert mit `value` endet.
`[attribute*=value]`	Alle Elemente, die das Attribut `attribut` beinhalten, das einen Wert `value` hat.

Weitere Filtermöglichkeiten finden Sie in der Dokumentation auf *http:// docs.jquery.com.*

C.4 Attribute

Funktion	Information
`attr()`	Liefert entweder das oder die Attribute: `var attributWert = $("a.test").attr("title");` Speichert in `attributWert` den Wert des `title`-Attributs des Links mit der Klasse .test oder verändert sie: `$("input[type=checkbox] ").` `attr("checked","checked");` Fügt in allen Checkboxen (input-Element mit type-Attribut checkbox) das Element checked mit dem Wert checked ein. Kurz: Wählt alle Checkboxen aus.
`removeAttr()`	entfernt das Attribut name

C.4.1 Klassen

Funktion	Information
`addClass(klassenname)`	Fügt die Klasse .klassenname hinzu.
`removeClass(klassen-name)`	Entfernt die Klasse .klassenname.
`toggleClass(klassen-name)`	Weist die Klasse .class zu, wenn sie noch nicht vorhanden ist, und entfernt sie, falls sie vorhanden sein sollte.

C.4.2 HTML

Funktion	Information

html()	Liefert entweder den HTML-Code:
	`var code = $("p").html();`
	oder verändert diesen:
	`$("p").html("<strong>Hallo Welt`
	`</strong>");`

C.4.3 Text

Funktion	Information

text()	Liefert entweder den Text im Inneren des Containers:
	`var code = $("p").text();`
	oder verändert diesen:
	`$("p").text("Hallo Welt");`

C.5 Filtern und Finden

C.5.1 Filter

Funktion	Information
hasClass(klassenname)	Kontrolliert, ob das selektierte Element die Klasse class hat. Beispiel: `$("a").hasClass("test").addClass("test2");` Arbeitet wie der Selektor: Wenn ein Link die Klasse test hat, dann wird die Klasse test2 hinzugefügt.

filter(expr)	Kontrolliert, ob die Angabe expr zutrifft. Diese kann aus einem einfachen Selektor bestehen oder eine komplexere Anweisung sein (s. Beispiel).
	Beispiel:
	`$("p").filter(".middle").css("fontWeight",`
	`"normal");`
	Alle Absätze mit der Klasse middle bekommen die CSS-Eigenschaft font-weight:bold;

Funktion	Information

not(expr)	Wählt nur die Menge an selektierten Elementen aus, auf die expr nicht zutrifft.
	
	Beispiel:
	HTML
	`<ul>`
	  `<li class="nicht>nicht selektiert</li>`
	  `<li>selektiert</li>`
	  `<li class="nicht">nicht selektiert</li>`
	`</ul>`
	jQuery
	`$("li").not(".nicht")...`

C.5.2 Weitere Selektoren finden

Funktion	Information
add(expr)	Fügt der Auswahl weitere Elemente hinzu, die expr entsprechen. Beispiel: `$("li").add("p")...` Die folgenden Funktionen werden auf alle Listenelemente und alle Absätze angewendet.
find(expr)	Sucht nach Kindelementen innerhalb der selektierten Elemente, die expr entsprechen.
children(expr)	Fügt weitere Elemente hinzu, die Kindelemente der selektierten Elemente sind und expr entsprechen.

next(expr)	Liefert das nächste Element auf gleicher Hierarchieebene, auf das expr zutrifft.
	
	Beispiel:
	`...`
	`$("this").next("p")...`
	Liefert den nächsten Absatz.

nextAll()	Wie next(), wählt aber alle folgenden Elemente auf gleicher Hierarchieebene aus, auf die expr zutrifft.
parent(expr)	Wählt Elternelemente der selektierten Elemente aus, auf die expr zutrifft. Beispiel: `$("span").parent("p")...` Alle p-Elemente, die Elternelement eines span-Elements sind.

Funktion	Information
prev(expr)	Liefert das vorherige Element auf gleicher Hierarchieebene, auf das expr zutrifft.
prevAll(expr)	Liefert alle vorherigen Elemente auf gleicher Hierarchieebene, auf die expr zutrifft.

C.5.3 Verkettung

Funktion	Information
andSelf()	Fügt den vorherigen Selektor zum aktuellen Selektor hinzu. Beispiel: `$("div").find("p").andSelf().css("borderColor", "red");` Alle div-Container, die einen Absatz beinhalten, bekommen ebenso wie der Absatz die CSS-Eigenschaft border-color:red;.
end()	Stellt wieder die Ursprungsauswahl her.

C.6 Manipulation

C.6.1 Inhalte in einem Element hinzufügen

Funktion	Information
append(content)	Fügt in einem Element Inhalt am Ende hinzu.
appendTo(selector)	Fügt das selektierte Element innerhalb von allen Elementen, auf die selector zutrifft, am Ende hinzu.
prepend(content)	Fügt in einem Element Inhalt am Anfang hinzu.
prependTo(selector)	Fügt das selektierte Element innerhalb von allen Elementen, auf die selector zutrifft, am Anfang hinzu.

C.6.2 Inhalte außerhalb eines Elements hinzufügen

Funktion	Information
after(content)	Fügt content nach dem Element hinzu.
before(content)	Fügt content vor dem Element hinzu.
insertAfter(selector)	Fügt alle ausgewählten Elemente hinter einem Element selector ein.

Funktion	Information
insertBefore(selector)	Fügt alle ausgewählten Elemente vor einem Element selector ein.

C.6.3 Elemente umschließen

Funktion	Information
wrap(html)	Alle selektierten Elemente werden einzeln von html umschlossen.
wrapAll(html)	Alle selektierten Elemente werden zusammen von html umschlossen.
wrapInner(html)	Umschließt alle Kindelemente der selektierten Elemente mit html.
	Beispiel für html
	$("p").wrap("<div class='test'><div>");
	Umschließt alle Absätze mit einem div-Container der Klasse test.

C.6.4 Ersetzen

Funktion	Information
replaceWith(content)	Setzt die mit content definierten Inhalte an die Stelle der ausgewählten Elemente.
replaceAll(selector)	Setzt die Elemente, auf die selector zutrifft, an die Stelle der ausgewählten Elemente.

C.6.5 Entfernen

Funktion	Information
empty()	Entfernt sämtlichen Inhalt.
empty(expr)	Entfernt alle Kindelemente, auf die expr zutrifft.

C.7 CSS

Funktion	Information

css()	Liefert entweder die aktuellen Styleeigenschaften des Elements:
	`var css = $("p").css();`
	oder verändert diese:
	`$("p").css("color","red");`

height()	Liefert entweder die Höhe des Elements:
	`var height = $("p").height();`
	oder verändert diese:
	`$("p").height(100px);`

width()	Liefert entweder die Breite des Elements:
	`var width = $("p").width();`
	oder verändert diese:
	`$("p").width(100px);`

C.8 Ereignisse

Funktion	Information
ready(function)	Führt `function` aus, wenn die komplette Seite geladen ist.
hover(über,raus)	Wenn die Maus über dem Element ist, wird die Funktion über ausgeführt. Wenn die Maus das Element verlässt, wird raus ausgeführt.
toggle(funct1,funct2)	Wechselt zwischen den beiden Funktionen funct1 und funct2.
click()	Wird bei einem Mausklick ausgeführt.
dblclick()	Wird bei einem doppelten Mausklick ausgeführt.
focus()	Wird ausgeführt, wenn das Element den Fokus hat.
select()	Wird ausgeführt, wenn ein Element selektiert wird.
submit()	Wird ausgeführt, wenn ein Formular gesendet wird.

C.9 Effekte

C.9.1 Basis

Funktion	Information
show()	Zeigt ein Element.
hide()	Versteckt ein Element.
toggle()	Wechselt zwischen hide() und show() je nach Zustand des Elements.

C.9.2 Gleiten

Funktion	Information
slideDown()	Zeigt ein Element mit einem Gleiteffekt.
slideUp()	Versteckt ein Element mit einem Gleiteffekt.
slideToggle()	Wechselt zwischen den Zuständen von slideDown() und slideUp() je nach Zustand des Elements.

C.9.3 Ausblenden

Funktion	Information
fadeIn()	Blendet ein Element ein.
fadeOut()	Blendet ein Element aus.

Index

Standardkonformes Webdesign

Accessibility und Usability

Farbe, Grafik und Typografie

366 S., 2. Auflage 2008, mit CD,
29,90 Euro, 49,90 CHF
ISBN 978-3-8362-1104-8

Professionelles Webdesign mit (X)HTML und CSS

www.galileocomputing.de

Björn Seibert, Manuela Hoffmann

Professionelles Webdesign
mit (X)HTML und CSS

Dieses Buch zeigt Ihnen, wie Sie Ihre Website mit (X)HTML und CSS effektiv und standardkonform umsetzen. Hier wird erklärt, wie Sie Ihre Site strukturieren, welche Elemente Sie wozu einsetzen und wie Sie professionelles Design durch abgestimmte Farbschemata erzeugen.

>> www.galileocomputing.de/1389

Web 2.0-Design verstehen und realisieren

Schritt für Schritt zur aktuellen Website

Farb- und Seitengestaltung mit Photoshop

698 S., 2007, komplett in Farbe, mit DVD,
39,90 Euro, 67,90 CHF
ISBN 978-3-8362-1087-4

Praxisbuch Web 2.0

www.galileocomputing.de

Vitaly Friedman

Praxisbuch Web 2.0

Moderne Webseiten programmieren und gestalten

Von der charakteristischen Gestaltung über Barrierefreiheit und Usability bis hin zum Einsatz von AJAX, Mashups, Wikis, Blogs und Podcasts – mit diesem Buch lernen Sie, was eine Web 2.0-Site ausmacht und wie Sie diese selbst umsetzen können. Zahlreiche Schritt-für-Schritt-Anleitungen – etwa zur Erstellung von grafischen Elementen – unterstützen Einsteiger und Profis bei der Gestaltung einzelner Elemente oder vollständiger Web 2.0-Sites.

>> www.galileocomputing.de/1451